经世济民

诚信服务

德法兼修

"十四五"职业教育国家规划教材

高等职业教育财经商贸类专业基础课

经世济民 立德树人

新形态一体化教材

会计基础

（第四版）

主编 孔德兰

副主编 刘 丽

中国教育出版传媒集团

高等教育出版社·北京

内容简介

本书是"十四五"职业教育国家规划教材，也是高等职业教育财经商贸类专业基础课"经世济民 立德树人"新形态一体化教材。

本书是一本会计的入门教材，主要介绍会计的基本理论、基本方法和基本技能。本书按照"有效培养学生职业能力，体现职业生涯发展规律，体现会计工作过程特征，有效激发学生学习兴趣"的设计思路，依据《企业会计准则》等最新相关财税法规文件修订而成。本书以会计信息的生成过程为主线，注重财经商贸类专业学生识别与使用会计信息技能的培养，精心组织设计教材内容。本书包括九个部分，首先介绍企业与会计职业认知、会计基础理念，然后介绍会计记账方法、主要经济业务核算、会计凭证、会计账簿、账务处理程序、财产清查和财务报告等核心内容。

本书注重培养学生的职业素养，编写突出教、学、做一体化的思路，本着有理论、有案例、有分析、有应用的原则，精心整合会计理论与实务，注重案例与实训设计，强化对学生实际操作能力和解决问题能力的培养。

本书配套开发有数字化教学资源，与本书配套的在线开放课程可通过登录"智慧职教"（www.icve.com.cn）平台或"爱课程"（http://www.icourses.cn）平台，进入"会计基础"或"基础会计"进行在线学习，也可通过扫描书中二维码观看相关教学视频。具体获取方式请见书后"郑重声明"页的资源服务提示。

本书主要适用于高等职业教育专科、职业教育本科院校及应用型本科院校财务会计类专业和其他财经商贸类专业的教学，也可供财经院校的教师、经济管理干部及自学者参考使用。

图书在版编目（ＣＩＰ）数据

会计基础 / 孔德兰主编. -- 4版. -- 北京 ： 高等教育出版社，2024.5（2025.9重印）
ISBN 978-7-04-061902-7

Ⅰ．①会… Ⅱ．①孔… Ⅲ．①会计学-高等职业教育-教材 Ⅳ．①F230

中国国家版本馆CIP数据核字(2024)第053414号

会计基础（第四版）
KUAIJI JICHU

| 策划编辑 | 贾玉婷 | 责任编辑 | 贾玉婷 | 封面设计 | 赵 阳 | 版式设计 | 徐艳妮 |
| 责任绘图 | 邓 超 | 责任校对 | 王 雨 | 责任印制 | 耿 轩 | | |

出版发行	高等教育出版社	网　　址	http://www.hep.edu.cn
社　　址	北京市西城区德外大街 4 号		http://www.hep.com.cn
邮政编码	100120	网上订购	http://www.hepmall.com.cn
印　　刷	捷鹰印刷（天津）有限公司		http://www.hepmall.com
开　　本	787mm×1092mm　1/16		http://www.hepmall.cn
印　　张	20.75		
字　　数	440 千字	版　　次	2014 年 2 月第 1 版
插　　页	1		2024 年 5 月第 4 版
购书热线	010-58581118	印　　次	2025 年 9 月第 4 次印刷
咨询电话	400-810-0598	定　　价	49.80 元

"智慧职教" 服务指南

"智慧职教"（www.icve.com.cn）是由高等教育出版社建设和运营的职业教育数字教学资源共建共享平台和在线课程教学服务平台，与教材配套课程相关的部分包括资源库平台、职教云平台和 App 等。用户通过平台注册，登录即可使用该平台。

● 资源库平台：为学习者提供本教材配套课程及资源的浏览服务。

登录"智慧职教"平台，在首页搜索框中搜索"会计基础"，找到对应作者主持的课程，加入课程参加学习，即可浏览课程资源。

● 职教云平台：帮助任课教师对本教材配套课程进行引用、修改，再发布为个性化课程（SPOC）。

1. 登录职教云平台，在首页单击"新增课程"按钮，根据提示设置要构建的个性化课程的基本信息。

2. 进入课程编辑页面设置教学班级后，在"教学管理"的"教学设计"中"导入"教材配套课程，可根据教学需要进行修改，再发布为个性化课程。

● App：帮助任课教师和学生基于新构建的个性化课程开展线上线下混合式、智能化教与学。

1. 在应用市场搜索"智慧职教 icve"App，下载安装。

2. 登录 App，任课教师指导学生加入个性化课程，并利用 App 提供的各类功能，开展课前、课中、课后的教学互动，构建智慧课堂。

"智慧职教"使用帮助及常见问题解答请访问 help.icve.com.cn。

孔德兰，二级教授，国家"万人计划"领军人才（教学名师），国务院政府特殊津贴专家，注册会计师，现任浙江金融职业学院党委委员、发展规划处处长。全国高职高专会计系主任（院长）联席会秘书长，全国高职高专经济管理类专业教学资源建设专家委员会副秘书长，中国商业会计学会常务理事兼高职高专部副主任，教育部财政行指委委员。

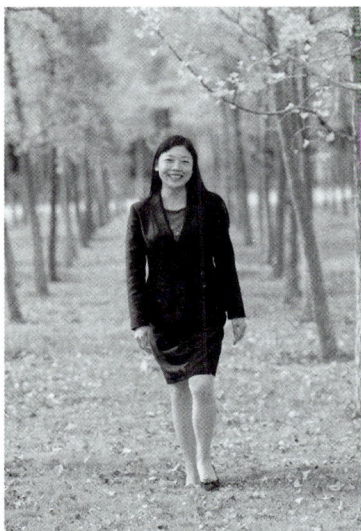

国家示范性重点专业会计专业负责人，浙江省专业带头人；国家精品资源共享课、国家精品课程"财务管理实务"负责人；国家职业教育会计专业教学资源库"企业财务会计"课程主持人；浙江省新世纪"151"人才工程第二层次；浙江省高校教学名师；浙江省职业教育教师教学创新团队——大数据与会计负责人。获国家级教学成果奖一等奖1项、二等奖2项，省教学成果奖一等奖3项；浙江省优秀教师、浙江省先进会计工作者、浙江省"三八红旗手"创新团队等省级荣誉。

主要研究方向为财务与会计、高等职业教育，公开出版学术专著3部，在公开发表论文50余篇，其中8篇被中国人民大学复印报刊资料全文转载；主持省部级研究课题8项，厅级课题9项。主编"十四五"职业教育国家规划教材3部、"十三五"职业教育国家规划教材3部、"十二五"职业教育国家规划教材6部、普通高等教育"十一五"国家级规划教材1部，主编浙江省重点教材3部，主编会计专业论著7部，主编其他会计统编教材27部，其中，主编的《企业财务会计》（第四版）获首届全国教材建设奖全国优秀教材二等奖。

本书自 2014 年出版以来，相继被评为"十二五""十三五""十四五"职业教育国家规划教材，受到广大院校和读者的欢迎。近年来，由于财政部对企业会计准则相关具体准则进行了修订，并发布了部分新准则；加之随着我国税收政策的改革，都需要对教材相关内容进行更新。本书是在第三版基础上，对涉及相关具体会计准则、税收政策和其他法律法规变化的相关内容、教学案例进行修订，新增"职业素养提升"栏目，并对配套的数字化教学资源进行同步更新。

本书具有如下特色：

第一，注重职业素养提升，深化课程思政建设。

本书遵循新时代高等职业教育人才培养目标和人才培养模式改革要求，认真贯彻党的二十大精神，落实立德树人根本任务。本书为了加强课程思政教学指导与要求，在每章的"学习目标"中增加了"素养目标"，同时，在每个章节中增加微课"素养之窗"和特色专栏"职业素养提升"，将社会主义核心价值观、财经法规、会计职业道德等融入教材之中，将价值塑造、知识传授和能力培养融为一体，帮助学生了解会计行业的国家战略、法律法规和相关政策，培育经世济民、德法兼修、诚信服务的职业素养。

第二，理实一体化，内容设计符合职业教育类型特色。

本书以会计信息的生成过程为主线，在了解必备的会计基本理论和会计基本方法的基础上，侧重训练学生对会计信息的识别、分析与运用技能，将经济生活实例与知识点、技能点链接，精心组织设计教材内容，实现了理论、实务、案例、实训多元整合一体化，增强学生的岗位适应能力。本书的编写突出教、学、做一体化的思路，本着有理论、有案例、有分析、有应用的原则，精心整合会计基础理论与实务，注重案例与实训设计，强化对学生实际操作能力和解决问题能力的培养。

第三，与时俱进，及时融入会计新技术与新规范。

本书遵循校企"双元"合作开发教材的根本原则，联合浙江金融职业学院大数据与会计专业群的行业专家指导委员会的会计实务专家，聚焦最新的企业会计准则和国家财政税务法规，以及《会计改革与发展"十四五"规划纲要》《会计人员职业道德规范》等政策，将相关新动态、新技术、新实践提炼和聚焦于本书相关章节的内容中，并同步更新教材的教学资源，保持教材内容与最新的企业会计准则和现行财政税收法规的一致性。

第四，图文并茂，编排坚持创新性和实用性。

本书注重"学习者为中心、职业能力为本位、智能化为手段"，突出理论与实践相结合，充分体现职业教育的职业性和实践性特色。本书设计新颖，图文并茂，编排合理，案例丰富，育训结合，融通俗性、应用性、可读性于一体。本书采用双色印刷，仿真呈现会计凭证、会计账簿、会计报表，增强了教材的真实性和专业性。

第五，资源丰富，注重多样性与实用性。

本书充分适应"互联网+"职业教育需求，推进数字资源、教育数据共建共享，是集教材、教学资源配置于一体的新形态一体化教材，助力教育服务供给模式升级。本书建有丰富的立体化数字教学资源，包括：课程标准、课程实施方案、电子课件、参考答案等，并以二维码形式将主要知识点和技能点的微课资源标注在教材当中，方便学习者学习和教师教学使用。本书在爱课程中国大学MOOC平台上建设了配套的在线开放课程，可供学生在线或自主学习，助力院校以本书为依托开展线上线下混合式教学。

本书由长期从事会计教学与科研的骨干教师和会计行业实务专家共同修订而成。本书由国务院政府特殊津贴专家、国家"万人计划"领军人才（教学名师）、浙江金融职业学院孔德兰教授担任主编，负责统筹设计教材修订工作；浙江金融职业学院刘丽副教授担任副主编，浙江天平审计集团有限公司董事长余俊仙教授级高级会计师负责对教材修订进行技术指导和审定。具体分工如下：第一章、第三章由刘丽副教授修订，第四章由姚军胜副教授修订，第七章由李华教授修订，第二章、第五章、第六章、第八章、第九章由孔德兰教授修订。

由于编者水平有限，书中难免存在疏漏或不当之处，敬请各位读者批评指正。

孔德兰
2023 年 12 月

目录

第七章
账务处理程序 211

第八章
财产清查 251

第九章
财务报告　277

参考文献　315

第一章

企业与会计职业认知

学习目标

✦ 素养目标

- 树立诚信理念，在会计执业时以诚立身、以信立业，严于律己
- 培养勤勉尽责、爱岗敬业、忠于职守的精神
- 具备较强的组织观念和团队合作精神

✦ 知识目标

- 了解企业的表现形式与利益相关者
- 了解企业的组织结构和基本业务流程
- 了解会计岗位、会计人员与会计职业道德
- 熟悉会计信息的作用与表现形式
- 熟悉会计工作、会计法规和会计档案

✦ 能力目标

- 能够正确分析企业的利益相关者
- 能够合理设置会计工作岗位
- 能够对会计档案进行归档与保管

素养之窗：
认知会计

思维导图

```
                                          ┌─ 企业的表现形式
                                          ├─ 企业的利益相关者
                          ┌─ 企业认知 ─────┤
                          │               ├─ 企业的组织结构
                          │               └─ 企业的基本业务流程
企业与会计职业认知 ───────┤
                          │               ┌─ 会计机构
                          │               ├─ 会计岗位
                          │               ├─ 会计人员
                          └─ 会计职业认知 ─┤─ 会计信息
                                          ├─ 会计工作
                                          ├─ 会计法规
                                          └─ 会计档案
```

学习计划

● 素养提升计划

_____

_____

_____

● 知识学习计划

_____

_____

_____

● 技能训练计划

_____

_____

_____

新时代企业对会计人才的需求

随着我国经济的高质量发展和数智化时代的到来，对会计人员提出了新的要求与挑战。会计从传统的核算、提供会计信息为主的财务会计转型为提供管理支持和决策为主的智能管理决策型会计。在 RPA、ChatGPT 等数智技术对会计行业的应用影响下，原本简单重复、容易出错却又耗费大量人力的基础性会计工作被取代。因而，新时代企业对会计人才的能力要求体现在以下几点。

（1）数智化思维能力。数字经济背景下要求会计人员具有大数据思维，能够对数据进行挖掘和分析，做好业财融合工作，并进行战略决策。此外，需要配合企业数智化业务模式升级，使会计部门从账务处理中心转变为企业数据中心，会计工作范围扩展到业务领域。

（2）学习能力和适应能力。随着经济全球化、数智技术和科技进步的影响，会计工作从内容到形式也在发生着深刻变化。企业财务会计智能化、财务信息系统平台、数据共享信息平台等系统性平台的推广应用，对会计人员的学习能力和适应变化的能力提出了更高要求。

（3）良好的职业操守。会计人员需要经过系统的财经法规及职业道德教育，会计工作需要遵循《会计人员职业道德规范》，确保财务信息的真实性和可靠性。会计人员要有正直、诚信、公正等价值观念，意识到自身在维护公共利益中的重要角色，并在工作中注重社会责任感。

（4）良好的品行和工匠精神。会计工作天天与金钱打交道，要求会计人员必须具备良好的品行，诚实做人、朴实本分、不慕虚荣。会计工作与数字为伍，工作内容很细微却往往责任重大，这要求从业者必须具备工匠精神、踏踏实实、勤勤恳恳、细心谨慎，能够并愿意把一点一滴的小事做好。

（5）良好的沟通能力。财务会计部门一般是企业的一个综合性管理部门，要和企业内外部方方面面的人进行接触，因此必须学会如何与别人沟通协调。良好的语言表达、逻辑思维和待人热情周到也是会计人员的基本素质要求。

作为会计信息的提供者和使用者，应该积极适应新时代对会计人才的能力需求，了解企业会计信息的生成过程，能够对会计信息进行识别、分析和运用。通过会计基础知识和技能的学习，你会获益很多，其中最重要的是，你可以了解企业到底是如何运作的，对会计机构、会计岗位、会计人员、会计信息、会计工作等的一些基本会计职业常识形成初步印象。

第一节　企业认知

一、企业的表现形式

企业是运用各种生产要素（土地、劳动力、资本和技术等），从事生产、流通、服务等经济活动，以生产或服务满足社会需要，实行自主经营、独立核算、自负盈亏，具有法人资格的经济组织。

企业通常具有以下五个基本特征：

(1) 企业是经济组织；

(2) 企业在经营上是独立的；

(3) 企业是以盈利为目的的；

(4) 企业具有法人资格，可以独立承担民事责任；

(5) 企业具有完整的组织架构。

企业的表现形式主要有：企业以投资人的出资方式和责任形式不同划分为个人独资企业、合伙企业、公司制企业，其中公司制企业又分为有限责任公司和股份有限公司；企业按规模不同划分为特大型企业、大型企业、中型企业、小型企业和微型企业。

> **⬡ 想一想**
>
> 请列举出在日常经营活动中，你所熟悉的有限责任公司和股份有限公司的名称，并简要说出有限责任公司与股份有限公司的区别是什么。

二、企业的利益相关者

利益相关者是指与组织有一定利益关系的个人或其他群体，他们能够被另一些群体组织影响，同时也能对群体组织产生影响。企业通常有以下七个利益相关者：

(1) 投资者（股东）；

(2) 雇员；

(3) 政府；

(4) 债权人；

(5) 顾客；

(6) 社会主体；

(7) 竞争者。

投资者是企业中最重要的利益主体，其投入的资金形成企业的资本金，是企业的主要资金来源。雇员就是企业的职工，包括企业的管理者和一般职工，他们是企业主要的劳动者。政府作为社会的管理者，在企业社会责任履行中充当引导者、推动者、规制者、催化者和监督者的角色。企业的债权人关心企业的债息收入、公司运营情况，同时还关心通货膨胀和对其的法律保障。顾客关心的利益主要是物超所值、价格合理、安全可靠的产品与服务，真实的商品信息以及周到的售后服务。社会主体主要包括社区、媒体、工商、社会大众和社会利益团体等利益相关者，他们关注企业公共设施的安全、公害污染、社区安全、就业机会、与企业文化融合、社会正义等其他一系列问题。竞争者关心企业的市场占有率、竞争强度、产业情报、产品创新和营销手法等。

⬡ **想一想**

企业的各个利益相关者对会计信息的需求有何不同？

三、企业的组织结构

不同的企业，其组织结构是不同的，常见的企业组织结构如图 1-1 所示。

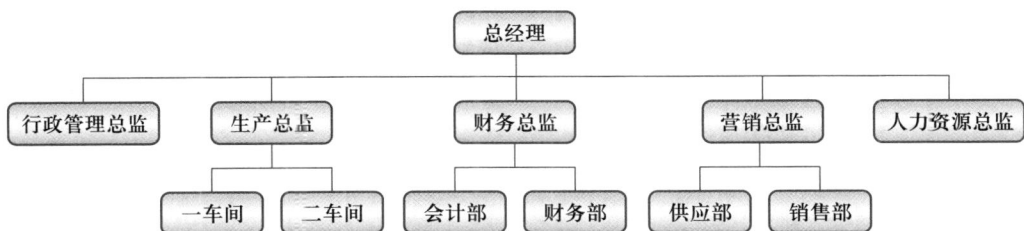

图1-1 企业组织结构图

四、企业的基本业务流程

以生产型企业为例，企业要制造产品，首先必须融资来购买生产中必备的三要素，即设备、原材料和人力资本；其次对原材料进行加工形成在产品，一旦所有加工工序完毕，在产品变成了产成品，此时，设备的价值以折旧的形式，部分进入本期产品中，而人力资本也以工资、奖金的形式进入本期产品；最后通过产品销售收回现金，从而完成一次基本业务的流转。由于生产的连续性，这种基本业务流转周而复始地反复进行，直到企业寿命终结。

上述企业基本业务流程如图1-2所示。

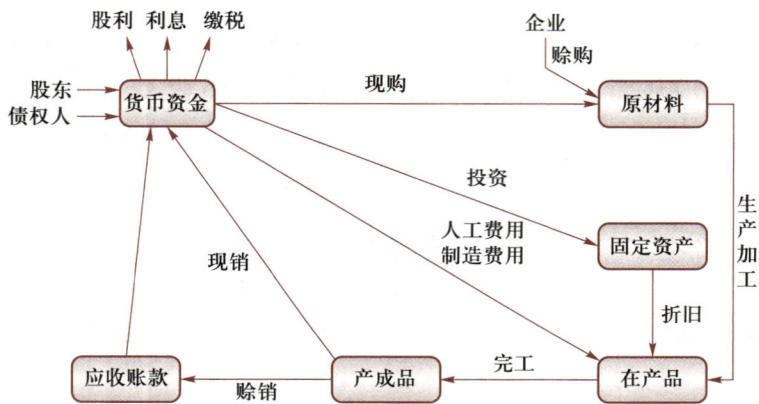

图1-2　企业基本业务流程图

◉ 课堂能力训练

将班级同学按4~5人为一组，分成若干小组，假设每个小组拟设立一个公司，分组讨论各自公司的基本情况，以及应该如何注册公司。最后请每个小组派代表介绍各自公司的名称、注册资金、组织结构以及主要经营业务分别是什么。

会计基础

第二节 会计职业认知

一、会计机构

会计机构是直接从事和组织会计工作的职能部门。会计机构通常叫财务（会计）处、财务（会计）部、财务（会计）科、财务（会计）股、财务（会计）组等。《中华人民共和国会计法》（以下简称《会计法》）规定，各企业事业单位应根据会计业务的需要，设置会计机构，或者在有关机构中设置会计人员并指定会计主管人员；不具有设置条件的，应当委托经批准设立从事会计代理记账业务的中介机构代理记账。

会计机构的设置取决于企业规模的大小和会计工作的繁简程度。实行独立核算的大中型企业、实行企业化管理的事业单位以及财务收支数额较大、会计业务较多的机关团体和其他组织，都要设置由本单位领导人直接领导的财务会计机构。对于那些财务收支数额不大、会计业务比较简单、不具备单独设置会计机构条件的单位，应当在有关机构中配备专职会计人员并指定会计主管人员，这类机构一般应是单位内部与财务会计工作接近的机构，如计划、统计、经营管理部门，或者是有利于发挥会计职能作用的内部综合部门，如办公室等。没有设置会计机构和配备会计人员的单位，应当根据财政部颁布的《代理记账管理办法》委托持有代理记账许可证书的代理记账机构进行代理记账。

不同的企业、事业单位，可以根据自身管理的需要、业务的内容以及会计人员配备情况，确定各自的岗位分布。

二、会计岗位

（一）工商企业会计岗位

工商企业会计岗位一般分为以下五个：财务会计、成本和管理会计、财务管理、内部审计及其他会计工作。

1. 财务会计

财务会计一般工作内容包括：登记凭证账簿，编制对外公布的会计报表。

财务会计的岗位一般包括：

记账人员；

会计员；

主办会计（或主管会计）；

会计主管；

分部会计主管；

总会计师。

2. 成本和管理会计

成本和管理会计的工作内容包括：成本和费用的计算，预算的制定和执行，部门业绩的考核等。

成本和管理会计的岗位一般包括：

车间记账员；

成本会计；

预算编制员；

预算监督主管；

资本预算会计等。

3. 财务管理

财务管理的工作内容包括：企业经营资金的筹措，资金运用分析和决策，企业并购和资本运作。

财务管理的岗位一般包括：

现金出纳和银行出纳；

财务分析员；

信用分析经理；

风险控制经理；

财务部主管；

税务会计主管；

财务总监（或首席财务官，Chief Financial Officer）。

4. 内部审计

内部审计的工作内容包括：监督企业资金运用的状况，制定和监督内部控制系统，评估企业资本。

内部审计的岗位一般包括：

内部审计员；

审计项目经理；

分部审计专员；

审计部经理；

内部审计总监（或首席审计官，Chief Internal Auditor）。

5．其他会计工作

其他会计的工作内容包括除了以上内容外的与会计相关的工作。

其他会计工作的岗位一般包括：

企业信息系统维护员，系统保障经理；

仓管员，仓储部经理；

工会会计，餐厅会计，营业部夜间审计；

债款催讨员，债款催讨经理；

公共关系、人事管理、文秘等方面的会计岗位。

（二）金融机构会计岗位

金融机构主要是指银行、证券行业和其他金融机构等。

1．银行会计工作岗位

银行会计和财务部门会计人员；

信贷部门人员，主要包括贷款审核、信用评估、贷款风险分析、信贷跟踪管理等；

内部稽核部门人员；

其他部门人员，主要包括信贷推销人员、营业部门人员、财务分析人员、金融产品开发、理财顾问等。

2．证券行业和其他金融机构会计工作岗位

证券行业和其他金融机构主要包括：证券交易所、证券公司、保险公司、基金管理公司、信托投资公司等。

证券行业和其他金融机构的会计工作岗位一般包括：

会计（财务）部门会计人员；

内部稽核部门人员；

保险精算师；

证券市场分析人员；

委托理财经理；

项目评估专家；

保险理赔估价人员；

营业部及其他部门人员等。

（三）行政事业单位会计岗位

行政事业单位是指政府各部门以及各种不以营利为目标的事业单位，如学校、医院、福利和慈善机构等。

行政事业单位的会计主要是在这些单位担任会计工作和内部审计工作，一般对应于公务员行政级别。

（四）代理记账公司会计岗位

代理记账公司或财务公司一般为小微企业提供代理记账服务。

代理记账公司或财务公司的会计岗位的服务内容一般包括：

收取当月原始凭证，编制记账凭证，进行记账并编制财务报表；

按时报税，办理与税务部门有关的一切事项；

提供委托方所需的账簿及会计核算资料；

协助办理年检等工作；

委托方委托的其他工作（如向统计部门报送统计报表等）；

企业开业指导，一般的财务咨询等。

（五）其他会计岗位

除了上述提到的岗位，其他会计岗位范围很广，无法一一列示，如：警局里的经济侦探，法庭指定的法务审计，消费者保护机构的价值评估人员，社会福利和慈善机构的财务人员等。

◈ 想一想

请列举在日常生活中，你见到过哪些会计工作，并描述各项会计工作的特征。

三、会计人员

设置会计机构的单位，应当配备会计机构负责人和一定数量的专职会计人员。大中型企业应当根据法律和国家有关规定设置总会计师（或财务总监）。

(一) 会计人员的专业技术资格

会计专业技术职务是会计人员从事会计业务工作的技术等级。我国会计专业技术职务包括初级会计师、中级会计师、高级会计师。在以上各专业技术职务相应的资格管理中，初级、中级会计专业技术资格实行考试制度，高级资格实行考试与评审相结合的管理制度。初级、中级会计专业技术资格实行全国统一组织、统一考试时间、统一考试大纲、统一考试命题、统一合格标准的考试制度。

初级会计师考试科目为"初级会计实务""经济法基础"两个科目。参加初级会计专业技术资格考试的人员必须在一个考试年度内通过全部科目的考试。

中级会计师考试科目为"中级会计实务""财务管理""经济法"三个科目。中级会计专业技术资格考试以两年为一个周期，参加考试的人员必须在连续两个考试年度内通过全部科目的考试。

高级会计师考试科目为 高级会计实务。主要考核应试者运用会计、财务、税收等相关的理论知识、政策法规 分析、判断、处理会计业务的能力和解决会计工作实际问题的综合能力。

(二) 会计人员的职业道德规范

会计职业道德规范是指在一定的社会经济条件下，对会计职业行为及职业活动的系统要求和明文规定，它是社会道德体系的一个重要组成部分，是职业道德在会计职业行为和会计职业活动中的具体体现。尽管不同的国家因经济发展程度不同，社会制度和经济体制各异，其会计职业道德有一定的差异，但也有许多共同点，只是实施和管理方式不同而已。

2023 年 2 月 1 日，财政部研究制定了《会计人员职业道德规范》，将新时代会计人员职业道德要求总结提炼为三条核心表述：

1. 坚持诚信，守法奉公

牢固树立诚信理念，以诚立身、以信立业，严于律己、心存敬畏。学法知法守法，公私分明、克己奉公，树立良好职业形象，维护会计行业声誉。

2. 坚持准则，守责敬业

严格执行准则制度，保证会计信息真实完整。勤勉尽责、爱岗敬业，忠于职守、敢于斗争，自觉抵制会计造假行为，维护国家财经纪律和经济秩序。

3. 坚持学习，守正创新

始终秉持专业精神，勤于学习、锐意进取，持续提升会计专业能力。不断适应新形势新要求，与时俱进、开拓创新，努力推动会计事业高质量发展。

"十四五"时期会计人才发展面临的新形势

会计人才是我国人才队伍的重要组成部分，是维护市场经济秩序、促进经济社会发展、推动会计改革发展的重要力量。"十四五"时期是我国全面建成小康社会、实现第一个百年奋斗目标之后，乘势而上开启全面建设社会主义现代化国家新征程、向第二个百年奋斗目标进军的第一个五年，会计人才工作面临新的机遇和挑战。

从机遇看，一是我国已转入高质量发展阶段，加快构建以国内大循环为主体、国内国际双循环相互促进的新发展格局，推进国家治理体系和治理能力现代化，将促使广大会计人才在挖掘经济增长潜能、优化经济结构，加强财会监督、防范化解重大风险，提升会计服务业发展能级和竞争力，推动经济社会持续健康发展等方面发挥更大作用。二是我国将深入实施新时代人才强国战略，加快建设世界重要人才中心和创新高地，深化人才发展体制机制改革，加快建立以创新价值、能力、贡献为导向的人才评价体系，全方位培养、引进、用好人才，将为我国会计人才干事创业营造更加积极的政策环境。

从挑战看，一是以信息技术、数字技术、人工智能为代表的新一轮技术革命催生了新产业、新业态、新模式，对会计理论、会计职能、会计组织方式、会计工具手段等产生了重大而深远的影响，需要会计理论工作者加强会计基础理论研究，推动我国会计理论创新发展；需要会计实务工作者掌握并应用新技术，推动会计审计工作数字化转型；需要会计管理工作者加强会计数据相关标准建设，推动会计数据资源开发利用。二是我国会计人才队伍区域发展差异较大，结构性失衡问题仍然存在，中西部地区会计人才队伍整体素质有待提高，基层行政事业单位会计力量亟须增强，高端会计人才仍然缺乏，难以满足高质量发展对创新型、复合型、国际化人才的要求。

党的二十大报告指出"必须坚持科技是第一生产力、人才是第一资源、创新是第一动力，深入实施科教兴国战略、人才强国战略、创新驱动发展战略，开辟发展新领域新赛道，不断塑造发展新动能新优势。"为深入实施新时代人才强国战略，需要培养高素质专业化会计人才队伍，为我国经济高质量发展提供人才支撑。财务会计类专业人才培养要以习近平新时代中国特色社会主义思想为指导，立足新发展阶段、贯彻新发展理念、构建新发展格局，坚持正确政治方向，推动我国会计人才战略思维提升、创新能力发展、数字智能转型，提升我国会计人才教育培养综合实力和会计人才资源竞争优势，为全面建设社会主义现代化国家提供有力人才保障。要将立德树人作为会计人才教育培养的根本任务，弘扬社会主义核心价值观，加强会计法治教育、诚信自律教育、职业精神培育和专业能力建设，增强责任意识，提高担当本领，打造德才兼备、以德为先的会计人才队伍。

四、会计信息

（一）会计信息的作用

会计信息是一种通用的"商业语言"。会计信息是企事业单位最重要的经济信息，它是由会计系统提供的、综合地反映企业经营活动情况、为信息使用者服务的信息。会计信息作为一种工具，与其他信息一样，对于那些有能力并愿意去使用的人们有直接的帮助。会计信息的作用主要表现为：

- 会计信息能帮助投资者和债权人进行合理决策；
- 会计信息能评估和预测未来的现金流动；
- 会计信息有助于政府部门进行宏观调控；
- 会计信息有利于加强和改善经营管理。

（二）会计信息的具体表现形式

会计信息主要包括反映企业财务状况、经营成果和现金流量等方面的信息。财务报表是会计信息的具体表现形式。编制财务报表的主要目的是为财务报表的使用者（包括投资者、债权人、潜在的投资者和债权人、政府及其机构、企业管理人员、职工及社会公众）提供决策有用的财务信息。企业的财务报表主要包括：资产负债表、利润表、现金流量表、所有者权益（或股东权益）变动表等。

五、会计工作

会计信息的生成过程也就是会计人员的工作过程。会计人员在日常工作中主要应做好以下工作：

- 审核原始凭证；
- 编制记账凭证；

- 登记会计账簿；
- 编制财务报表。

六、会计法规

会计法规是规范企业会计行为的法律规范，主要包括：
- 《中华人民共和国会计法》；
- 《企业会计准则》；
- 《小企业会计准则》；
- 《政府会计准则》；
- 《企业财务通则》；
- 《会计基础工作规范》；
- 《企业内部控制规范》。

七、会计档案

会计档案是指单位在进行会计核算等过程中接收或形成的，记录和反映单位经济业务事项的，具有保存价值的文字、图表等各种形式的会计资料，包括通过计算机等电子设备形成、传输和存储的会计电子档案。会计档案是记录和反映单位经济业务的重要史料和证据。

（一）会计档案的内容

会计档案的具体内容包括：

（1）会计凭证，包括原始凭证、记账凭证。

（2）会计账簿，包括总账、明细账、日记账、固定资产卡片及其他辅助性账簿。

（3）财务会计报告，包括月度、季度、半年度、年度财务会计报告。

（4）其他会计资料，包括银行存款余额调节表、银行对账单、纳税申报表、会计档案移交清册、会计档案保管清册、会计档案销毁清册、会计档案鉴定意见书及其他具有保存价值的会计资料。

（二）会计档案的归档

各单位每年形成的会计档案，都应当由会计机构按照归档要求，负责整理立卷，装订成册，编制会计档案保管清册。

当年形成的会计档案，在会计年度终了后，可暂由会计机构保管一年，期满后，应当由会计机构编制移交清册，移交本单位档案管理机构统一保管。因工作需要确需推迟移交的，应当经单位档案管理机构同意。单位会计机构临时保管会计档案最长不超过3年。未设立档案机构的，应当在会计机构内部指定专人保管。出纳人员不得兼管会计档案。

单位会计管理机构在办理会计档案移交时，应当编制会计档案移交清册，并按照国家档案管理的有关规定办理移交手续。

（三）会计档案的保管期限

会计档案因其重要程度不同，其保管期限也有所不同。会计档案的保管期限，从会计年度终了后的第一天算起，保管期限分为永久和定期两类。定期保管期限一般分为10年和30年。具体的会计档案保管期限按照《会计档案管理办法》的规定执行。

企业和其他组织会计档案保管期限如表1-1所示。

表1-1　企业和其他组织会计档案保管期限表

序号	档案名称	保管期限	备注
一	会计凭证		
1	原始凭证	30年	
2	记账凭证	30年	
二	会计账簿		
3	总账	30年	
4	明细账	30年	
5	日记账	30年	
6	固定资产卡片		固定资产报废清理后保管5年
7	其他辅助性账簿	30年	
三	财务会计报告		
8	月度、季度、半年度财务会计报告	10年	
9	年度财务会计报告	永久	

序号	档案名称	保管期限	备注
四	其他会计资料		
10	银行存款余额调节表	10年	
11	银行对账单	10年	
12	纳税申报表	10年	
13	会计档案移交清册	30年	
14	会计档案保管清册	永久	
15	会计档案销毁清册	永久	
16	会计档案鉴定意见书	永久	

✦ 相关链接

会计档案的销毁

单位应当定期对已到保管期限的会计档案进行鉴定，并形成会计档案鉴定意见书。经鉴定，仍需继续保存的会计档案，应当重新划定保管期限；对保管期满，确无保存价值的会计档案，可以销毁。

会计档案鉴定工作应当由单位档案管理机构牵头，组织单位会计、审计、纪检监察等机构或人员共同进行。

经鉴定可以销毁的会计档案，应当按照以下程序销毁：

（1）单位档案管理机构编制会计档案销毁清册，列明拟销毁会计档案的名称、卷号、册数、起止年度、档案编号、应保管期限、已保管期限和销毁时间等内容。

（2）单位负责人、档案管理机构负责人、会计管理机构负责人、档案管理机构经办人、会计管理机构经办人在会计档案销毁清册上签署意见。

（3）单位档案管理机构负责组织会计档案销毁工作，并与会计管理机构共同派员监销。监销人在会计档案销毁前，应当按照会计档案销毁清册所列内容进行清点核对；在会计档案销毁后，应当在会计档案销毁清册上签名或盖章。

电子会计档案的销毁还应当符合国家有关电子档案的规定，并由单位档案管理机构、会计管理机构和信息系统管理机构共同派员监销。

保管期满但未结清的债权债务会计凭证和涉及其他未了事项的会计凭证不得销毁，纸质会计档案应当单独抽出立卷，电子会计档案单独转存，保管到未了事项完结时为止。

单独抽出立卷或转存的会计档案，应当在会计档案鉴定意见书、会计档案销毁清册和会计档案保管清册中列明。

◇ 想一想

请列举在企业日常经济活动中，需要保管10年或30年的会计档案分别有哪些。

◈ 本章主要概念

企业　利益相关者　会计机构　会计职业道德　会计信息　会计档案

◈ 同步测试

一、单项选择题

1. 下列不属于企业基本特征的是（　　　）。

　A. 以公益为目的　　　　　　　　B. 经济组织

　C. 以盈利为目的　　　　　　　　D. 独立经营

2. 实行独立核算的大中型企业、实行企业化管理的事业单位以及财务收支数额较大、会计业务较多的机关团体和其他组织，都要设置由本单位领导人直接领导的（　　　）。

　A. 专职会计人员　　　　　　　　B. 财务部

　C. 会计处　　　　　　　　　　　D. 财务会计机构

3. 下列不是我国会计专业技术职务的是（　　　）。

　A. 会计员　　　　　　　　　　　B. 初级会计师

　C. 中级会计师　　　　　　　　　D. 高级会计师

4. （　　　）是会计信息的具体表现形式。

　A. 会计凭证　　　B. 会计账簿　　　C. 财务报表　　　D. 其他会计资料

5. 会计人员日常的主要工作不包括（　　　）。

    A. 编制记账凭证   B. 登记会计账簿

    C. 编制财务报表   D. 资金管理

6. 其他会计资料是指与会计核算、会计监督密切相关，由会计部门负责办理的有关数据资料，其不包括（　　　）。

    A. 银行对账单   B. 储存在磁性介质上的会计数据

    C. 财务数据统计资料   D. 生产计划书

7. 银行存款余额调节表、银行对账单应当保存（　　　）。

    A. 3年   B. 永久   C. 10年   D. 30年

8. 会计档案保管期限的始算日期，应从（　　　）算起。

    A. 本会计年度末   B. 会计年度终了的当天

    C. 会计年度终了后的第一天   D. 会计档案归档的当天

二、多项选择题

1. 企业的利益相关者通常包括（　　　　）。

    A. 投资者（股东）   B. 政府

    C. 债权人   D. 顾客

2. 企业的会计工作岗位一般可分为（　　　　）。

    A. 财务会计   B. 成本和管理会计

    C. 财务管理   D. 内部审计及其他会计工作

3. 我国新时代会计人员职业道德的核心表述包括（　　　　）。

    A. 坚持诚信，守法奉公   B. 坚持准则，守则敬业

    C. 坚持学习，守正创新   D. 依法办事

4. 会计信息的作用主要表现为（　　　　）。

    A. 会计信息能帮助投资者和债权人进行合理决策

    B. 会计信息能评估和预测未来的现金流动

    C. 会计信息有助于政府部门进行宏观调控

    D. 会计信息有利于加强和改善经营管理

5. 会计档案的具体内容包括（　　　　）。

    A. 会计凭证   B. 会计账簿

    C. 财务会计报告   D. 其他会计资料

6. 会计法规是规范企业会计行为的法律规范，主要包括（　　　　）。

A.《中华人民共和国会计法》　　　　B.《企业会计准则》

C.《企业财务通则》　　　　　　　　D.《会计基础工作规范》

7. 会计人员的日常工作主要包括（　　　　　）。

A. 审核原始凭证　　　B. 编制记账凭证　　　C. 登记会计账簿　　　D. 编制账务报表

8. 会计档案的定期保管期限分为（　　　　　）等。

A. 5 年　　　　　　　B. 10 年　　　　　　　C. 30 年　　　　　　　D. 25 年

三、判断题

1. 企业以投资人的出资方式和责任形式不同划分为个人独资企业、合伙企业、公司制企业。（　　　）

2. 我国《会计法》规定，各企业、事业单位应根据会计业务的需要设置会计机构，或者在有关机构中设置会计人员并指定会计主管人员；不具有设置条件的，应当委托经批准设立从事会计代理记账业务的中介机构代理记账。（　　　）

3. 设置会计机构的单位，应当配备会计机构负责人和一定数量的专职会计人员。（　　　）

4. 按照《会计档案管理办法》的规定，会计档案立卷后，可暂由本单位财会部门保管一年，于次年 12 月底前移交给本单位的档案部门集中保管。（　　　）

5. 各种账簿的保管期限均为 25 年。（　　　）

6. 会计机构的设置取决于企业规模的大小和会计工作的繁简程度。（　　　）

7. 各单位保存的会计档案不得借出，特殊情况下经单位负责人批准，办理有关手续后可以调阅或复制。（　　　）

8. 银行存款余额调节表、银行对账单是会计档案，但不是原始凭证。（　　　）

◈ 综合实训

【实训目标】训练会计职业常识。

【实训资料】2023 年 11 月，浙江红叶花木有限公司种植的 20 000 株蝴蝶兰已经进入收获上市的季节，公司为每株蝴蝶兰累计投入的成本为 50 元。此时，一位从事花卉批发业务的商人（下称"批发商"）拟全部购买这批蝴蝶兰，他提出了每株 80 元的报价，并且由他自己负责包括捆扎、运输在内的所有费用。公司同意了批发商的报价，双方于 11 月 15 日签订了购销合同。合同约定批发商应于 11 月 30 日前预付 50% 的货款，款到方可提货，余款应在一个月内结清。

批发商于 11 月 30 日支付了 80 万元的预付款，并于 12 月 1 日、15 日、20 日分三次将 20 000 株蝴蝶兰全部提走，并于 12 月 26 日再次支付公司 30 万元的货款。但是对于剩余的 50 万元，批发商在 12 月 31 日向公司提出，由于蝴蝶兰滞销，希望公司能够给予合同销售金额 10% 的折让优惠，并允许其延期两个月支付余款。

【实训要求】根据以上资料分析：

（1）批发商的报价是否属于会计信息？

（2）假设你是浙江红叶花木有限公司的会计人员，你应该对以上哪些业务进行会计核算处理？

❖ 学习评价

▲专业能力测评表

（在□中打√，A 掌握，B 基本掌握，C 未掌握）

业务能力	评价指标	自测结果	备注
企业认知	1. 企业的表现形式 2. 企业的利益相关者 3. 企业的组织结构 4. 企业的基本业务流程	□A □B □C □A □B □C □A □B □C □A □B □C	
会计职业认知	1. 会计机构 2. 会计岗位 3. 会计人员 4. 会计信息 5. 会计工作 6. 会计法规 7. 会计档案	□A □B □C □A □B □C □A □B □C □A □B □C □A □B □C □A □B □C □A □B □C	
其他			
教师评语：			
成绩		教师签字	

会计基础理念

第二章

学习目标

❖ 素养目标

- 严格执行企业会计准则对会计信息质量要求的规定，确保会计信息的真实性和完整性
- 坚持客观、公正、实事求是，养成严谨的会计职业判断能力
- 学法、知法、守法，维护国家财经纪律和经济秩序

❖ 知识目标

- 了解会计的概念、会计的基本职能
- 熟悉会计核算的七种专门方法
- 熟悉会计的四项基本假设
- 熟悉会计核算基础
- 了解八大会计信息质量标准
- 熟悉会计要素与会计等式

❖ 能力目标

- 能够正确描述会计的概念和基本职能
- 能够正确运用权责发生制确认经济事项
- 能够正确描述会计六大要素内容
- 能够正确判断经济业务类型
- 能够正确描述经济业务对会计等式的影响

思维导图

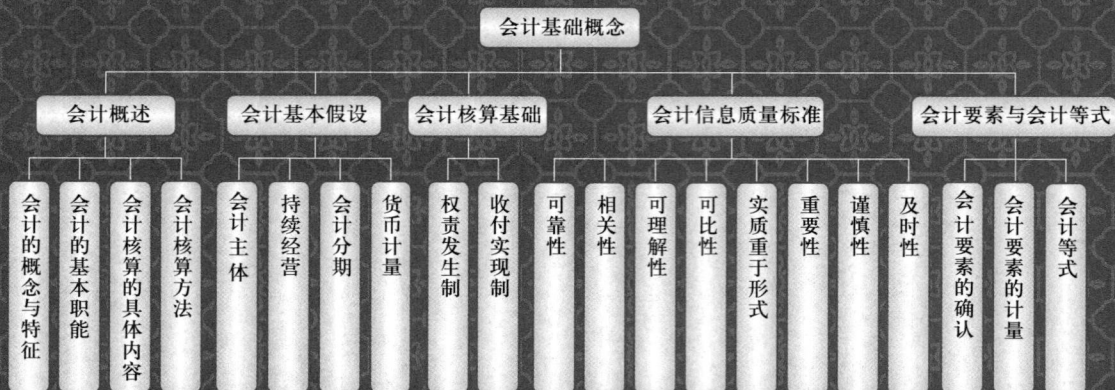

学习计划

● 素养提升计划

_____

_____

_____

● 知识学习计划

_____

_____

_____

● 技能训练计划

_____

_____

_____

沈晶的创业故事

沈晶是杭州一所著名美术学院的毕业生。她利用手头的 8 000 元，于 2023 年 12 月创办了一个美术培训部。她支出了 120 元在一家餐厅请朋友坐一坐，帮她出主意；支出了 200 元印制了 500 份广告传单。她还向她的一个师姐借款 5 000 元，以备租房等使用。根据她曾经在一家美术培训班服务兼讲课的经验，她购置了一些讲课所必备的书籍、静物，并支出一部分钱用于装修画室。经过上述努力，8 天后沈晶已经招收了 17 名学员，每人每月收取学费为 1 800 元，并且找到了一位较具能力的同学做合伙人，她与合伙人分别为培训部的发展担当着不同的角色（合伙人兼做培训部的会计和讲课教师），并获取一定的报酬。至 2024 年 1 月末，她们已经招收了 50 个学员，除了归还师姐的借款共计 5 000 元、抵销各项必需的费用外，她们各获得讲课、服务等净收入为 30 000 元和 22 000 元。她们用这笔钱又继续租房，扩大了画室面积。一年下来，她们的美术培训部平均每月招收学员 39 名，获取收入共计 24 000 元。她们还以每小时 200 元的讲课报酬雇用了 4 位同学做兼职教师。至此，她们核算了一下，除去房租等各项费用外共获利 67 800 元。这笔钱足够她们各自购买一台计算机并且还有一笔不小的节余，但更重要的是，她们通过一年的锻炼，学到不少有关财务上的知识，掌握许多营销的技巧，也懂得了应该怎样与人合作和打交道，获得了比财富更为宝贵的创业经验。

那么，沈晶是如何创办并发展她的美术培训部的？会计在其经营活动中扮演什么角色？从这一案例中你获得了哪些有关会计方面的术语？这些问题都将在本章的学习中得到解答。

第一节　会计概述

素养之窗：
会计基础
概念

一、会计的概念与特征

（一）会计的概念

会计这个名词，对很多人来说并不陌生，但能完整理解其真实含义的人并不多。有人认为会计是一种职业；有人认为会计是管钱算钱的，类似账房先生一样的一项工作；有人认为会计是经济管理活动之一……他们对会计的理解都不够全面，因此有必要将会计作为一门专业或一项技能进行系统而有序的学习。

清代学者焦循在《孟子正义》中是这样解释会计的："零星算之为计，总合算之为会。"即日常的零星计算为计，岁末的全年总合计算为会，合起来就是会计。这是当时对会计的定义，随着社会经济的高速发展，现在会计的内容、范围和方法等发生了很大变化。不过，迄今为止，无论是国内还是国外，人们对"会计"概念的认识尚未达成共识。目前，我国会计界对会计的概念有以下三种说法：信息系统论，认为会计是一个以提供财务信息为主的信息系统；会计控制论，认为会计是一个控制系统；管理活动论，认为会计的本质是管理活动。虽然会计概念的说法不一，但大多数学者比较趋向后一种说法，即管理活动论。因此可以把会计的概念表述为：

会计是经济管理的重要组成部分，采用价值形式，以货币为主要计量单位，运用专门的方法，对社会再生产过程中的各项经济活动进行全面、综合、连续、系统的核算和监督，旨在提高经济效益的一种经济管理活动。

（二）会计的特征

从会计的概念可以得出会计有以下特征：

1. 会计以货币为主要计量单位

会计在核算中可以采用货币计量单位、实物计量单位、劳动计量单位，其中只有货币计量单位才能反映各种事物的价值，提供综合指标，便于统计、评价经济得失，具有统一的标准。

2. 会计以凭证为主要依据

会计核算工作要有凭有据，企业每项经济业务的完成都要以凭证进行如实记录和反映。

3. 会计核算具有全面性、综合性、连续性和系统性

全面性和综合性是指对会计对象的全部经济业务都要进行核算；连续性是指会计核算时对发生的各项经济业务按时间顺序不间断地进行记录；系统性是指会计从开始记录经济业务到最后编制财务报表的整个过程中，对会计资料系统化，通过分类、汇总和加工整理，得到各项经济指标。只有提供全面、综合、连续和系统的数据资料，才能全面、系统地反映特定对象的经济活动情况，考核经济效益。

4. 会计具有一套比较科学、完整的方法

会计具有与其他学科不同的独特的方法，包括会计核算方法、会计分析方法、会计

检查方法等。其中，会计核算是会计的基本环节，是实现会计目标的基本手段，是整个会计体系的基础。它们是人们通过长期的实践活动总结出来的一套科学的方法。

5. 会计的本质是一项经济管理活动

经济管理的目的在于提高经济效益，这就需要会计提供资料为之服务。会计除了提供资料，还可以参与一些预测、决策和计划的制订等。因此，会计在本质上是一项管理活动，是企业经济管理活动的重要组成部分。

（三）会计的产生与发展

1. 会计的产生

会计是适应人类生产实践和经济管理而产生的，并随着生产的不断发展而发展。在生产力极其低下的时期，人们的生产活动非常简单，生产成果与生产耗费的计量、计算、比较以及生产成果的分配，单凭人脑的简单思考、记忆或者直觉就能完成，无须专门记录、计算，因而也不需要会计。

随着生产力的发展，人们的生产、分配、交换、消费活动日趋复杂，仅凭人脑的记忆和计算，已不可能满足生产活动等经济活动的需要，必须通过观察、计量、计算、记录来完成，于是出现了极其简单的记数、记录行为，如我国古代的"结绳记事""刻石记数"，古巴比伦的"泥板"、古埃及的"刻石"等。这些简单的记录、记数行为从会计角度看，就是会计产生的萌芽。

✦ 相关链接

结 绳 记 事

结绳记事是文字发明前，人们所使用的一种记事方法，即在一条绳子上打结，用以记事（如图2-1所示）。其结绳方法，据《易九家言》记载："事大，大结其绳；事小，小结其绳。结之多少，随物众寡"。即根据事件的性质、规模或所涉数量的不同系出不同的绳结。上古时期的中国及秘鲁的印第安人皆有此习惯，即使到近代，一些没有文字的民族，仍然采用结绳记事来传播信息。

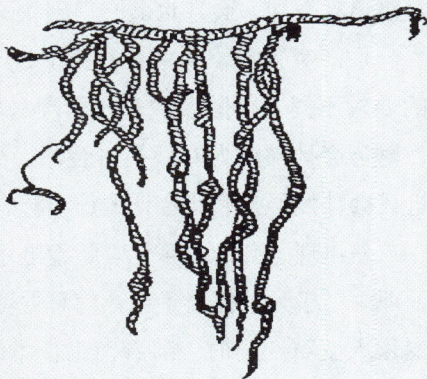

图2-1 结绳记事

2. 会计的发展

在历史长河中，会计发展大致经历了古代会计、近代会计和现代会计三个主要阶段。

（1）古代会计。在我国，"会计"一词最早出现在西周，《周礼》指出："会计，以参互考日成，以月要考月成，以岁会考岁成"。那时的西周王朝就设立了"司会"官职，专管朝廷的钱粮收支，进行"月计岁会"，每月零星计算称为"计"，年终总计算称为"会"。在唐宋时期，会计有了比较全面的发展，尤其在宋朝，出现了"四柱清册"，所谓四柱就是反映钱粮的"旧管"（期初结存）、"新收"（本期收入）、"开除"（本期支出）、"实在"（期末结存）。在明末清初，产生了"龙门账"，将账目划分为"进"（收入）、"缴"（支出）、"存"（资产）、该（负债），年终通过"进"与"缴"对比，"存"与"该"对比，确定盈亏，计算结果若完全吻合，称为"合龙门"。

（2）近代会计（15世纪—20世纪30年代）。近代会计的标志是复式记账法在会计中的应用。13—15世纪，意大利地中海沿岸城市产业经济的发展和资本借贷的兴起，推动了会计复式记账法的产生与发展。1494年，意大利数学家卢卡·帕乔利出版了《算术、几何、比与比例概要》一书，系列地介绍了复式记账法。由于这本书的出版，复式记账法在欧洲和全世界得到推广，卢卡·帕乔利也被称为"现代会计之父"。这是近代会计发展史上的第一个重要里程碑，标志着记账方法从单式记账法向复式记账法转变。18—19世纪，英国产业革命时期，资本主义经济得到空前发展，英国成为当时工业最发达、生产力水平最高的国家。在英国，产生了适应大生产需要的新的企业组织形式——股份公司，公司的账目需要专门机构审查。1854年，英国爱丁堡会计师公会的成立，被认为是近代会计发展史上的第二个里程碑。

（3）现代会计（20世纪50年代至今）。20世纪50年代以后，以美国为首的资本主义经济迅猛发展，会计也随之得到快速发展。在该阶段，会计有以下重要变化：

一是产生了会计学的一个新分支，即管理会计。由于企业内部和外部会计信息使用者的要求不同，伴随着生产和管理科学的发展，会计分为财务会计和管理会计两个分支。财务会计被称为对外报告会计，管理会计被称为对内报告会计。管理会计的出现，是近代会计发展为现代会计的重要标志。

二是出现了会计电算化。随着电子计算机的发明和运用，计算机逐步应用到会计信息处理中，极大地提高了会计信息处理的速度和质量，这是会计操作技术和信息处理方式的重大变革。同时，随着网络技术的发展，会计信息网络系统也逐步地建立和发展起来。

三是出现了会计智能化。智能会计是一项基础性企业管理活动，一项以数字经济为前提、业财融合为基础、财务共享为平台、人工智能为支撑，在宏观和微观经济与管理领域，发挥大数据分析和辅助决策支持作用的人机共生、协同进化和管理赋能的会计管理活动。基于大数据、机器学习、云计算、区块链的智能会计，使得公司会计的组织架构、运作模式都发生了根本性的变革。财务会计与财务管理领域先后产生了业财一体化软件、财务机器人等应用工具，使得会计工作流程实现自动化，实现智能财务分析、自动风险管理等，大大提高了会计工作的效率和准确性，为企业决策提供更有力的支持。

二、会计的基本职能

会计的基本职能是指会计在经济管理工作中所具有的功能。生产力发展水平和经营管理水平的高低，对会计的职能具有决定性的影响。《中华人民共和国会计法》（简称《会计法》）中规定会计的基本职能为会计核算职能和会计监督职能。

（一）会计核算职能

会计核算贯穿于经济活动的全过程，是会计最基本的职能，也称反映职能，它是指会计以货币为主要计量单位，通过确认、计量、记录、报告等环节，对特定主体的经济活动进行记账、算账、报账，为各有关方面提供会计信息的功能。记账是指对特定对象的经济活动采用一定的记账方法，在账簿中进行登记；算账是指在记账的基础上，对企业单位一定时期的收入、费用（成本）、利润和一定日期的资产、负债、所有者权益进行计算（行政、事业单位是对一定时期的收入、支出、结余和一定日期的资产、负债、净资产进行计算）；报账是指在算账的基础上，对企业单位的财务状况、经营成果和现金流量情况（行政、事业单位的经费收入、经费支出、经费结余及其财务状况），以会计报表的形式向有关方面报告。

会计核算职能具有如下特点：

（1）会计主要核算过去已经发生或完成的经济活动；

（2）会计核算从数量上反映各单位的经济活动状况，以货币量度为主，以实物量度和劳动量度作为辅助量度；

（3）会计核算具有连续性、系统性和全面性；

（4）会计核算必须遵循国家颁布的会计准则和会计制度，即财政部颁布的《企业会计准则》《小企业会计准则》《政府会计准则》等相关会计法规。

会计法与企业会计准则

《中华人民共和国会计法》于 1985 年 1 月 21 日第六届全国人民代表大会常务委员会第九次会议通过，同年 5 月 1 日正式实施，这是新中国第一部会计法。1993 年 12 月 29 日，第八届全国人民代表大会常务委员会第五次会议通过了《关于修改〈中华人民共和国会计法〉的决定》，并自公布之日起施行。1999 年 10 月 31 日由第九届全国人民代表大会常务委员会第十二次会议审议通过修订，并于 2000 年 7 月 1 日正式施行。2017 年 11 月 4 日第十二届全国人民代表大会常务委员会第三十次会议决定，通过对《中华人民共和国会计法》作出修改的决定，本决定自 2017 年 11 月 5 日起施行。

《企业会计准则》是我国会计核算工作的基本规范，它以《会计法》为指导，其目的是规范会计确认、计量、记录和报告行为，保证会计信息质量。《企业会计准则》由财政部制定，于 2006 年 2 月 15 日财政部令第 33 号发布。我国企业会计准则体系包括基本准则、具体准则和应用指南三个部分。《企业会计准则》自 2007 年 1 月 1 日起施行。《企业会计准则》的颁布和施行，标志着我国与国际财务报告准则趋同的企业会计准则已基本建成。2014 年 7 月，财政部部务会议审议通过关于修改《企业会计准则——基本准则》的决定，该决定自 2014 年 7 月 23 日起执行。

财政部近年来先后对相关具体准则进行了修订，并发布了部分新准则。2014 年以来，按照发布的时间先后顺序主要包括：《企业会计准则第 39 号——公允价值计量》《企业会计准则第 30 号——财务报表列报》（修订）、《企业会计准则第 9 号——职工薪酬》（修订）、《企业会计准则第 33 号——合并财务报表》（修订）、《企业会计准则第 40 号——合营安排》《企业会计准则第 2 号——长期股权投资》（修订）、《企业会计准则第 41 号——在其他主体中权益的披露》《企业会计准则第 37 号——金融工具列报》（修订）、《企业会计准则第 22 号——金融工具确认和计量》（修订）、《企业会计准则第 23 号——金融资产转移》（修订）、《企业会计准则第 24 号——套期会计》（修订）、《企业会计准则第 37 号——金融工具列报》《企业会计准则第 42 号——持有待售的非流动资产、处置组和终止经营》《企业会计准则第 16 号——政府补助》（修订）、《企业会计准则第 14 号——收入》（修订）、《企业会计准则第 21 号——租赁》（修订）、《企业会计准则第 12 号——债务重组》（修订）、《企业会计准则第 7 号——非货币资产交换》（修订）、《企业会计准则第 25 号——保险合同》（修订）。

（二）会计监督职能

会计监督职能也称控制职能，是指会计人员在进行会计核算的同时，对特定对象经济业务的合法性、合理性进行审查。合法性审查是指保证各项经济业务符合国家的有关法律法规，遵守财经纪律，执行国家的各项方针政策，杜绝违法乱纪行为；合理性审查是指检查各项财务收支是否符合特定对象的财务收支计划，是否有利于预算目标的实现，是否有奢侈浪费行为，是否有违背内部控制制度要求等现象，为增收节支、提高经济效益严格把关。

会计监督职能具有如下特点：

(1) 会计监督主要通过价值指标来进行；

(2) 会计监督是对单位经济活动的全过程进行监督，包括事前、事中和事后监督。

(3) 会计监督必须以财经法律、法规为依据。

会计核算职能与会计监督职能的关系十分密切，两者相辅相成、辩证统一。会计核算是会计监督的基础，没有核算所提供的各种信息，监督就失去了依据；而会计监督又是会计核算质量的保障，只有核算、没有监督，就难以保证核算所提供信息的真实性、可靠性。

◈ **想一想**

会计职能除了会计核算和会计监督，还有其他什么职能？

随着生产力水平的日益提高、社会经济关系的日益复杂和管理理论的不断深化，会计所发挥的作用日益重要，其职能也在不断丰富和发展。除了上述基本职能，会计还具有预测经济前景、参与经济决策、评价经营业绩等职能。

三、会计核算的具体内容

会计核算的内容是指特定主体的资金运动，包括资金的投入、资金的循环与周转、资金的退出三个阶段。资金的上述三个阶段的运动，又是通过一系列的经济业务事项来进行的。经济业务事项包括经济业务和经济事项两类。经济业务又称经济交易，是指企业与其他单位和个人之间发生的各种经济利益的交换，如购买材料、产品销售等。经济事项是指在企业内部发生的具有经济影响的各类事项，如计提折旧等。经济业务事项具体包括以下内容：

（一）款项和有价证券的收付

款项是指作为支付手段的货币资金，主要包括库存现金、银行存款以及其他视同现金和银行存款使用的外埠存款、银行汇票存款、银行本票存款、信用卡存款、信用证保证金存款和各种备用金等。有价证券是指表示一定财产拥有权或支配权的证券，如国库券、股票、企业债券等。款项和有价证券是流动性最强的资产。如果款项和有价证券收付环节出现问题，不仅使企业款项和有价证券受损，还直接影响到企业货币资金的供应，从而影响企业的生产经营活动。各企业必须按照国家统一的会计制度的规定，及时、如实地核算款项和有价证券的收付及结存，保证企业货币资金的流动性、安全性，提高货币资金的使用效率。

（二）财物的收发、增减和使用

财物是企业财产物资的简称，是企业进行生产经营活动且具有实物形态的经济资源，一般包括原材料、燃料、包装物、低值易耗品、在产品、库存商品等流动资产，以及房屋、建筑物、机器、设备、设施、运输工具等固定资产。这些财产物资在企业资产总额中往往占有很大比重。财物的收发、增减和使用，是会计核算中的经常性业务，也是发挥会计在控制和降低成本、保证财物安全完整、防止资产流失等职能作用的重要方面。因此，各企业必须加强对财物收发、增减和使用环节的核算，维护企业正常的生产经营秩序。

（三）债权债务的发生和结算

债权是企业收取款项的权利，一般包括各种应收和预付款项等。债务则是指企业由于过去的交易、事项形成的现时义务，履行该义务预期会导致经济利益流出企业。债务一般包括借款、应付和预收款项以及应交款项等。债权和债务是企业日常生产经营和业务活动中大量发生的经济业务事项。由于债权债务的发生和结算涉及本企业与其他单位或有关方面的经济利益，关系到企业自身的资金周转，影响着企业的生产经营活动和业务活动，因此，各企业必须及时、真实、完整地核算本企业的债权债务，防止在债权债务环节发生非法行为。

（四）资本的增减

资本是投资者为开展生产经营活动而投入的资金。会计上的资本，专指所有者权益中的投入资本。资本的利益关系人比较明确，用途也基本定向。办理资本增减的政策性强，一般都应以具有法律效力的合同、协议、董事会决议等为依据，各单位必须按照国家统一的会计制度的规定和具有法律效力的文书为依据进行资本增减的核算。

（五）收入、支出、费用、成本的核算

收入是指企业在日常活动中形成的、会导致所有者权益增加的、与所有者投入资本无关的经济利益的总流入。支出是指企业实际发生的各项开支，以及在正常生产经营活动以外的支出和损失。费用是指企业在日常活动中发生的、会导致所有者权益减少的、与向所有者分配利润无关的经济利益的总流出。成本是指企业为生产产品、提供劳务而发生的各种耗费，是按一定的产品或劳务对象归集的费用，是对象化了的费用。收入、支出、费用、成本都是计算和判断企业经营成果及其盈亏状况的主要依据。各企业应当重视收入、支出、费用、成本环节的管理，按照国家统一的会计制度的规定，正确核算收入、支出、费用、成本。

（六）财务成果的计算和处理

财务成果是企业在一定时期内通过从事生产经营活动而在财务上取得的结果，具体表现为盈利或亏损。财务成果的计算和处理一般包括利润的计算、所得税的计算和缴纳、利润分配或亏损弥补等。财务成果的计算和处理，涉及所有者、国家等各方面的利益，各单位必须按照国家统一的会计制度和其他法规制度的规定，正确计算和处理财务成果。

此外，除上述 6 项经济业务事项以外的其他经济业务事项，也应按照国家统一的会计制度规定办理会计手续，进行会计核算。

❀ **课堂能力训练**

东方公司 2023 年 11 月 26 日发生以下经济业务活动：

①各业务部经理参加了商洽会，共签订合同三份；②业务员报销差旅费；③业务部收到订货单两份；④收到销货款存入"银行存款"账户；⑤向银行提取现金备用；⑥董事会决定向远方公司投资；⑦仓库将购买的原材料验收入库；⑧支付下年度杂志费。

根据《会计法》对会计核算基本内容的规定，以上哪些业务需要进行会计核算？

四、会计核算方法

会计方法主要是指从事会计工作所使用的各种技术方法。它是核算和监督会计对象，完成会计任务的手段，也是会计的重要组成内容。

会计方法与会计内容是密切相关的，可以说，有什么样的会计内容就应有与之相对应的会计方法。会计内容随着社会经济的发展而日趋复杂，相应地，会计方法也随之不断改进和发展，它经历了由简单到复杂，由不完备到逐渐完备的漫长发展过程，逐渐形成了目前的会计方法体系。

会计就其内容而言，可分为会计核算、会计分析、会计检查三个主要方面。这三个方面既有一定的统一性，又有相对的独立性，它们所应用的方法各不相同。同样，会计方法也可以分为会计核算方法、会计分析方法、会计检查方法。作为会计的内容而言，会计核算是最基本的会计方法。会计的核算方法主要包括下列七种专门方法：设置会计科目和账户；复式记账；填制和审核凭证；登记账簿；成本计算；财产清查；编制会计报表。

（一）设置会计科目和账户

会计科目是对会计对象的具体内容，按其不同的特点和经济管理的需要，进行分类核算和监督的项目。会计对象的具体内容是复杂多样的，为了对会计对象的具体内容进行系统的核算和监督，就应对其进行科学分类。对会计对象的最基本的分类称为会计要素。根据各会计要素特点及经济管理具体要求，对会计要素的再分类，即为会计科目。根据会计科目在账簿中开设的户头，称为账户。它是分门别类地、连续地在账簿中登记各种经济业务的专门方法，是取得各种会计指标、产生各种财务信息的必要手段。账户的名称就是会计科目的名称。

（二）复式记账

复式记账是对每一项经济业务都要以相等的金额，同时记入相互联系的两个或两个以上账户的一种记账方法。复式记账使每项经济业务所涉及的账户发生对应关系，通过账户的对应关系，可以了解每项经济业务的来龙去脉。同时，由于对应账户所记金额相等，且保持数量上的平衡关系，因此，复式记账法还可以检查有关经济业务的记录和计算是否正确，为检查账户记录的正确性提供了条件。

（三）填制和审核凭证

记账必须有根有据，这种根据就是会计凭证。会计凭证是记录经济业务、明确经济责任的书面证明，也是登记账簿的重要依据。对于已经发生的经济业务，都要由经办人或有关单位填制凭证，并签名盖章。所有的凭证都要经过会计部门和有关部门的审核，只有经过审核，确认无误的凭证，才能作为登记账簿的依据。由此可见，填制和审核凭证是提供真实可靠会计数据资料的前提条件，是保证会计核算质量的必要手段，也是实行会计监督的重要方面。

（四）登记账簿

账簿是会计账簿的简称，它是用来全面、连续、系统地记录经济业务的簿籍。登记账簿是以审核无误的凭证为依据，按照经济业务发生的顺序，分门别类地记入有关账簿，为经营管理提供完整、系统数据资料的过程。企业在日常经营活动中发生的大量经济业务，虽已经反映在有关会计凭证上，但是在未登记账簿之前，这种反映是分散的、不系统的。而在记入账簿以后，就能集中反映业务的变化和财务收支及资金结存情况，有利于加强日常管理。同时，通过定期结账、对账，可使账簿记录和实际情况保持一致，为编制会计报表提供完整而又系统的数据资料。

（五）成本计算

成本计算是按照一定的成本对象，归集和分配生产经营过程的各项生产费用，确定该种成本对象的总成本和单位成本的一种专门方法。例如，制造业为了反映供、产、销三个过程所发生的各项费用，考核各过程的经营情况，就需要计算材料采购成本、产品生产成本、产品销售成本。通过正确计算成本，可以考核企业对原材料和人工的消耗及其他费用支出是否节约，以便采取措施，降低成本。同时，还可以为编制成本计划、生产计划、制定销售价格提供必要的数据资料。

（六）财产清查

财产清查就是盘点财产物资、核对账目，查明资产、负债和所有者权益实有数的一种专门方法。在日常的会计工作中，由于某些主观或客观的原因，往往会造成账面记录与实际情况不符。为了如实反映情况，做到账实相符，加强财产物资管理，就必须定期或不定期地对财产物资、往来账款等进行清查、盘点、核对。如发现账实不符，应及时调整账面数，使账实相符，同时，还应查明原因，明确责任，从而保证会计核算资料的真实性，有利于加强财产物资管理。

（七）编制财务报表

财务报表是总括反映一定日期的财务状况和一定时期经营成果及现金流量的书面文件。编制财务报表是对日常会计核算的总结，它是根据账簿记录，定期进行分类整理和汇总，提供经济管理所需会计信息的过程。财务报表所提供的各种会计指标，是对外反映企事业单位财务状况和经营成果的重要依据，也是对内进行经济管理的重要依据。

会计核算的七种专门方法并不是各自孤立地存在的，而是相互联系、密切配合的。这些方法的有机结合就构成了一个科学的、完整的会计核算方法体系。会计核算的七种专门方法之间的关系如图 2-2 所示。从图 2-2 可以看出，企业发生经济业务时，先从设置科目和账户、审核原始凭证和填制记账凭证入手，然后按规定的账户，运用复式记账方法，在有关账簿中进行登记。月终，根据账簿中记载的资料，进行成本计算、财产清查，在账证相符、账实相符的基础上编制财务报表。这些专门方法是一个完整的相互联系的体系，任何一个方面没有做好，都会影响会计核算工作的质量，最后影响提供会计信息的质量。

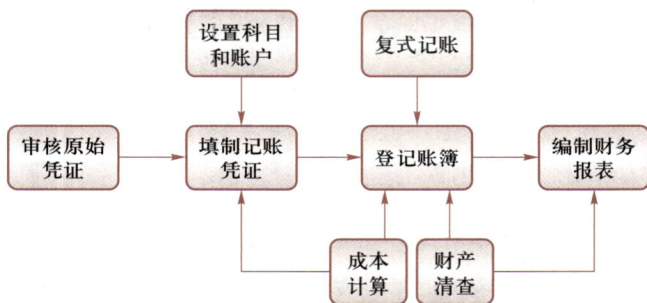

图 2-2　会计核算各种专门方法之间的关系

丰 相关链接

张苍与会计

秦时，张苍任柱下史，主管郡国上计，明习天下图书计籍。西汉时归顺刘邦，萧何因他在秦国做过上计事务，能算计，对管理地方图书计籍有经验，就推举他以列侯身份居相府主持郡国上计事宜。具体办法是：

（1）各封王侯国和各郡，都专设上计史，主管地方财政会计，掌握包括户口、垦田、物价、农业丰歉等基本情况和数字资料，每年年底由各县核实情况后，上报郡国。

（2）每年年末专派上计史携带计籍到京师参加正月朝贺，向皇帝汇报工作，并据此考核官吏的治绩，成绩优良者奖励，差次者予以督责，违法乱纪者治罪。通过这些办法，使上计制度在秦汉时期得到发展和完善，加强了会计核算和监督，使汉初的经济逐步得以恢复和发展。

第二节　会计基本假设

　　会计的基本假设是会计确认、计量、记录和报告的前提，是对会计核算所处时间、空间环境等所做的合理设定，是会计核算的前提条件。会计核算的基本假设是人们在长期的会计实践中，对某些未被确切认识的事物，根据客观的正常情况和趋势，所做的合乎情理的推论而形成的一系列不需要证明就可以接受的假设前提。只有明确了这些会计核算的基本假设，会计核算工作才得以正常进行。

　　会计的基本假设包括：会计主体、持续经营、会计分期和货币计量。

一、会计主体

　　会计主体也称会计实体，是指会计核算和监督的特定单位或组织。一般来说，凡拥有独立的资金，自主经营，独立核算收支、盈亏并编制会计报表的单位或组织即构成一个会计主体。

　　会计主体这一基本假设要求会计人员只能核算和监督所在主体的经济活动（就企业类主体而言，其经济活动就是所发生的交易或事项，下同），其主要意义在于：一是将特定主体的交易与其他单位的经济活动区分开来，从而界定从事会计工作和提供会计信息的空间范围，同时说明基本会计主体的会计信息仅与该会计主体的整体活动和成果相关。

　　会计主体不同于法律主体。一般来说，法律主体必然是会计主体。例如，一个企业作为一个法律主体，应当建立会计核算体系，独立地反映其财务状况、经营成果和现金流量。但是，会计主体不一定是法律主体。例如，在企业集团的情况下，一个母公司拥有若干个子公司，企业集团在母公司的统一领导下开展生产经营活动。母子公司虽然是不同的法律主体，但是，为了全面反映企业集团的财务状况、经营成果和现金流量，就有必要将这个企业集团作为一个会计主体，编制合并会计报表。企业集团是会计主体，但通常不是一个独立的法人。

二、持续经营

持续经营，是指在可以预见的将来，企业将会按当前的规模和状态继续经营下去，不会停业，也不会大规模削减业务。在持续经营前提下，会计核算应当以企业持续、正常的生产经营活动为前提。

企业是否持续经营，在会计原理、会计方法的选择上有很大区别。一般情况下，应当假定企业将会按当前的规模和状态经营下去，不会停业，也不会大规模削减业务。明确这个基本前提，就意味着会计主体将按照既定用途使用资产，按照既定的合约条件清偿债务，会计人员就可以在此基础上选择会计原则和会计方法。例如，一般情况下，企业的固定资产可以在一个较长的时期内发挥作用，如果可以判断企业会持续经营，可以假定企业的固定资产会在持续经营的生产经营过程中长期发挥作用，并服务于生产经营过程，固定资产就可以根据历史成本进行记录，并采用折旧的方法，将历史成本分摊到各个会计期间或相关产品的成本中。如果判断企业不会持续经营，固定资产不应采用历史成本进行记录并按期折旧。

持续经营是根据企业发展的一般情况所作的设定，然而任何企业都存在破产、清算的风险，也就是说，企业不能持续经营的可能性总是存在的。因此，需要企业定期对其持续经营基本前提作出分析和判断。如果可以判断企业不会持续经营，应当改变会计核算的原则和方法，并在企业财务会计中作相应披露。

如上所述，会计主体假设规定了会计核算的空间范围，而持续经营假设为会计核算作出了时间规定。

三、会计分期

会计分期，是指将会计主体持续不断的生产经营活动人为分割为相等的会计期间，

会计基础

据以分期结算账目，分期编制会计报表，从而及时地提供会计主体财务状况和经营成果等会计信息。

根据持续经营基本前提，一个企业将要按当前的规模和状态持续经营下去，最终确定企业的生产经营成果，只能等到一个企业在若干年后歇业的时候核算盈亏。但是，企业的生产经营活动和投资决策要求会计人员将持续经营的生产经营活动划分为一个个连续的、长短相同的期间，这种人为的分期就是会计分期。

最常见的会计期间是一年，以一年确定的会计期间称为会计年度，即每年的 1 月 1 日起至 12 月 31 日为一个会计年度，每一个会计年度起讫日期确定。月度、季度和半年度均称为会计中期。按年度编制的财务会计报告称为年报。为满足人们对会计信息的需要，也要求企业按短于一个完整的会计年度的期间编制财务报告，如要求上市公司每个季度提供一次财务会计报告。

会计期间的划分对于确定会计核算程序和方法具有极为重要的作用。由于有了会计期间，才产生了本期与非本期的区别；由于有了本期与非本期的区别，才产生了权责发生制和收付实现制，才使不同类型的会计主体有了记账的基础。

四、货币计量

货币计量，是指会计主体在会计核算过程中采用货币作为计量单位，计量、记录和报告会计主体的生产经营活动，并假定在不同时期货币本身的币值不变。在货币计量前提下，企业的会计核算以人民币为记账本位币。业务收支以外币为主的企业，可以选定其中一种货币作为记账本位币，但是编报的财务会计报告，应当折算为人民币。

在会计核算过程中选择货币作为计量单位，是由货币本身的属性决定的。货币是商品的一般等价物，是衡量一般商品价值的共同尺度，具有价值尺度、流通手段、贮藏手段和支付手段等特点。其他的计量单位，如重量、长度、体积、台、件等，只能从一个侧面反映企业的生产经营情况，无法在量上进行汇总和比较，不便于管理和会计计量。所以，为全面反映企业的生产经营、业务收支等情况，会计核算选择货币作为计量单位。

货币计量是以货币价值不变、币值稳定为条件的，对于货币购买力的波动不予考虑。只有币值稳定，不同时点的资产的价值才具有可比性，不同时间的收入和费用才能进行比较，会计核算提供的会计信息才能客观、可靠地反映企业的经营状况。但是货币本身的币值是不稳定的，即货币并不是一个充分稳定的计量单位，这就需要假定币值不变。

第三节　会计核算基础

为了更加真实、公允地反映特定会计期间的财务状况和经营成果，企业会计的确认、计量、记录和报告应当以权责发生制为基础。

一、权责发生制

权责发生制又称为应计制或应收应付制，它是以收付应归属期间为标准，确定本期收入和费用的处理方法。即凡是当期已经实现的收入和已经发生或应当负担的费用，无论款项是否收付，都应作为当期的收入或费用处理；凡是不属于当期的收入和费用，即使款项已经在当期收付，都不作为当期的收入和费用进行处理。在实务中，企业交易或者事项的发生时间与相关货币收支时间有时并不完全一致。例如，款项已经收到，但销售并未实现；或者款项已经支付，但并不是为本期生产经营活动而发生的。

权责发生制基础的核心是根据权责关系的实际发生和影响期间来确认收入和费用。根据权责发生制进行收入和成本费用的核算，能够更加准确地反映特定会计期间真实的财务状况和经营成果。

◉ 课堂能力训练

东方公司 2024 年 9 月销售产品一批，共计 60 000 元，货款尚未收到。那么这 60 000 元是不是公司 9 月份的收入？同月公司支付了下年度报刊费 8 000 元，这 8 000 元是不是公司 9 月份的费用？你的判断基础是什么？

二、收付实现制

收付实现制是与权责发生制相对应的一种会计核算基础。收付实现制是以款项实际收付为标准来确认本期收入和支出的一种记账方法。主要内容是：凡是在本期收到的收入和付出的费用，不论是否属于本期都应作为本期的收入和费用处理。其特点是账务处理方法比较简单，但对各期损益的确定不够合理。

想一想

权责发生制和收付实现制的主要区别是什么？

典型案例

情境与背景：

东方公司 6 月份发生的经济业务如表 2-1 所示。

表 2-1　东方公司 6 月份发生的经济业务

经济业务摘要	权责发生制		收付实现制	
	收入	费用	收入	费用
（1）销售商品一批 30 000 元，款项收回				
（2）销售商品一批 50 000 元，款项尚未收回				
（3）收到上月销货款 60 000 元				
（4）支付下年度财产保险费 6 000 元				
（5）支付本月职工工资 40 000 元				
（6）缴纳上月未缴税金 3 000 元				
（7）收到上半年出租房屋租金 12 000 元				
（8）计提本月应交税费 2 000 元，款项尚未缴纳				
（9）支付二季度借款的全部利息 6 000 元				
（10）收到购货单位订货款 10 000 元，下月交货				
合计				

问题：分别按权责发生制和收付实现制确认并计算本期的收入、费用，将其结果填入表 2-1。

第四节 会计信息质量标准

会计信息质量标准是对企业财务报告中所提供会计信息质量的基本要求，是使财务报告所提供会计信息对使用者决策有用而应具备的基本特征，《企业会计准则——基本准则》对会计信息质量要求的规定包括可靠性、相关性、可理解性、可比性、实质重于形式、重要性、谨慎性和及时性共八项。

一、可靠性

可靠性要求企业应当以实际发生的交易或者事项为依据进行确认、计量、记录和报告，如实反映符合确认和计量要求的各项要素及其他相关信息，保证会计信息真实可靠、内容完整。在会计核算工作中应坚持可靠性要求，以客观事实为依据，正确运用会计原则和方法，坚持用科学的分析方法进行客观判断，准确反映企业的实际情况，保证会计信息真实，具有可验证性。

二、相关性

相关性要求企业提供的会计信息应当与财务会计报告使用者的经济决策需要相关，有助于财务会计报告使用者对企业过去、现在或者未来的情况作出评价或者预测。经济信息是否相关以是否与企业的决策有关来判断，在会计核算中坚持相关性原则，就要求会计在收集、加工、处理和提供会计信息过程中，充分考虑并满足会计信息使用者的需要。

三、可理解性

可理解性要求企业提供的会计信息应当清晰明了，便于财务会计报告使用者理解和使用。会计提供信息的目的在于使用，只有了解并弄懂会计信息的内容，这样的会计信息才能使用和有用。这就要求会计人员在会计核算时应当准确、清晰，填制会计凭证、登记账簿必须做到依据合法、账户对应关系清楚、文字摘要完整，编制会计报表时项目的勾稽关系清楚、项目完整、数字准确。

四、可比性

可比性要求企业提供的会计信息应当具有可比性。同一企业不同时期发乊的相同或者相似的交易或事项，应当采用一致的会计政策，不得随意变更。确实需要变更的，应当在财务会计报告中说明理由；不同企业发生的相同或者相似的交易或事项，应当规定一致的政策，确保会计信息口径一致、相互可比。对于同一企业，由于经济业务具有多样性和复杂性，因此，对于某些交易或事项，准则中提供了多种会计核算方法。例如，存货的计价方法有先进先出法、加权平均法、个别计价法等，固定资产的折旧方法有年限平均法、工作量法、双倍余额递减法和年数总和法等。如果不同时期采用了不同的核算方法，将不利于会计信息的可比。

对于不同企业，可能处于不同行业、不同地区，交易或事项发生于不同时间。为了保证会计信息能够满足信息使用者决策的需要，便于比较不同企业的财务状况、经营成果和现金流量，只要相同或者相似的交易或事项，应当采用规定的会计政策，确保会计信息口径一致、相互可比。

❀ 课堂能力训练

甲、乙两人各投资一家商店。假设一个月以来，甲取得了 20 000 元的收入，乙取得了 17 500 元的收入，为取得收入发生的成本都是 10 000 元，都发生了 5 000 元的广告费。假设均没有其他收支。

（1）如果月末计算收益时，甲将 5 000 元广告费全部作为本月费用，本月收益为 5 000 元；而乙认为 5 000 元广告费在下月还将继续起作用，因而将它分两个月分摊，本月承担一半即 2 500 元，因此本月乙收益也为 5 000 元。

（2）如果月末计算收益时，广告费全部计入当月费用，则甲的收益仍为 5 000 元，而乙的收益则为 2 500 元。

试判断何种处理方式具有可比性？

五、实质重于形式

实质重于形式要求企业应当按照交易或事项的经济实质进行会计确认、计量、记录和报告，而不应当仅按照它们的法律形式作为会计核算的依据。

在企业会计核算中，可能会碰到一些经济实质与法律形式不一致的经济业务或事项。例如，融资租入固定资产的确认条件不是法律形式上的所有权转移，而是会计事项的经济实质，企业在相当长的租赁期内有权支配资产并从中受益，在租期结束时企业享有对该资产的优先购置权。总之，企业能够控制该资产的未来经济利益。会计核算应将融资租入固定资产视为自有资产。

六、重要性

重要性要求企业提供的会计信息应当反映与企业财务状况、经营成果和现金流量等有关的所有重要交易或者事项。具体来说，在会计核算过程中对经济业务或会计事项应区别其重要程度，采用不同的会计处理方法和程序。对于那些对企业的经济活动或会计信息使用者相对重要的会计事项，应分别核算、分项反映、力求准确，并在会计报告中作重点说明；对于那些次要的会计事项，在不影响会计信息真实性的情况下，则可适当简化会计核算手续。重要性原则运用的关键是对重要性的判断。一般来说，重要性可以从质和量两个方面来进行判断。从质的方面讲，当会计事项的发生足以对企业经营决策产生重大影响，就属于重要性的事项；从量的方面讲，当某一会计事项的发生达到一定数量，就可能对决策产生重大影响（如某项资产价值达到总资产的 10% 或 10% 以上）时，一般认为其具有重要性，应将其作为具有重要性的会计事项处理。

七、谨慎性

谨慎性要求企业对交易或事项进行会计确认、计量、记录和报告应当保持应有的谨慎，不应高估资产或收益，不应低估负债或费用。在市场经济环境下，企业面临很多风险和不确定因素。谨慎性要求企业在面临不确定因素时，应持谨慎态度，充分估计到各种风险和损失。具体地讲，在资产计价及损益确定时，如果有两种或两种以上的方法或金额可供选择时，应选择使本期资产和利润较低的方法或金额，即资产计价时从低，负债估计时从高，不预计任何可能的收益，但如果有合理的基础可以估计时，应预计可能发生的损失和费用。其目的在于避免因虚夸资产和收益给企业生产经营带来风险。谨慎性原则并不意味着可以在没有潜在损失的情况下提取秘密准备，人为调节利润。

在实际工作中，计提资产减值准备、固定资产计提加速折旧、对售出商品可能发生的保修义务确认预计负债、不账损失采用备抵法等，都是谨慎性原则具体运用的突出表现。

八、及时性

及时性要求对于企业已经发生的交易或事项，应当及时进行会计确认、计量、记录和报告，不得提前或延后。按照及时性原则的要求，一是要及时收集会计信息，二是要及时对会计信息进行加工处理，三是要及时传递会计信息，从而可以把信息及时传递给财务报告使用者，便于其及时使用和决策。

◈ 想一想

会计信息质量标准是如何确定的？

◈ 职业素养提升

"扇贝跑路"易　违规代价高

獐子岛集团曾是我国农业产业化重点龙头企业，素有"海上大寨""海底银行"之称，然而在 2014 年 10 月、2018 年 2 月、2019 年 11 月，獐子岛集团发布公告，分别以"水温变幅加大造成虾夷扇贝生长缓慢和营养不足""降水量大幅下降，导致海域内营养盐补充不足""养殖规模过大，局部超出养殖容量""海水温度变化、海域贝类养殖密度过大、海底生态环境破坏"等原因累计共计提存货跌价准备 16.70 亿元，接连几次扇贝绝收的公告让獐子岛集团深陷财务造假的舆论风波，后更因信息披露违法违规，遭到证监会立案调查。

谨慎性信息质量要求企业不高估资产或收益，不低估负债和费用，其目的在于避免因虚夸资产和收益给企业生产经营带来的风险，但并不意味着可以随意人为地将资产负债表中的资产低估或负债高估，达到平滑利润的目的。獐子岛集团历次编造"扇贝跑路"的故事，通过大量随意的存货跌价准备和存货减值计提与转回反复调节利润，上演着上市公司两年亏损、一年盈利的保壳游戏，违背了会计信息的真实性原则，更不是会计信息质量要求谨慎性的应用。广大财务人员在会计工作中要严格遵循企业会计准则，保持足够的执业谨慎，秉持独立、客观、公正的职业规范，不受他人驱使，不为利益所惑，坚守会计人的底线，杜绝弄虚作假。

第五节　会计要素与会计等式

一、会计要素的确认

会计核算和监督的对象是企业再生产过程中的资金运动，会计要素就是对会计对象按照其经济内容的特征所作的基本分类，是会计对象的具体化。它是会计确认、计量、记录和报告的基础，是设置账户、编制会计报表的基本依据。由于它是会计报表最基本的内容要素，因此又称为会计报表要素。我国的《企业会计准则——基本准则》将会计要素划分为：资产、负债、所有者权益、收入、费用和利润六项。其中，资产、负债、所有者权益属于静态会计要素，反映企业特定日期的财务状况；收入、费用、利润属于动态会计要素，反映企业一定时期的经营活动及其成果。

（一）资产

1. 资产的定义

资产是指企业过去的交易或者事项形成的，由企业拥有或控制的，预期会给企业带来经济利益的资源。

2. 资产的特征

（1）资产是由企业过去的交易或者事项形成的。"企业过去的交易或者事项"包括购买、生产、建造行为和其他交易或者事项，它是资产形成的前提。资产必须是现实的，而非预期的，预期在未来发生的交易或者事项不形成资产。只有过去发生的交易或事项才能增加企业的资产，不能根据购买计划或谈判合同的经济业务来确认资产。如企业欲购买设备一台，只签订了购买合同，但这笔交易还未发生，因此该设备不形成企业的资产。

　　　　　　　　　　　　　　　　　　　　　　　　　　　　会计基础

（2）资产是企业拥有或者控制的资源。企业所计量的资产必须归属于某一特定的主体，这是会计主体假设的必然要求。"拥有"是指企业享有某项资源的所有权，能够排他性地从中获得经济利益，如企业拥有的各种财产、债权等。"控制"则是指企业虽然不拥有某些资源的所有权，但该项资源的风险与收益都转移到企业内部，企业可以自主使用并长期支配该项资源，也能够排他性地从中获取经济利益，如企业融资租入设备等。如果不是企业拥有或控制的资源，就不属于企业的资产。

（3）资产预期会给企业带来经济利益。"预期会给企业带来经济利益"是指直接或间接导致现金或现金等价物流入企业的潜力。企业将某项经济资源确认为资产，即确认该资源具有直接或间接为企业增加现金或现金等价物的能力，这种能力可以直接产生现金流入，也可以通过减少现金流出来增加现金净流入。预期不能带来经济利益的资源，虽然可能曾花费了很大的代价才获得，但是只能作为费用而不能作为资产来确认。例如，技术上已经被淘汰的设备，其本身的价值已经失去，企业应将其作为一项损失，计入相应的费用，而不应将其再作为资产仍保留在账面上。

想一想

东方公司6月份与销售方签订购买一台设备的合同，那么该台设备是不是公司6月份的资产呢？

3.资产的分类

企业的资产按其流动性的强弱，可以分为流动资产和非流动资产。

（1）流动资产。流动资产是指可以在一年或超过一年的一个营业周期内变现或被耗用的资产。它主要包括货币资金、交易性金融资产、应收及预付款项、存货、一年内到期的非流动资产等。

其中，货币资金是指以货币形态存在的资金，包括库存现金、银行存款和其他货币资金。

交易性金融资产是指企业持有的债券投资、股票投资、基金投资等。

应收及预付款项是指企业在日常生产经营活动中发生的各项债权，包括应收账款、应收票据、预付账款、其他应收款等。

存货是指在日常生产经营过程中持有的，为销售或耗用而储备的资产，包括原材料、在途物资、库存商品、周转材料、发出商品、委托加工物资等。

（2）非流动资产。非流动资产是指除流动资产以外的其他资产，主要包括债权投资、其他债权投资、投资性房地产、长期应收款、长期股权投资、固定资产、无形资产、商誉、长期待摊费用和其他非流动资产等。

其中，债权投资反映资产负债表日企业以摊余成本计量的长期债权投资的期末账面价值。

其他债权投资项目反映资产负债表日企业分类为以公允价值计量且其变动计入其他综合收益的长期债权投资的期末账面价值。

长期应收款是指企业在日常生产经营中发生的超过一个正常营业周期的各项债权。它包括融资租赁产生的应收款项、采用递延方式具有融资性质的销售商品和提供劳务等产生的应收款项等。

固定资产是指企业为生产商品、提供劳务、出租或经营管理而持有的、使用寿命超过一个会计年度的具有实物形态的资产。它包括房屋、建筑物、机器设备、运输工具等。

无形资产是指拥有或者控制的没有实物形态的可辨认非货币性资产。它包括专利权、非专利技术、商标权、著作权、土地使用权等。

商誉是指能在未来期间为企业经营带来超额利润的潜在经济价值，一家企业预期的获利能力超过可辨认资产正常获利能力的资本化价值。由于其具有不可辨认性，企业会计准则将其从原来的无形资产项目中划分出来，并作为一个单独项目在资产负债表中列示。按现行制度规定，企业自创商誉不予确认。

其他非流动资产是指持有期限超过一个正常营业周期，但又不能归入上述各项的资产，如银行冻结存款、诉讼中财产等。

（二）负债

1. 负债的含义

负债是指企业过去的交易或者事项形成的、预期会导致经济利益流出企业的现时义务。

2. 负债的特征

（1）负债是企业过去的交易或事项形成的现时义务。负债是由企业过去已经发生的交易或事项所产生的债务，是企业在现实条件下已承担的义务，即"现时义务"。企业未来发生的交易或者事项形成的义务，不属于现时义务，不应当确认为负债。

（2）负债的偿还会导致经济利益流出企业。负债的清偿需要在未来通过转让资产、提供劳务或举借新债来实现，无论采用何种方式偿还，最终都会导致经济利益流出企业。

3. 负债的分类

负债按其流动性（即偿付时间的长短），可分为流动负债和非流动负债。

（1）流动负债。流动负债是指在一年或超过一年的一个营业周期内偿还的债务。它包括短期借款、应付票据、应付账款、预收账款、应付职工薪酬、应付股利、其他应付款、应交税费和一年内到期的非流动负债等。

其中，短期借款指从银行等金融机构借入的期限在一年以内（含一年）的借款。

应付票据是指企业通过商业汇票支付方式发生购买活动时须偿付给持票人的债务。

应付账款是指企业因购买材料、商品或接受劳务等而发生的、应该付给供应单位的款项。

预收账款是指买卖双方根据协议的规定，由购买方预先支付部分货款给供货方，而给供货方带来的一项债务，即企业在销售商品之前收到的购买方的预付款。

应付职工薪酬是指企业应付而未付给职工个人的各种薪酬。

应付股利是指企业应当分配给投资者的现金股利在未付之前所形成的一项负债。非上市公司称为应付利润。

应交税费是指企业按照税法规定计算应缴纳的各种税费。

（2）非流动负债。非流动负债又称长期负债，是指偿还期在一年或超过一年的一个营业周期以上的债务。它包括长期借款、应付债券、长期应付款、预计负债等。

其中，长期借款是指从银行等金融机构借入的期限在一年以上的借款。

应付债券是指企业为筹集长期资金而发行的期限在一年以上的债券本金及利息。

长期应付款主要包括应付利息、应付股利以及应付融资租入固定资产的租赁费和以分期付款方式购入固定资产等发生的应付款项。

🌸 课堂能力训练

东方公司 2023 年财务有关情况如下：①1 月，向银行借入一年期借款 200 万元，将要到期，尚未归还；②4 月，从甲公司购入商品一批，价款为 98 万元，货款尚未支付；③9 月，乙公司向法院起诉本公司，要求赔偿 34 万元，法院尚未审理宣判；④11 月，公司财务部做出 2024 年银行借款计划，计划向银行借款 500 万元；⑤11 月，应向职工发放工资 17 万元，因资金紧张，至年底尚未发放。请分析，上述哪些属于东方公司的负债？哪些不属于东方公司的负债？为什么？

（三）所有者权益

所有者权益是企业资产扣除负债后由所有者享有的剩余权益。公司的所有者权益又称股东权益。所有者权益是所有者对企业资产的剩余索取权，它是企业资产中扣除债权人权益后应由所有者享有的部分，所有者权益金额为全部资产减去全部负债后的净额。

1. 所有者权益的特征

（1）企业一般不需要偿还所有者权益。因为所有者权益是企业可以长期使用的资金，在企业的存续期内一般不存在偿还问题，除非发生减资、清算或分派现金股利。

（2）企业清算时，负债往往优先清偿，而所有者权益只有在清偿所有的负债之后才返还所有者。所有者权益是所有者对剩余资产的要求权，这种要求权在顺序上置于债权人的要求权之后。

（3）所有者凭借所有者权益能够参与企业的经营决策及收益分配，而债权人只有获取企业用以清偿债务的要求权。

所有者权益按其来源包括所有者投入的资本、直接计入所有者权益的利得和损失、留存收益等。其中，利得是由企业非日常活动所形成的、会导致所有者权益增加的、与所有者权益投入资本无关的经济利益的流入；损失是指由企业非日常活动所发生的、会导致所有者权益减少的、与向所有者分配利润无关的经济利益的流出。

2. 所有者权益的分类

所有者权益通常包括实收资本（或者股本）、资本公积、盈余公积、未分配利润等，如图 2-3 所示。

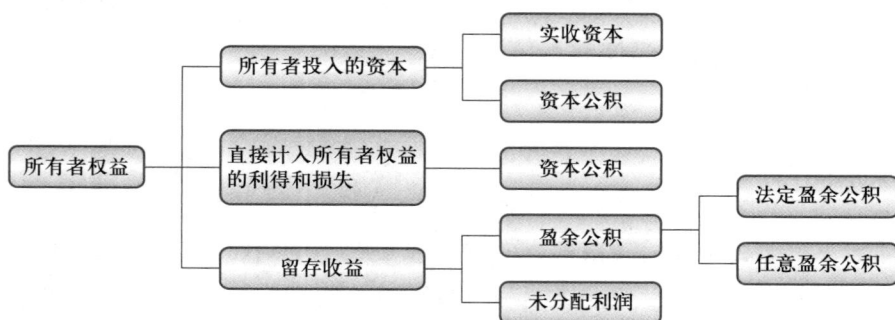

图 2-3　所有者权益的分类

实收资本（股份制企业也称为股本）是指投资者（或者股东）按照企业章程或合同、协议的约定，实际投入企业的资本。它包括国家投资、法人投资、个人投资和外商投资等。

资本公积是指归所有者共有的非收益转化而形成的资本。资本公积的内容主要包括资本溢价（或股本溢价）、资产评估增值、接受捐赠资产、关联方交易差价等。

盈余公积是指企业按照规定从净利润中提取的积累资金。

未分配利润是指企业的税后利润按照规定进行分配以后的剩余部分，这部分可在以后年度进行分配。

（四）收入

1. 收入的定义

收入是指企业在日常活动中形成的、会导致所有者权益增加的、与所有者投入资本无关的经济利益的总流入。

2. 收入的特征

（1）收入是从企业日常活动中形成的经济利益的总流入。日常活动是指企业为完成其经营目标而从事的经常性活动以及与之相关的活动。如工业企业销售产品、商业企业销售商品活动等。有些活动在企业中不经常发生，但与日常活动有关，如工业企业出售不需用的原材料，其取得的经济利益构成收入；有些偶然发生的交易或事项也能为企业带来经济利益，但它不属于企业日常活动，也不属于与日常活动相关的活动，其流入的经济利益是利得，而不是收入。

（2）收入既可能表现为资产的增加，如收到货款；也可能表现为负债的减少，如用货物抵债；还可能二者兼有。

（3）收入会导致所有者权益的增加。因为所有者权益是资产减去负债后的余额，由于收入表现为资产增加或负债减少，或二者兼有，所以，无论收入表现为哪一种形式，都会使所有者权益增加。

3. 收入的分类

按照日常活动在企业中所处的地位，收入可分为主营业务收入和其他业务收入。

（1）主营业务收入是企业主要经营活动产生的业务收入，它占企业总收入的较大比重，是企业经济利益的主要贡献者，如制造业的商品销售收入、服务业提供的服务收入等。

（2）其他业务收入是指企业从事一些规模较小、非经常性的业务所产生的收入，如制造业的材料销售收入、包装物出租收入等。

（五）费用

1. 费用的定义

费用是指企业日常活动所发生的、会导致所有者权益减少、与向所有者分配利润无关的经济利益总流出。费用只有在经济利益很可能流出从而导致企业资产减少或者负债增加，且经济利益的流出额能够可靠计量时才能予以确认。

2. 费用的特征

费用是与收入相对应的概念，可以将其看作是企业为取得收入而付出的代价。因此，与收入相对应，费用具有如下特征：

（1）费用是企业日常活动中发生的经济利益流出。企业在销售商品、提供劳务等日常活动中必然要消耗原材料、支付工资和其他各项生产费用。这些消耗和支出是企业为取得收入而付出的代价，应当作为费用。那些偶尔发生而不是日常活动发生的交易或事项中产生的经济利益的流出不属于费用。如因自然灾害发生毁损、已丧失使用功能等原因而报废清理产生的损失，应作为营业外支出；又如企业购买固定资产，应作为资本性支出，计入固定资产的成本。

（2）费用可能表现为资产的减少，也可能表现为负债的增加。例如，以现金购买办公用品表现为资产的减少；企业应付的利息表现为负债的增加。也可能二者兼有，如企业发生的广告费用，部分款项以现金支付，部分款项并未支付，而以负债的形式存在。

（3）费用会导致所有者权益的减少。

3. 费用的分类

费用按照是否构成产品成本分为生产费用和期间费用。

（1）生产费用是指为生产产品和提供劳务而发生的能够予以对象化的、构成产品成本或劳务成本的费用，主要包括为产品生产所发生的直接材料、直接人工、其他直接费用和企业内部生产经营单位为组织管理生产经营活动而发生的各项间接费用等。

（2）期间费用是指与产品无直接或间接关系，不能予以对象化、应从当期收入中得到补偿的费用。如企业行政管理部门为组织管理生产经营活动而发生的管理费用，企业为筹集生产经营所需资金而发生的财务费用，为销售商品和提供劳务而发生的销售费用。

（六）利润

利润是企业在一定会计期间的经营成果。利润包括收入减去费用后的净额、直接计入当期利润的利得和损失等。实现利润是企业的发展条件，企业在实现利润以后，才能进行积累，从而进行扩大再生产。直接计入当期利润的利得或损失，是指应当计入损益的、会导致所有者权益发生增减变动的、与所有者投入资本或者向所有者分配利润无关的利得或损失。企业的利润包括营业利润、利润总额、净利润等。

二、会计要素的计量

会计要素计量是为了将符合确认条件的会计要素登记入账，并列报于财务报表而确定其金额的过程。企业应当按照规定的会计要素计量属性进行计量，确定其金额。计量属性是指予以计量的某一要素的特性方面，计量属性反映的是会计要素金额确定的基础，主要包括历史成本、重置成本、可变现净值、现值和公允价值等。根据我国企业会计准则的规定，企业在对会计要素进行计量时，一般应当采用历史成本，采用重置成本、可变现净值、现值、公允价值计量的，应当保证所确定的会计要素金额能够取得并可靠地计量。

视频：
会计要素的
计量

（一）历史成本

历史成本又称实际成本，是取得或制造某一财产物资时实际支付的现金或其他等价物。在历史成本计量下，资产按照购置时支付的现金或现金等价物的金额或者购置资产时所付出对价的公允价值计量。负债按照因承担现时义务而实际收到的款项或资产的金额、承担现时义务的共同金额或者按照日常活动中为偿还负债预期需要支付的现金或现金等价物的金额计量。

在采用历史成本计量的情况下，要求对企业的资产、负债、所有者权益等项目的计量应当基于经济业务的实际交易成本，而不考虑随后市场价格变化的影响。如企业购入一台设备作为固定资产使用，在取得该固定资产时以实际支付的价款作为其入账价值，确定该固定资产的入账价值就是其历史成本。

（二）重置成本

重置成本又称现行成本，是指按照当前的市场条件，重新取得同样的一项资产所需要支付的现金或现金等价物。在重置成本计量下，资产按照现在购买相同或者相似资产所需支付的现金或现金等价物的金额计量。负债按照现在偿付该项债务所需支付的现金或现金等价物的金额计量。

重置成本是现在时点的成本，在实务中重置成本多应用于盘盈固定资产的计量等方面。如企业进行财产清查时发现盘盈固定资产一项，此时对于该盘盈的固定资产，则采用重置成本进行计量，即以该盘盈固定资产相同规格型号、相同新旧程度的固定资产的价值作为其重置成本，对其进行计量入账。

（三）可变现净值

可变现净值是指在正常生产经营过程中，以资产预计售价减去进一步加工成本和预计销售费用及相关税费后的净值。在可变现净值计量下，资产按照其正常对外销售所能收到的现金或者现金等价物的金额扣除该资产至完工时估计将要发生的成本、估计的销售费用以及相关税金后的金额计量。可变现净值通常应用于存货资产减值情况下的后续计量。可变现净值是在不考虑货币时间价值的情况下，以资产在正常使用过程中可带来的预期净现金流入的金额对资产进行计量。

（四）现值

现值是指对某一资产的未来现金流量以恰当的折现率进行折现后的价值，是考虑货币时间价值的一种计量属性。在现值计量下，资产按照预计从其持续使用和最终处理中所产生的未来净现金流出量的折现金额计量。现值通常应用于非流动资产可收回金额和以摊余成本计量的金融资产价值的确定等方面。相对于可变现净值，现值计量考虑了货币时间价值因素的影响。

（五）公允价值

公允价值是指在公平交易中，熟悉情况的交易双方自愿进行资产交换或债务清偿的金额。在公允价值计量下，资产和负债在公平交易中由熟悉情况的交易双方自愿按照资产交换或债务清偿的金额进行计量。公允价值计量主要应用于交易性金融资产的计量等方面，相对于历史成本计量，公允价值计量所提供的空间信息具有更高的相关性。

🏵 课堂能力训练

长江公司2024年年初拥有的库存现金为10 000元，银行存款为50 000元，轿车为100 000元，房屋为1 000 000元，银行借款为200 000元，欠缴税金为100 000元，投资者投入资本为800 000元，未分配利润为60 000元。要求指出资料中具体项目的归属类别（资产类、负债类、所有者权益类）并说明数字之间的关系。

⬡ 想一想

作为一名独立生活在外的大学生，你拥有一些资产，这些资产是怎么形成的？

三、会计等式

会计等式，又称会计恒等式，是指运用数学方程式的原理来描述会计要素之间内在经济联系的数学表达式。

（一）基本会计等式

企业的资产主要来自两个方面，即向债权人借入和由企业投资者投入。显然，人们不会将其拥有的资本无偿地让渡出去，也就是说，企业中任何资产都有相应的权益要求，谁提供劳务资金，则对于企业资产拥有相应的索取权，即权益。从价值的角度来讲，可以用如下公式来表示：

$$资产 = 权益 \tag{2-1}$$

权益包括两种：一是以债权人的身份向企业提供资产而形成的债权人权益，即企业的负债；二是以投资者的身份向企业投入资产而形成的所有者权益。因此等式（2-1）又可转化为：

$$资产 = 债权人权益 + 所有者权益 \tag{2-2}$$

或

$$资产 = 负债 + 所有者权益 \tag{2-3}$$

等式（2-3）就是基本会计等式。它反映了某一特定时点企业资产、负债和所有者权益这三个要素之间的平衡关系。所以，又称之为静态会计等式。它是编制资产负债表的基础，是现代会计核算方法的基石。

（二）动态会计等式

如果收入大于费用，则企业盈利；如果收入小于费用，则企业亏损。另外，我们知道，利润是企业一定时期内实现的收入减去费用之后的余额，将企业在一定会计期间的收入和费用进行配比，以此可判断企业的盈亏。用公式表示为：

$$利润 = 收入 - 费用 + 利得 - 损失 \tag{2-4}$$

企业筹集了资金，经过一段时期的经营，就会产生收入和费用，收入会使资产增加，而费用会使资产减少，那么，会计等式就可写成：

$$资产 = 负债 + 所有者权益 + 收入 - 费用 + 利得 - 损失 \tag{2-5}$$

还可以将等式（2-5）改写成

$$资产 = 负债 + 所有者权益 + 利润 \tag{2-6}$$

利润最终会归所有者，成为所有者权益，则期末账务处理后，等式（2-6）又会恢复为等式（2-2）的形式。

会计等式揭示了会计的基本要素之间本质的内在联系，它是设置账户、复式记账和编制会计报表的理论依据。

孔子的"会计当而已矣"

中国最早对会计进行论述与评价的著名人物是孔子，他曾主管仓库，提出"会计当而已矣"的名言。这里的"当"应理解为三层含义：①"当"蕴含了复式记账的思想，体现的是会计"资产＝权益"的平衡；②"当"有"应当"的意思，即会计的反映、监督职能应当体现经济业务的实质，体现的是会计的客观性；③"当"还有适当的意思，即会计是否适当地记录、反映、监督了企业发生的经济业务，有没有夸大利润或资产，有没有缩小成本或费用，体现的是会计的谨慎性、实质重于形式的原则。

（三）经济业务的发生对会计等式的影响

会计主体为了完成自己的任务，会发生各种各样的经济活动。会计主体中能用货币计量并会引起资产、负债及所有者权益数额发生增减变动的业务活动称为经济业务或会计事项。如购入材料、支付工资、销售商品等业务活动，都是企业的经济业务或会计事项。商品的购销合同等，尽管属于企业发生的业务活动，但不属于企业的经济业务。企业在生产经营过程中，每天发生大量经济业务，任何一项经济业务的发生，都必然引起会计等式的变动，但其对会计等式的影响不外乎以下四种类型：①资产与权益同时增加；②资产与权益同时减少；③资产内部一增一减；④权益内部一增一减。

下面通过举例来加以说明。

1. 资产、权益变动对会计等式的影响

东方公司成立时，拥有资产 8 000 000 元，其中甲、乙两投资人共投资 6 000 000 元，从银行借入 2 000 000 元。企业成立之时，资产、负债和所有者权益之间的关系是：

$$资产 \quad = \quad 负债 \quad + \quad 所有者权益$$
$$8\ 000\ 000 \quad = \quad 2\ 000\ 000 \quad + \quad 6\ 000\ 000$$

成立之后，公司发生了以下经济业务：

（1）引起资产和权益项目同时增加相同金额的经济业务。

例 2-1

公司购入机器一台，价值为 150 000 元，款项暂时未支付。

购入机器，使资产增加 150 000 元，但由于未付款，负债也同时增加 150 000 元，使会计等式两边同时发生增加，且增加金额相等，会计等式的恒等关系不变。即：

$$资产 \qquad = \qquad 负债 \qquad + \qquad 所有者权益$$

$$8\,000\,000 + 150\,000 = （2\,000\,000 + 150\,000） + 6\,000\,000$$

（2）引起资产和权益项目同时减少相同金额的经济业务。

例 2-2

数日后，公司用银行存款 100 000 元归还部分购机器款。

用银行存款还购机器款，使银行存款这一资产减少 100 000 元，同时负债减少 100 000 元，因此，会计等式两边同时发生减少，且减少金额相等，会计等式的恒等关系不变。即：

$$资产 \qquad = \qquad 负债 \qquad + \qquad 所有者权益$$

$$8\,150\,000 - 100\,000 = （2\,150\,000 - 100\,000） + 6\,000\,000$$

（3）引起资产项目之间发生一增一减相同金额的经济业务。

例 2-3

公司用银行存款购入材料一批，价值 60 000 元。

用银行存款购入材料，使材料这一资产增加 60 000 元，但同时使银行存款这一资产又减少 60 000 元，且因为增减金额相等，会计等式的恒等关系未变。

$$资产 \qquad = \qquad 负债 \qquad + \qquad 所有者权益$$

$$8\,050\,000 + 60\,000 - 60\,000 = 2\,050\,000 + 6\,000\,000$$

（4）引起权益项目之间发生一增一减相同金额的经济业务。

例 2-4

前欠甲公司货款 50 000 元，经协商转作甲公司对东方公司的投资。

欠款转作投资，使投入资本这一所有者权益增加 50 000 元，但同时欠款已转销，负债减少 50 000 元，且增减金额相等，会计等式的恒等关系未变。

$$资产 \qquad = \qquad 负债 \qquad + \qquad 所有者权益$$

$$8\,050\,000 = （2\,050\,000 - 50\,000） + （6\,000\,000 + 50\,000）$$

从以上的实例可知，经济活动会同时对两个或两个以上的会计要素产生影响，但最终不会破坏会计等式的平衡关系。以上四种类型的经济业务可进一步细分为九种类型，经济业务对会计等式的影响如表 2-2 所示。

表 2-2　经济业务对会计等式的影响

经济业务类型	资产	负债	所有者权益
1	增加	增加	
2	增加		增加
3	减少	减少	
4	减少		减少
5	一增一减		
6		一增一减	
7			一增一减
8		增加	减少
9		减少	增加

2. 收入、费用变动对会计等式的影响

例 2-5

接上例，公司赊销产品一批，售价为 72 000 元，暂不考虑增值税。

该项经济业务的发生，一方面使收入增加 72 000 元，另一方面使资产增加 72 000 元。会计等式仍然保持平衡。

$$资产 + 费用 = 负债 + 所有者权益 + 收入$$
$$（8\ 050\ 000 + 72\ 000） = 2\ 000\ 000 + 6\ 050\ 000 + 72\ 000$$

例 2-6

企业购买办公用品 150 元，用银行存款支付。

该项经济业务的发生，一方面使费用增加 150 元，另一方面使资产减少 150 元。该项经济业务使得扩展会计等式左边资产和费用要素一增一减，且增减金额相等，会计等式仍然保持平衡。

$$资产 + 费用 = 负债 + 所有者权益 + 收入$$
$$（8\ 122\ 000 - 150） + 150 = 2\ 000\ 000 + 6\ 050\ 000 + 72\ 000$$

❖ 典型案例

情境与背景：

前进公司 2024 年 1 月 1 日，资产为 200 000 元，负债为 50 000 元，所有者权益为 150 000 元。该公司 1 月份发生下列经济业务：

（1）2 日，以银行存款购入材料 10 000 元；

（2）3 日，以银行存款支付前欠货款 30 000 元；

（3）4 日，收到外单位投入设备一台，价值为 40 000 元；

（4）5 日，经批准将盈余公积 30 000 元转增资本；

（5）6 日，以银行存款 20 000 元偿还短期借款。

问题：

（1）上述经济业务分别涉及会计要素怎样的变化？

（2）上述经济业务的发生如何影响会计等式？

（3）上述经济业务的发生是否会破坏资产、负债与所有者权益的平衡关系？

❖ 本章主要概念

会计　　会计基本假设　　权责发生制　　会计要素　　会计等式　　资产
负债　　所有者权益　　收入　　费用　　利润

❖ 同步测试

一、单项选择题

1. 会计的主要计量单位是（　　　）。

　A. 货币计量单位　　　B. 实物计量单位　　　C. 劳动计量单位　　　D. 以上都是

2. 下列关于会计主体的表述正确的是（　　　）。

　A. 会计主体必然是法律主体，法律主体不一定是会计主体

　B. 企业内部的二级单位不能作为会计主体

C. 企业集团的形式下，母子公司可以成为一个会计主体

D. 只有在政府部门注册登记，能够独立承担民事责任的实体才是会计主体

3. 只有在（　　　）的前提下，企业的资产和负债才区分为流动的和非流动的。

A. 会计主体　　　　　B. 持续经营　　　　　C. 会计期间　　　　　D. 货币计量

4. （　　　）要求，会计核算方法一经确定，不得随意变更。确实需要变更的，应当在财务报告中说明理由及其对财务状况和经营成果所造成的影响。

A. 重要性　　　　　　B. 可比性　　　　　　C. 可理解性　　　　　D. 及时性

5. 企业对固定资产采取加速折旧法，这一做法体现的会计信息质量要求是（　　　）。

A. 实质重于形式　　　B. 重要性　　　　　　C. 谨慎性　　　　　　D. 可靠性

6. 企业"每两年改变一次折旧方法和存货计价方法"违背了（　　　）的要求。

A. 可靠性　　　　　　B. 合法性　　　　　　C. 可理解性　　　　　D. 可比性

7. 所有者权益是企业所有者在企业资产中享有的经济利益，在数量上等于（　　　）。

A. 企业全部资产减去全部费用　　　　　　　B. 企业全部资产减去收入

C. 企业新增的利润　　　　　　　　　　　　D. 企业全部资产减去全部负债

8. 下列项目中属于负债的内容是（　　　）。

A. 预付账款　　　　　B. 预收账款　　　　　C. 实收资本　　　　　D. 投资收益

9. 引起资产与权益同时增加的业务有（　　　）。

A. 从银行提取现金　　　　　　　　　　　　B. 从银行借款存入银行

C. 用银行存款上缴税金　　　　　　　　　　D. 用银行存款支付前欠购货款

10. 企业期初资产总额为 50 万元，权益总额为 50 万元，用 10 万元银行存款购买设备。此时，企业资产总额为（　　　）万元。

A. 50　　　　　　　　B. 40　　　　　　　　C. 60　　　　　　　　D. 10

二、多项选择题

1. 会计的基本职能有（　　　　　）。

A. 核算职能　　　　　B. 分析职能　　　　　C. 监督职能　　　　　D. 决策职能

2. 在权责发生制的原则下，下列说法不正确的是（　　　　　）。

A. 已经实现的收入无论款项是否收到，都作为本期收入处理

B. 凡是在本期收到和付出的款项，都作为本期收入和费用处理

C. 凡是本期发生的收入，只要没有实际收到款项，都不作为本期收入处理

D. 凡是本期发生的费用，只要没有实际付出款项，都不作为本期费用处理

3. 下列项目属于会计核算方法的有（　　　　　）。

A. 复式记账
B. 填制和审核会计凭证
C. 成本计算
D. 财产清查
E. 编制会计报表

4. 下列反映财务状况的会计要素有（　　　　）。

A. 资产
B. 负债
C. 所有者权益
D. 收入
E. 费用
F. 利润

5. 下列属于流动资产的项目有（　　　　）。

A. 银行存款
B. 应收账款
C. 存货
D. 无形资产
E. 预付账款

6. 下列项目中，属于所有者权益的有（　　　　）。

A. 未分配利润
B. 无形资产
C. 盈余公积
D. 实收资本

7. 下列经济业务中，属于资产和权益同时减少的是（　　　　）。

A. 出售固定资产
B. 上缴税款
C. 销售产品，货款未收
D. 用存款归还银行借款
E. 用存款归还应付账款

8. 企业的收入具体表现为（　　　　）。

A. 资产的增加
B. 负债的减少
C. 负债的增加
D. 资产的减少

9. 费用的基本特征是（　　　　）。

A. 在日常活动中发生的

B. 非日常活动中发生的

C. 费用会导致所有者权益的减少

D. 可能表现为资产的减少或负债的增加，或二者兼而有之

10. 静态等式"资产 = 负债 + 所有者权益"是（　　　　）的理论依据。

A. 设置账户
B. 复式记账
C. 资产负债表
D. 计算利润

三、判断题

1. 没有会计核算，会计监督就失去了存在的基础，但没有会计监督，会计核算能正常进行。（　　）

2. 会计工作基本前提之所以称为会计基本假设，是由于其缺乏客观性以及人们无法对其进行证明。（　　）

3. 我国所有企业的会计核算都必须以人民币作为记账本位币。（　　）

4. 设置和登记账簿是编制会计报表的基础，是连接会计凭证和会计报表的中

间环节。（　　）

5. 企业应当按照交易或者事项的经济实质进行会计确认、计量、记录和报告，不应仅以交易或者事项的法律形式为依据，这体现的是重要性要求。（　　）

6. 只有拥有所有权的资源才能成为企业的资产。（　　）

7. 企业与供货单位签订了30万元的购买合同，因此可确认企业资产和负债同时增加30万元。（　　）

8. 不论发生什么样的经济业务，会计等式两边会计要素总额的平衡关系都不会破坏。（　　）

9. 所有经济业务的发生，都会引起会计等式两边发生变化。（　　）

10. 一定时点上，会计要素之间的数量关系表现为"资产＝负债＋所有者权益"；一定期间会计要素之间的数量关系则表现为"资产＝负债＋所有者权益＋收入－费用"。（　　）

✤ 综合实训

实训一

【实训目标】训练资产、负债、所有者权益会计要素的分类。

【实训资料】中华工厂2024年1月31日资产、负债及所有者权益的状况如表2-3所示。

表2-3　中华工厂资产、负债、所有者权益状况

序号	内容	金额/元	会计要素		
			资产	负债	所有者权益
1	厂部行政用房屋	400 000			
2	生产车间用房屋	1 600 000			
3	仓库用房屋	1 400 000			
4	生产用机器设备	3 500 000			
5	轿车	250 000			
6	库存原材料	2 600 000			
7	机器用润滑油	10 000			
8	正在加工的产品	1 500 000			

会计基础

序号	内容	金额/元	会计要素		
			资产	负债	所有者权益
9	库存产成品	1 100 000			
10	库存现金	20 000			
11	在银行的存款	280 000			
12	应收的货款	40 000			
13	投资者投入的资本	9 930 000			
14	未分配利润	900 000			
15	欠银行的短期借款	300 000			
16	应付购货款	700 000			
17	未缴的税金	70 000			
18	长期借款	800 000			
	合计				

【实训要求】根据以上资料,判断并指出相应经济内容的所属会计要素,并将金额合计填入表内。

实训二

【实训目标】训练经济业务类型的判断以及它们对会计等式的影响。

【实训资料】前进工厂2024年6月1日的资产为1 200 000元,负债为500 000元,所有者权益为700 000元。6月份发生以下经济业务:

(1)以银行存款20 000元预付给某公司,用于购买材料;

(2)购进甲材料1 000吨,每吨1 000元,款项尚未支付;

(3)用银行存款支付前欠供应商的材料款20 000元;

(4)从银行提取现金40 000元;

(5)甲公司以银行存款200 000元向该工厂追加投资,手续已办妥;

(6)向银行借入半年期限的借款100 000元,存入银行存款户;

(7)赊购设备一台价款为370 000元;

(8)从银行取得临时借款80 000元,归还前欠供应商的货款;

(9)经与债权人达成协议,将拥有该工厂500 000元的债权转为股权;

（10）该工厂从银行取得短期借款 140 000 元，已经收妥。

【实训要求】根据以上资料，判断每项经济业务会引起什么会计要素发生怎样的变动。计算上述 10 项经济业务变动后的基本会计等式的数额，并验证其平衡等式成立。

◈ 学习评价

▲专业能力测评表

（在□中打√，A 掌握，B 基本掌握，C 未掌握）

业务能力	评价指标	自测结果	备注
会计概述	1. 会计的概念与特征 2. 会计的基本职能 3. 会计核算的具体内容 4. 会计核算方法	□A □B □C □A □B □C □A □B □C □A □B □C	
会计基本假设	1. 会计主体 2. 持续经营 3. 会计分期 4. 货币计量	□A □B □C □A □B □C □A □B □C □A □B □C	
会计核算基础	1. 权责发生制 2. 收付实现制	□A □B □C □A □B □C	
会计信息质量标准	1. 可靠性 2. 相关性 3. 可理解性 4. 可比性 5. 实质重于形式 6. 重要性 7. 谨慎性 8. 及时性	□A □B □C □A □B □C □A □B □C □A □B □C □A □B □C □A □B □C □A □B □C □A □B □C	
会计要素与会计等式	1. 会计要素的确认 2. 会计要素的计量 3. 会计等式	□A □B □C □A □B □C □A □B □C	
其他			
教师评语：			
成绩		教师签字	

会计基础

第三章

会计记账方法

学习目标

素养目标

- 通过对会计科目的学习，强化遵循企业会计准则和会计制度的意识
- 通过借贷记账法的学习，培养严谨细致、合作互助、专业匠心的精神
- 不断适应会计新发展和新要求，积极主动学习与应用会计新法规、新技术和新标准。

知识目标

- 掌握会计科目的概念、分类和设置要求
- 掌握账户的概念、分类和结构
- 掌握借贷记账法的理论依据和基本内容
- 熟悉会计分录的编制步骤
- 熟悉总分类账户与明细分类账户平行登记的要点

能力目标

- 能够合理设置特定企业的会计科目
- 能够正确区分不同账户的类型与结构
- 能够正确运用借贷记账法编制会计分录

素养之窗：
会计科目与
账户

思维导图

会计记账方法
- 会计科目
  - 会计科目的概念
  - 会计科目的分类
  - 会计科目的设置
- 账户
  - 账户的概念
  - 账户的分类
  - 账户的结构
- 复式记账
  - 复式记账法
  - 借贷记账法
  - 会计分录
  - 总分类账户与明细分类账户的关系与平行登记

学习计划

● 素养提升计划

_____

_____

_____

● 知识学习计划

_____

_____

_____

● 技能训练计划

_____

_____

_____

小企业的糊涂账

李莉大学毕业后供职于一家从事服装销售的外贸公司，工作五年后，她决定辞职圆自己的创业梦想。她于 2024 年 3 月 1 日自己出资 50 万元，注册开办了一家从事服装加工的公司。在公司成立初期，她把主要精力投入到服装的加工与销售上，暂时还没有时间招聘到适合的财务人员。出于企业生产经营和资金安排的需要，当初学国际贸易专业的李莉打算自己先将公司的账目记录下来。一个月下来，公司已累计发生了 16 笔经济业务。但是李莉每次只在账目表上记录了该笔资金的增加或减少金额，并没有详细地记录每一笔资金的来源、用途或去向。月末账面上显示公司收入与支出相抵销后，现金净支出共计 12.5 万元。当李莉决定将公司账目进行梳理，以便能够对公司一个月以来的经营情况进行总结与分析时，却遇到了头疼的问题。李莉对公司这一个月以来每笔资金量流入与流出的经济业务内容，有的项目能够回忆起来，有的项目却很难做到心中有数，一时无法将每一笔资金的来龙去脉搞清楚。请思考：李莉的记账方法哪里出现了问题？采用怎样的记账方法才能够避免这种现象？

作为会计人员，应该熟悉会计的记账方法，能够选择正确的会计科目和账户，运用借贷记账法核算企业日常经济业务。

第一节　会计科目

一、会计科目的概念

会计科目是对会计要素的具体内容进行分类核算的项目。

会计要素是对会计对象的基本分类，而这六项会计要素仍显得过于粗略，难以满足各有关方面对会计信息的需求，为此还必须对会计要素作进一步分类。这种对会计要素的具体内容进行分类核算的项目，称为会计科目。例如，资产的概念很广，企业和单位所拥有的资产以各种不同的形式而存在，包括：现金、银行存款、原材料、库存商品、固定资产等。为了反映各种资产的增减变动，就需要将资产细分成"库存现金""银行存款""原材料""库存商品""固定资产"等项目，即会计科目。

会计对象、会计要素、会计科目三者的关系极为密切。会计对象抽象概括为企业的资金运动；会计要素则是会计对象的基本内容，也就是对会计对象的基本分类，包括资产、负债、所有者权益、收入、费用和利润；会计科目是对会计要素所作的进一步分类。三者之间的关系如图 3-1 所示。

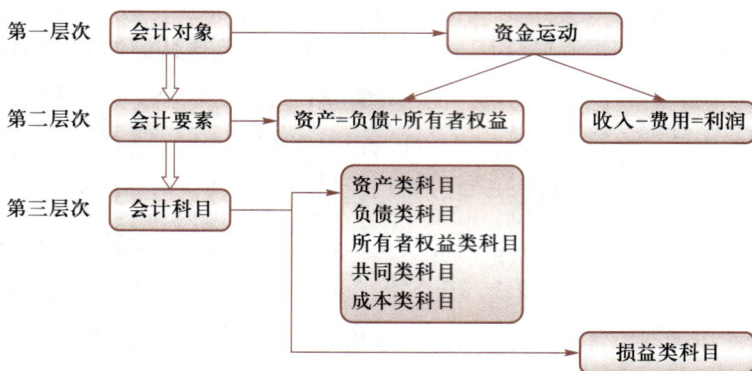

图 3-1　会计对象、会计要素、会计科目三者关系图

会计科目是进行会计记录和提供各项会计信息的基础，在会计核算中具有重要意义。第一，会计科目是复式记账的基础。复式记账要求每一笔经济业务，都以相等的金额，在相互关联的两个或两个以上账户中进行登记，以反映经济业务的来龙去脉。第二，会计科目是编制记账凭证的基础。会计凭证是确定所发生的经济业务应记入何种科目以及分门别类登记账簿的凭据。第三，会计科目为成本核算与财产清查提供了前提条件。通过会计科目的设置，有助于成本核算，使各项成本计算成为可能；而通过账目记录与实际结存的核算，又为财产清查、保证账实相符提供了必备的条件。第四，会计科目为编制会计报表提供了方便。会计报表是提供会计信息的主要手段，为了保证会计信息的质量及其提供的及时性，会计报表中的许多项目与会计科目是一致的，并根据会计科目的本期发生额或余额填列。

⬡ 想一想

在日常经营活动中，你所熟悉的企业常用的会计科目有哪些？

二、会计科目的分类

为了进一步认识每个会计科目的性质和作用，更好地使用会计科目，并进一步研究会计科目之间的相互关系，需要对会计科目进行分类，找出各种会计科目的规律性。会计科目可以按照不同的依据进行分类。

（一）按经济内容分类

会计科目按经济内容的分类是主要的、基本的分类。《企业会计准则》规定了会计科目及其主要账务处理，基本涵盖了所有企业的各类交易或事项。会计科目按其反映的经济内容不同，可以分为资产类、负债类、所有者权益类、共同类、成本类、损益类六大类。资产类科目主要反映资产内容；负债类科目主要反映负债内容；所有者权益类科目主要反映所有者权益内容；共同类科目指可能具有资产性质，也可能具有负债性质的科目，其性质取决于科目结算的结果；成本类科目主要反映产品制造过程内容；损益类科目主要反映企业利润或亏损的形成过程内容。

制造业企业的会计科目主要有资产类、负债类、所有者权益类、成本类、损益类五种类型，金融企业还有资产负债共同类科目。企业在不违反会计准则中确认、计量、记录和报告规定的前提下，可以根据本单位的实际情况自行增设、分拆、合并会计科目；企业不存在的交易或事项，可不设置相关会计科目。

（二）按所提供信息的详细程度及其统驭关系分类

会计科目按其所提供信息的详细程度及其统驭关系不同，可分为总分类科目和明细分类科目。

总分类科目，也叫总账科目或一级科目，是对会计要素具体内容进行总括分类、提供总括信息的会计科目，如"应收账款""应付账款""原材料"等。

明细分类科目，也叫明细科目，是对总分类科目作进一步分类，提供更详细、更具体的会计信息的科目。例如，"应收账款"总分类科目反映的是企业向购货方销售商品而应收未收的债权总额，为了加强财务管理，仅泛泛了解应收账款总额是不够的。为了正确、及时地与各购货方办理结算业务，就必须详细了解与各购货方的账款结算情况，这就要求在"应收账款"总分类科目下，分别各购货方开设明细分类科目。"应收账款——甲企业"就是用以反映本企业对甲企业所拥有的债权情况的明细分类科目。

为了适应管理工作的需要，在总分类科目下设的明细分类科目太多时，可在总分类科目与明细分类科目之间设置二级或多级科目。例如，企业拥有几百种原材料，若在总分类科目下直接设置明细分类科目，将会形成太多的明细分类科目。在这种情况下，可在总分类科目下设置二级科目，然后再在二级科目下设置明细分类科目，例如，"原材料——电子元件——二极管"，就是在"原材料"总分类科目下设置"电子元件"二级科目，然后再在这个二级科目下设置明细分类科目。

三、会计科目的设置

（一）会计科目的设置原则

会计科目设置得合理与否对于反映会计要素的构成情况及其变化，为投资者、债权人以及企业管理者提供决策有用的会计信息，提高会计工作效率影响很大。设置会计科目应努力做到科学、合理、实用，因此，在设置会计科目时应遵循以下原则：

1. 合法性原则

合法性原则是指所设置的会计科目应当符合国家统一的会计制度规定。我国现行的统一会计制度中均对企业设置的会计科目作出规定，以保证不同企业对外提供的会计信息的可比性。企业应当参照会计制度中统一规定的会计科目，根据自身的实际情况设置会计科目，但其设置的会计科目不得违反现行会计制度的规定。对于国家统一会计制度规定的会计科目，企业可以根据自身的生产经营特点，在不影响统一会计核算要求以及对外提供统一的财务报表的前提下，自行增设、减少或合并某些会计科目。

2. 相关性原则

相关性原则是指所设置的会计科目应当为有关各方提供所需要的会计信息服务，满足对外报告和对内管理的要求。根据《企业会计准则》的规定，企业财务报告提供的信息必须满足对内、对外各方面的需要，设置会计科目必须服务于会计信息的提供，必须与财务报告的编制相协调、相关联。

3. 实用性原则

实用性原则是指所设置的会计科目应当符合单位自身特点，满足单位实际需要。企业的组织形式、所处行业、经营内容及业务种类等不同，在会计科目的设置上亦应有所区别。国家在规定统一会计科目的同时，考虑到不同单位具体经济业务的特殊性，在设置会计科目时允许单位有一定的灵活性。在不违背国家统一规定的前提下，可以根据自身业务特点和实际情况，增加、减少或合并某些会计科目，设置符合企业需要的会计科目。

企业会计人员在设置会计科目时应该遵循哪些基本原则？

（二）常用的会计科目

为了便于掌握和运用会计科目，使记账工作正常进行，对会计科目应从会计要素出发进行分类和编号，并编制成会计科目表。会计科目表如表3-1所示。

表3-1　会计科目表

顺序号	编号	会计科目名称	顺序号	编号	会计科目名称
		一、资产类	23	1502	债权投资减值准备
1	1001	库存现金	24	1503	其他债权投资
2	1002	银行存款	25	1511	长期股权投资
3	1012	其他货币资金	26	1512	长期股权投资减值准备
4	1101	交易性金融资产	27	1521	投资性房地产
5	1121	应收票据	28	1601	固定资产
6	1122	应收账款	29	1602	累计折旧
7	1123	预付账款	30	1603	固定资产减值准备
8	1131	应收股利	31	1604	在建工程
9	1132	应收利息	32	1605	工程物资
10	1221	其他应收款	33	1606	固定资产清理
11	1231	坏账准备	34	1701	无形资产
12	1401	材料采购	35	1702	累计摊销
13	1402	在途物资	36	1703	无形资产减值准备
14	1403	原材料	37	1711	商誉
15	1404	材料成本差异	38	1801	长期待摊费用
16	1405	库存商品	39	1811	递延所得税资产
17	1406	发出商品	40	1901	待处理财产损溢
18	1407	商品进销差价			二、负债类
19	1408	委托加工物资	41	2001	短期借款
20	1411	周转材料	42	2101	交易性金融负债
21	1471	存货跌价准备	43	2201	应付票据
22	1501	债权投资	44	2202	应付账款

顺序号	编号	会计科目名称	顺序号	编号	会计科目名称
45	2203	预收账款	65	4201	库存股
46	2211	应付职工薪酬			五、成本类
47	2221	应交税费	66	5001	生产成本
48	2231	应付利息	67	5101	制造费用
49	2232	应付股利	68	5201	劳务成本
50	2241	其他应付款	69	5301	研发支出
51	2401	递延收益			六、损益类
52	2501	长期借款	70	6001	主营业务收入
53	2502	应付债券	71	6051	其他业务收入
54	2701	长期应付款	72	6101	公允价值变动损益
55	2801	预计负债	73	6111	投资收益
56	2901	递延所得税负债	74	6301	营业外收入
		三、共同类	75	6401	主营业务成本
57	3101	衍生工具	76	6402	其他业务成本
58	3201	套期工具	77	6403	税金及附加
59	3202	被套期项目	78	6601	销售费用
		四、所有者权益类	79	6602	管理费用
60	4001	实收资本（或股本）	80	6603	财务费用
61	4002	资本公积	81	6701	资产减值损失
62	4101	盈余公积	82	6711	营业外支出
63	4103	本年利润	83	6801	所得税费用
64	4104	利润分配	84	6901	以前年度损益调整

第二节 账户

视频：
账户

一、账户的概念

设置会计科目只是规定了对会计对象具体内容进行分类核算的项目。为了全面、序时、连续、系统地记录由于经济业务的发生而引起的会计要素的增减变动，还必须根据规定的会计科目在账簿中开设账户。账户是根据会计科目设置的，具有一定格式和结构，用于分类反映会计要素增减变动情况及其结果的载体。设置账户是会计核算的重要方法之一。账户使原始数据转换为初始会计信息，通过账户可以对大量复杂的经济业务进行分类核算，从而提供不同性质和内容的会计信息。由于账户的设置以会计科目为依据，因而某一账户的核算内容具有独立性和排他性，并在设置上要服从于会计报表对会计信息的要求。

会计科目与账户是两个既有联系又有区别的概念。两者的联系是：账户是根据会计科目来开设的，会计科目和账户都是按照相同经济内容来设置的，两者反映的会计对象的经济内容相同。它们的区别在于会计科目是一个名称，只表明某项经济内容，而账户具有一定的格式和结构，可以记录和反映某项经济内容的增减变化及其结果，是用来记录经济业务的载体。

在实际工作中，会计人员往往把会计科目与账户作为同义语而不严格区分。

二、账户的分类

（一）账户按其反映经济业务的详细程度分类

账户按其反映经济业务的详细程度不同，可分为总分类账户和明细分类账户。

根据总分类科目设置的账户称为总分类账户，简称总账账户，用于对会计要素具体内容进行总括分类核算。

根据明细科目设置的账户称为明细分类账户，简称明细账户，用于对会计要素具体内容进行明细分类核算。

总账账户称为一级账户，总账以下的账户称为明细账户。

（二）账户按其反映的经济内容分类

账户按其反映的经济内容不同，可分为资产类账户、负债类账户、所有者权益类账户、共同类账户、成本类账户和损益类账户六大类。

1. 资产类账户

资产类账户是用来核算企业资产的增减变动和结余情况的账户。按资产流动性不同，共分为两类。

（1）核算流动资产的账户，主要有:"库存现金""银行存款""交易性金融资产"

"应收账款""应收票据""预付账款""其他应收款""原材料""库存商品"等账户。

（2）核算非流动资产的账户，主要有："长期股权投资""固定资产""累计折旧""无形资产""长期待摊费用"等账户。

2. 负债类账户

负债类账户是用来核算企业负债的增减变动和结余情况的账户。按负债流动性不同，可分为两类。

（1）核算流动负债的账户，主要有："短期借款""应付账款""应付票据""预收账款""其他应付款""应付职工薪酬""应交税费""应付股利"等账户。

（2）核算非流动负债的账户，主要有："长期借款""应付债券""长期应付款"等账户。

3. 所有者权益类账户

所有者权益类账户是用来核算企业所有者权益的增减变动和结余情况的账户。按照所有者权益的来源不同，可分为两类。

（1）核算所有者原始投资的账户，主要有："实收资本（或股本）""资本公积"账户。

（2）核算所有者经营积累的账户，主要有："盈余公积""本年利润""利润分配"等账户。

4. 共同类账户

共同类账户是用来核算有关业务而形成的资产或负债。一般企业的共同类账户有"衍生工具""套期工具""被套期项目"。

共同类账户具有双重性质，核算某类业务形成的资产或负债，例如："被套期项目"账户用来核算企业开展套期保值业务被套期项目公允价值变动形成的资产或负债。本账户期末借方余额反映企业被套期项目形成资产的公允价值；本账户期末贷方余额反映企业被套期项目形成负债的公允价值。

5. 成本类账户

成本类账户是用来核算企业生产经营过程中发生的费用，并计算成本的账户。成本类账户主要有："生产成本""制造费用""劳务成本""研发支出"等账户。

6. 损益类账户

损益类账户是用来核算与损益计算直接相关的账户，核算内容主要是企业的收入和费用。该类账户又可分为两类。

（1）收入类账户，主要有："主营业务收入""其他业务收入""投资收益""营业外收入"等账户。

（2）费用类账户，主要有："主营业务成本""税金及附加""其他业务成本""销售费用""管理费用""财务费用""所得税费用"等账户。

账户按照其反映的经济内容不同分类，可用图 3-2 表示。

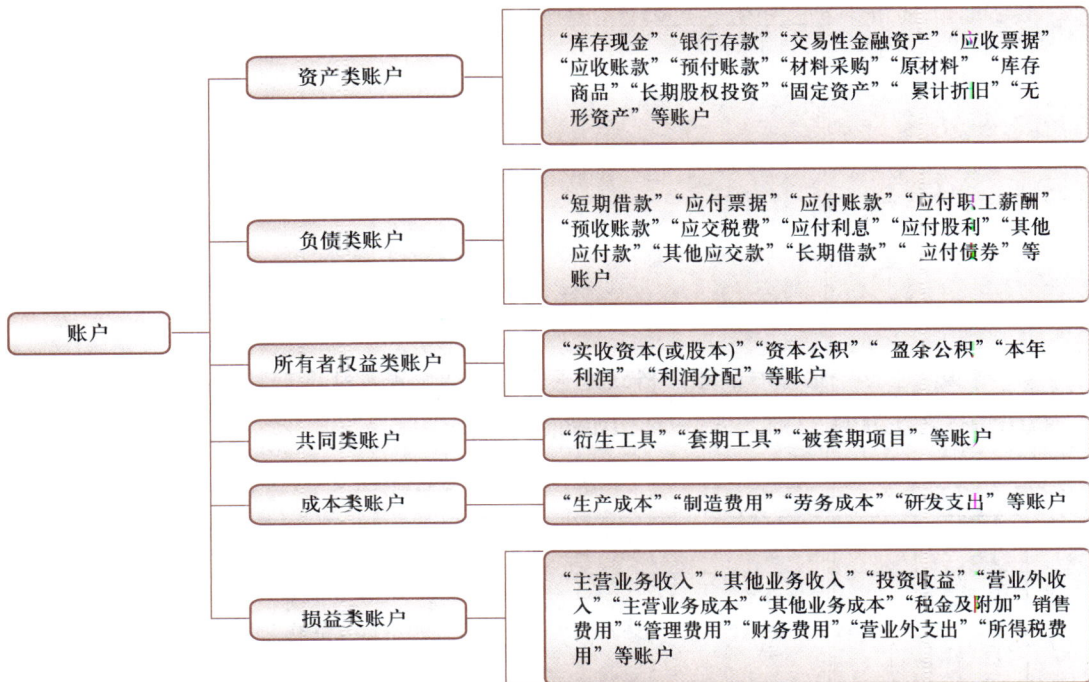

	资产类账户	"库存现金""银行存款""交易性金融资产""应收票据""应收账款""预付账款""材料采购""原材料""库存商品""长期股权投资""固定资产""累计折旧""无形资产"等账户
账户	负债类账户	"短期借款""应付票据""应付账款""应付职工薪酬""预收账款""应交税费""应付利息""应付股利""其他应付款""其他应交款""长期借款""应付债券"等账户
	所有者权益类账户	"实收资本（或股本）""资本公积""盈余公积""本年利润""利润分配"等账户
	共同类账户	"衍生工具""套期工具""被套期项目"等账户
	成本类账户	"生产成本""制造费用""劳务成本""研发支出"等账户
	损益类账户	"主营业务收入""其他业务收入""投资收益""营业外收入""主营业务成本""其他业务成本""税金及附加""销售费用""管理费用""财务费用""营业外支出""所得税费用"等账户

图 3-2　账户按照其反映的经济内容不同分类

三、账户的结构

账户的结构是指账户记录经济业务的格式。随着经济业务的不断发生，会计要素的具体内容也在发生变化。但不管发生什么样的变化，从数量上看不外乎增加、减少两种情况，所以用来记录企业在一定会计期间的数据的账户，在结构上应分为两方面，即左方和右方，一方记增加，另一方记减少。至于哪方记增加，哪方记减少，由企业所采用的记账方法和记录的内容而定。

为了完整地反映经济业务，账户的基本结构应包括以下内容：

（1）账户名称（即会计科目）；

（2）日期和摘要（记录经济业务的日期和概括说明经济业务的内容）；

（3）增加方和减少方的金额及余额；

（4）凭证号数（说明账户记录的依据）。

为了便于在教学中说明问题，常把账户的典型结构简化为丁字形或 T 形。T 形账户图如图 3-3 所示。

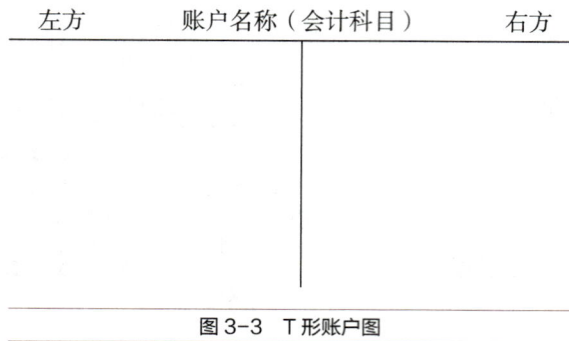

左方	账户名称（会计科目）	右方

图 3-3　T 形账户图

在实际工作中最基本的账户格式是三栏式，即设置反映增加、减少和余额的三栏。以借贷记账法为例，三栏式账户结构如图 3-4 所示。

账户名称（会计科目）							
年		凭证号数		摘要	借方金额	贷方金额	借或贷	余额
月	日	字	号					

图 3-4　三栏式账户结构

⬡ **想一想**

一个账户通常应该包含哪些基本要素？

每一个账户一般有四个金额要素，即期初余额、本期增加方发生额、本期减少方发生额、期末余额。账户的期初余额、增加发生额、减少发生额、期末余额这四个金额要素之间有以下关系：

期末余额 = 期初余额 + 本期增加发生额 − 本期减少发生额

　　　　　　　　　　　　　　　　　　　　　　　　会计基础

"帐"与"账"的由来

"帐"字本身与会计核算无关，在商代，人们把帐簿叫做"册"；从西周开始又把它更名为"籍"或"籍弓"；战国时期有了"簿书"这个称号；西汉时，人们把登记会计事项的帐册称为"簿"。据现有史料考察，"帐"字引申到会计方面起源于南北朝。

南北朝时，皇帝和高官显贵都习惯到外地巡游。每次出游前，沿路派人设置帏帐，帐内备有各种生活必需品及装饰品，供其享用，此种帏帐称之为"供帐"。供帐内所用之物价值均相当昂贵，薪费数额巨大，为了维护这些财产的安全，指派专门官吏掌管并实行专门核算，在核算过程中，逐渐把登记这部分财产及供应之费的簿书称为"簿帐"或"帐"，把登记供帐内的经济事项称为"记帐"。以后"簿帐"或"帐"之称又逐渐扩展到整个会计核算领域，后来的财计官员便把登记日用款目的簿书通称作"簿帐"或"帐"，又写作"账簿"或"账"。从此，"帐"和"账"就取代了一切传统的名称。现在"帐"字又统一改作"账"。

第三节　复式记账

一、复式记账法

企业开设好账户以后，紧接着就是要采用合理的方法将企业发生的经济业务记入开设好的账户中。记账方法就是根据一定的原理、记账符号、记账规则，采用一定的计量单位，利用文字和数字在账户中记录经济业务活动的一种专门方法。按其记录经济业务的方式不同，记账方法可分为单式记账法和复式记账法两大类。

单式记账法是指对所发生的每一笔经济业务，只在一个账户中进行登记的一种记账方法。单式记账法对于需要记录的经济业务，往往只用一个账户，反映经济业务的一个方面，而与此相联系的另一方面则不予反映。这种方法，除对于有关人欠、欠人的现金收付业务在两个或两个以上账户中登记外，其他经济业务只在一个账户中登记或不予登记。

复式记账法是以资产与权益平衡关系作为记账基础，对发生的每一项经济业务，都以相等的金额，在相互关联的两个或两个以上账户中进行记录的一种记账方法。因为每一笔经济业务，客观上都要引起至少两方面的经济变化。比如，从银行提取现金这笔经济业务，一方面是引起银行存款的减少，另一方面会引起库存现金的增加。采用复式记账法，要同时反映这两方面的变化。复式记账法和单式记账法相比较，具有以下的特点：

（1）复式记账法需要设置完整的账户体系。复式记账法作为一种科学的记账方法，不仅要对一笔经济业务进行全面的反映，而且对运用会计的单位所发生的全部经济业务都要进行记录。因此，必须设置一套完整的账户体系，以便能够反映各式各样的经济业务。比如：企业单位既要设置反映资产、负债和所有者权益的账户，又要设置反映其经营过程以及所发生的收入和费用成本的账户。

（2）复式记账法必须对每一笔经济业务都要进行反映和记录。这样既有必要，又有可能。其必要性在于复式记账要求全面反映企事业单位的经济活动，其可能性在于复式记账具有完整的账户体系，具有全面反映记录所有经济业务的前提条件。

（3）复式记账法对每一笔经济业务都要反映其来龙去脉两个方面。这是复式记账法的基本特点，只有这样，通过复式记账才能全面了解每笔经济业务的内容。

（4）采用复式记账法，可以对一定时期所发生的全部经济业务的会计记录进行全面的试算平衡。这一特点是上述三个特点的必然结果。因为所有经济业务都在各个账户中进行反映，每一笔经济业务能平衡，所以一定时期全部经济业务必然也能进行全面的试算平衡。

世界各国普遍使用的是复式记账法中的借贷记账法。我国曾经使用过的复式记账法还有收付记账法和增减记账法，我国《企业会计准则》规定，企业统一使用借贷记账法。

二、借贷记账法

（一）借贷记账法的概念

借贷记账法是以"借"和"贷"作为记账符号，对每一笔经济业务在两个或两个以上相互联系的账户中以相反的方向、相等的金额全面地进行记录的一种复式记账法。它是各种复式记账法中应用最为广泛的一种方法。

借贷记账法作为一种会计记账方法能为不同的社会形态所应用，根本原因在于借贷记账法的技术性与科学性。借贷记账法的科学性，在于它可以全面地、相互联系地反映会计对象的增减变化情况，并能根据会计对象中客观存在的恒等关系，检查账户记录的正确性。其理论依据是"资产＋费用＝负债＋所有者权益＋收入"会计方程式包含的经济内容和数学上的恒等关系。这个方程式综合反映了资金运动的静态与动态表现，也就是说，它全面概括了资金运动的全貌。

（二）借贷记账法的基本内容

借贷记账法的基本内容主要包括记账符号、账户结构、记账规则和试算平衡。

1. 记账符号

借贷记账法的记账符号是"借"和"贷"。"借""贷"符号，在其发展的初期具有直接含义，"借"表示"应该给我的"，"贷"表示"我应该给的"，日后"借"和"贷"含义发生了变化，成为一种抽象的符号，本身不再具有任何含义，只有当"借"或"贷"与账户相结合时才会表示或增或减的含义。

2. 账户结构

在借贷记账法下，账户的基本结构是：左方为借方，右方为贷方。但哪一方登记增加，哪一方登记减少，则要根据账户反映的经济内容决定。

账户按照其所反映的经济内容不同可分为：资产类、负债类、所有者权益类、共同类、成本类和损益类六大类。其中，共同类账户较少使用，本书不做介绍；损益类账户是反映收入、费用的账户，因此可以将其再分为损益收入类和损益支出类。

（1）资产类账户。资产类账户的借方登记资产的增加数，贷方登记资产的减少数，期末余额在借方，表示期末资产的结存数。其计算公式如下：

资产类账户的期末借方余额＝期初借方余额＋本期借方发生额－本期贷方发生额

资产类账户结构如图3-5所示。

借方		资产类账户		贷方
期初余额	×××			
本期增加额	×××	本期减少额	×××	
⋮		⋮		
期末余额	×××			

图3-5 资产类账户结构

（2）负债类账户。负债类账户的贷方登记负债的增加数，借方登记负债的减少数，期末余额在贷方，表示期末负债的结存数。其计算公式如下：

负债类账户的期末贷方余额 = 期初贷方余额 + 本期贷方发生额 − 本期借方发生额

负债类账户结构如图3-6所示。

借方		负债类账户		贷方
本期减少额	×××	期初余额 本期增加额	××× ×××	
		期末余额	×××	

图3-6 负债类账户结构

（3）所有者权益类账户。所有者权益类账户的贷方登记所有者权益的增加数，借方登记所有者权益的减少数，期末余额在贷方，表示期末所有者权益的结存数。其计算公式如下：

$$\begin{matrix} 所有者权益类账户 \\ 的期末贷方余额 \end{matrix} = 期初贷方余额 + 本期贷方发生额 − 本期借方发生额$$

所有者权益类账户结构如图3-7所示。

借方		所有者权益类账户		贷方
本期减少额	×××	期初余额 本期增加额	××× ×××	
		期末余额	×××	

图3-7 所有者权益类账户结构

（4）成本类账户。成本类账户的借方登记成本的增加数，贷方登记成本的减少数或结转数，期末余额在借方，表示尚未完工产品的生产成本。其计算公式如下：

成本类账户的期末借方余额 = 期初借方余额 + 本期借方发生额 − 本期贷方发生额

成本类账户结构如图3-8所示。

借方		成本类账户		贷方
期初余额 本期增加额	××× ×××	本期减少额及结转数	×××	
期末余额	×××			

图3-8 成本类账户结构

（5）损益类账户。损益类账户反映企业发生的收入与费用，因此，可以将损益类账户分为损益收入类账户和损益支出类账户。

① 损益收入类账户。由于收入的增加一般会导致所有者权益的增加，因此，损益收入类账户结构类似所有者权益类账户，贷方登记收入的增加数，借方登记收入的减少数以及期末结转记入“本年利润”账户贷方的数额，期末结转后该账户一般无余额。损益收入类账户结构如图 3-9 所示。

借方　　　　　　损益收入类账户　　　　　　贷方

借方	贷方
本期减少额　××× ⋮ 期末结转数　×××	本期增加额　××× ⋮

图 3-9　损益收入类账户结构

② 损益支出类账户。由于费用的增加会导致所有者权益的减少，因此，损益支出类账户结构与所有者权益类账户刚好相反，借方登记费用的增加数，贷方登记费月的减少数及期末结转记入“本年利润”账户借方的数额，期末结转后该账户一般无余额。损益支出类账户结构一般如图 3-10 所示。

借方　　　　　　损益支出类账户　　　　　　贷方

借方	贷方
本期增加额　××× ⋮	本期减少额　××× ⋮ 期末结转数　×××

图 3-10　损益支出类账户结构

综上所述，借贷记账法下各类账户的基本结构如表 3-2 所示。

表 3-2　借贷记账法下各类账户的基本结构

账户类别	借方	贷方	余额方向
资产类账户	增加	减少	借方
负债类账户	减少	增加	贷方

账户类别		借方	贷方	余额方向
所有者权益类账户		减少	增加	贷方
成本类账户		增加	减少（或转销）	借方
损益类账户	损益收入类账户	减少（或转销）	增加	一般无余额
	损益费用类账户	增加	减少（或转销）	一般无余额

◈ **想一想**

请比较资产类、负债类、所有者权益类、成本类和损益类账户之间的异同。

3. 记账规则

借贷记账法的记账规则为"有借必有贷，借贷必相等"。下面举例说明借贷记账法下的记账规则。

例 3-1

东方股份有限公司 2024 年 6 月份发生以下经济业务：

（1）投资者以 5 000 000 元银行存款向公司投资。

这项经济业务，一方面引起资产要素中的"银行存款"项目增加 5 000 000 元，应记借方；另一方面引起所有者权益要素中的"股本"项目增加 5 000 000 元，应记贷方。

（2）公司用银行存款归还到期的银行长期借款 980 000 元。

这项经济业务，一方面引起资产要素中的"银行存款"减少 980 000 元，应记贷方；另一方面引起负债要素中的"长期借款"减少 980 000 元，应记借方。

（3）车间生产甲产品领用 A 材料 64 000 元。

这项经济业务，一方面引起费用要素中的"生产成本"增加 64 000 元，应记借方；另一方面引起资产要素中的"原材料"减少 64 000 元，应记贷方。

（4）公司销售甲产品 100 台，每台制造成本 1 000 元，每台售价 2 000 元，计 200 000 元，增值税税率为 13%，款项已存入银行（不考虑其他税费）。

这项经济业务，一方面引起资产要素中的"银行存款"增加 226 000 元，应记借方；另一方面引起收入要素中的"主营业务收入"增加 200 000 元，应记贷方；同时，负债要素中的"应交税费——应交增值税（销项税额）"增加 26 000 元，应记贷方。

（5）结转已销售甲产品的成本 100 000 元。

这项经济业务，一方面引起费用要素中的"主营业务成本"增加 100 000 元，应记借方；另一方面引起资产要素中的"库存商品"减少 100 000 元，应记贷方。

（6）将产品销售收入 200 000 元结转到利润账户。

这项经济业务，一方面引起利润要素中的"本年利润"增加 200 000 元，应记贷方；另一方面引起收入要素中的"主营业务收入"减少 200 000 元，应记借方。

（7）将产品销售成本 100 000 元结转入利润账户。

这项经济业务，一方面引起利润要素中的"本年利润"减少 100 000 元，应记借方；另一方面引起费用要素中的"主营业务成本"减少 100 000 元，应记贷方。

通过以上的举例，现将借贷记账法的记账规则综述如下：

第一，需要记账的任何一笔经济业务，都必须同时记入两个（或两个以上）账户。

第二，所记入的账户可以属于同一类，也可以属于不同类，这取决于经济业务的内容。但不论在什么情况下，记入的账户，必须有的在借方，有的在贷方，不能全部记在借方或全部记入贷方。

第三，借方和贷方所记录的金额必须相等。

从这三条记账规律，可以概括出借贷记账法的记账规则是"有借必有贷，借贷必相等"。

4. 试算平衡

借贷记账法对全部经济业务记录的试算，是利用借贷记账法的记账规则对已记入账户的全部经济业务进行的一种借贷平衡关系的试算。

借贷记账法下的试算平衡包括两方面的内容：

一是全部账户的借方发生额合计等于全部账户的贷方发生额合计，称之为发生额试算平衡，即：

全部账户本期借方发生额合计 = 全部账户本期贷方发生额合计

二是全部账户期末借方余额合计等于全部账户期末贷方余额合计，称之为余额试算平衡，即：

全部账户期末借方余额合计 = 全部账户期末贷方余额合计

从发生额来讲，因为每笔经济业务都是按有借必有贷、借贷必相等的记账规则来记录的，所以，每笔经济业务在账户中的记录，其借方发生额等于贷方发生额，全部经济业务在账户中的记录，也必然是借方发生额合计等于贷方发生额合计。

余额是由发生额得来的，既然全部账户的借方发生额合计数与贷方发生额合计数相等，自然会得出全部账户的借方余额与贷方余额相等。损益类账户期末无余额，也就是说，期末账户有余额的只有资产类、负债类与所有者权益类账户，根据"资产 = 负债 + 所有者权益"会计等式的原理，不难得出全部账户的借方余额与全部账户的贷方余额相等的结论。

必须指出，试算平衡表只是通过借贷余额是否平衡来检查账户记录是否正确。如果借贷余额不平衡，可以肯定账户记录有误；如果借贷余额平衡，也不能肯定账户记录没有错误，因为有些错误（如串户），并不会影响借贷双方的平衡。如本该记入"库存现金"账户的记入了"银行存款"账户。

在实际工作中，发生额和余额的试算平衡是通过编制试算平衡表来进行的，其格式如表 3-3 所示。

表 3-3　试算平衡表

单位：元

账户名称	期初余额		本期发生额		期末余额	
	借方	贷方	借方	贷方	借方	贷方
库存现金	20 000		10 000		30 000	
银行存款	540 000		60 000	510 000	90 000	
应收账款	120 000			100 000	20 000	
应收票据	30 000		40 000		70 000	
原材料	80 000				80 000	
固定资产	3 600 000		2 800 000		6 400 000	
短期借款		850 000	300 000			550 000
应付账款		400 000				400 000
应付票据		60 000		600 000		660 000
实收资本		2 500 000		2 500 000		5 000 000
盈余公积		580 000	500 000			80 000
合计	4 390 000	4 390 000	3 710 000	3 710 000	6 690 000	6 690 000

丰 **相关链接**

健全财会监督机制　维护财经秩序

以习近平同志为核心的党中央总揽全局、审时度势，作出健全党和国家监督体

　会计基础

系的战略部署，将财会监督作为党和国家监督体系的重要组成部分，为新时代推进财会监督工作提供了根本遵循。2022 年 4 月 19 日，习近平总书记在中央全面深化改革委员会第二十五次会议上再次强调，要严肃财经纪律，维护财经秩序，健全财会监督机制。

2023 年 2 月，中共中央办公厅、国务院办公厅印发了《关于进一步加强财会监督工作的意见》(以下简称《意见》)。《意见》的出台是贯彻落实习近平总书记关于财会监督重要论述精神的具体行动，是贯彻落实党中央、国务院关于加强财会监督工作决策部署的重大举措。《意见》对新时代建立健全财会监督体系、完善工作机制等方面作出了顶层设计，对进一步健全党和国家监督体系、推进国家治理体系和治理能力现代化，对进一步推进全面从严治党、维护中央政令畅通，对进一步健全财政职能、加强财政管理、严肃财经纪律、维护财经秩序等方面都具有重要意义。

新时代财会监督不是传统意义的财政监督、财务监督和会计监督的简单加总，而是三者的有机融合和凝练升华，是涵盖了财政、财务、会计监督在内的全覆盖的一种监督行为。财会监督涉及与国家财经政策执行和资金运行相关的各类单位和个人的经济活动。财会监督是党和国家监督体系的重要组成部分，在党和国家监督体系中发挥基础性、支撑性作用。《意见》坚持目标导向和问题导向，立足于财会监督在党和国家监督体系中的重要作用，针对财经领域存在的突出问题，要求切实加大监督力度，为确保中央决策部署贯彻落实、严肃财经纪律、维护财经秩序提供坚强保障。

三、会计分录

为了保证账户对应关系的正确性，通常会计不是直接将经济业务所引起的账户变动记入账户中去，而是在把经济业务记入账户之前先根据经济业务所涉及账户的借贷方向和金额编制会计分录。所谓会计分录，就是确定每项经济业务应借、应贷账户的名称及其金额的记录。在实际工作中，由于经济业务的发生都以原始凭证为依据，因此会计分录是根据各项经济业务的原始凭证进行编制的，通常在规定格式的记账凭证上进行登记。一笔会计分录主要包括三个要素，即会计科目、记账符号和金额。

会计分录有简单分录和复合分录两种。简单分录只有一个借方和一个贷方，复合分录指一借多贷、多借一贷或多借多贷的会计分录。

编制会计分录时，应按以下步骤进行：

（1）分析经济业务事项涉及的是资产（费用、成本），还是权益（收入）；

（2）确定涉及哪些账户，是增加还是减少；

（3）确定记入哪个（或哪些）账户的借方，哪个（或哪些）账户的贷方；

（4）确定应借应贷账户是否正确，借贷方金额是否相等。

下面结合实例来说明会计分录的编制。

例 3-2

编制【例 3-1】东方股份有限公司 2024 年 6 月份发生的经济业务对应的会计分录。

（1）借：银行存款		5 000 000	
贷：股本			5 000 000
（2）借：长期借款		980 000	
贷：银行存款			980 000
（3）借：生产成本		64 000	
贷：原材料			64 000
（4）借：银行存款		226 000	
贷：主营业务收入			200 000
应交税费——应交增值税（销项税额）			26 000
（5）借：主营业务成本		100 000	
贷：库存商品			100 000
（6）借：主营业务收入		200 000	
贷：本年利润			200 000
（7）借：本年利润		100 000	
贷：主营业务成本			100 000

四、总分类账户与明细分类账户的关系与平行登记

（一）总分类账户与明细分类账户的关系

总分类账户对明细分类账户具有统驭控制作用；明细分类账户对总分类账户具有补充说明作用。总分类账户与其所属明细分类账户在总金额上应当相等。某一总分类账户

及其所属明细分类账户的核算对象是相同的，它们所提供的核算资料互相补充、互相结合，才能既总括又详细地反映同一核算内容。因此，总分类账户与明细分类账户必须采用平行登记的方法。

（二）总分类账户与明细分类账户的平行登记

总分类账户与明细分类账户平行登记，是指对所发生的每项经济业务事项都要以会计凭证为依据，一方面记入有关总分类账户，另一方面记入其所属明细分类账户的方法。总分类账户与明细分类账户平行登记的要点如下：

（1）依据相同。它是指对发生的经济业务，要以相同的会计凭证为依据，既登记有关总分类账户，又登记其所属明细分类账户。

（2）借贷方向相同。它是指将经济业务记入总分类账户和明细分类账户，记账方向必须相同。也就是说，总分类账户记入借方，明细分类账户也记入借方；总分类账户记入贷方，明细分类账户也记入贷方。

（3）会计期相同。它是指对每项经济业务在记入总分类账户和其所属明细分类账户过程中，可以有先有后，但必须在同一会计期间全部予以登记。

（4）金额相等。总分类账户本期发生额与其所属明细分类账户本期发生额的合计相等；总分类账户期末余额与其所属明细分类账户期末余额的合计相等。

利用总分类账户与其所属明细分类账户平行登记的要求，我们可以通过定期核对双方记录，来检查账户的记录是否正确、完整。

❀ 课堂能力训练

浙江钱塘股份有限责任公司（简称"钱塘公司"）2024年4月初"原材料"账户的期初余额为30 000元，其中"原材料——甲材料"为10 000元，"原材料——乙材料"为20 000元。4月，钱塘公司以银行存款购入甲材料共有两笔业务，分别为4月5日购进甲材料40 000元，4月20日购进甲材料10 000元；以银行存款购入乙材料共有两笔业务，分别为4月10日购进乙材料15 000元，4月25日购进乙材料25 000元。要求：采用平行登记法登记"原材料"账户的总分类账户和相应的明细分类账户。

会计分录的编制规范与运用

1. 会计分录的格式和要求

第一，先借后贷；借和贷要分行写，并且文字和金额的数字都应错开；在一借多贷或一贷多借的情况下，要求借方或贷方的文字和金额数字必须对齐。

第二，贷方记账符号、账户、金额都要比借方退后一格，表明借方在左，贷方在右。

会计分录的种类包括简单分录和复合分录两种，其中：简单分录即一借一贷的分录；复合分录则是一借多贷分录、多借一贷以及多借多贷分录。需要指出的是，为了保持账户对应关系清楚，一般不宜把不同经济业务合并，编制多借多贷的会计分录。但在某些特殊情况下，为了反映经济业务的全貌也可以编制多借多贷的会计分录。

2. 会计分录的运用

会计分录在实际工作中，是通过填制记账凭证来实现的，它是保证会计记录正确可靠的重要环节。会计核算中，不论发生什么样的经济业务，都需要在登记账户以前，按照记账规则，通过填制记账凭证确定经济业务的会计分录，以便正确地进行账户记录和事后检查。

典型案例

情境与背景：

2023年9月1日，某高校电子商务专业学生杨峰和王杰合伙开了一家网店，其中，杨峰出资20 000元，王杰出资10 000元。该网店专门销售各类时尚箱包。由于两人不懂会计，便请会计专业的朱红玉同学帮他们代理记账。网店9月份的收支如下：

（1）9月1日，收到金额为30 000元的银行进账单一张，系杨峰和王杰的出资额。

（2）9月2日，杨峰出差去广州采购箱包，累计花费差旅费660元。

（3）9月3日，购买计算机一台，购买价格为2 500元。

（4）9月4日，开通电信网络，支付网络使用费780元。

（5）9月6日，收到杨峰采购A、B、C、D四种款式的箱包各10个，A型包的单价为35元，B型包的单价为58元，C型包的单价为75元，D型包的单价为90元，款项以银行存款付清。

（6）9月10日，销售A型包4个，单位售价70元；销售C型包2个，单位售价150元。

（7）9月12日，销售B型包3个，单位售价110元；销售C型包4个，单位售价150元。

（8）9月15日，销售A型包3个，单位售价70元；销售D型包4个，单位售价180元。

（9）9月17日，销售B型包4个，单位售价120元；销售C型包2个，单位售价150元。

（10）9月20日，销售A型包1个，单位售价70元；销售C型包1个，单位售价150元。

（11）9月26日，销售A型包1个，单位售价70元；销售D型包3个，单位售价180元。

（12）9月29日，销售A型包1个，单位售价70元；销售D型包3个，单位售价170元。

（13）9月30日，支付顺风公司的快递费225元。

问题：假设你是朱红玉同学，请帮她完成网店9月份的相关会计核算工作。

（1）请你帮助朱红玉设计网店公司需要使用的会计科目；

（2）请对网店公司9月份的相关业务编制会计分录，并进行记账；

（3）请分析网店9月份的盈利情况。

❖ 本章主要概念

会计科目　　账户　　复式记账法　　借贷记账法　　会计分录

试算平衡　　平行登记

一、单项选择题

1. 会计科目是（　　　）。

    A. 会计要素的名称　　　　B. 报表的名称　　　　C. 账簿的名称　　　　D. 账户的名称

2. 账户期末余额的确定公式为（　　　）。

    A. 本期期末余额 = 期初余额 + 本期增加发生额 − 本期减少发生额

    B. 本期期末余额 − 本期减少发生额 = 期初余额 + 本期增加发生额

    C. 本期期末余额 = 本期增加发生额 + 本期减少发生额

    D. 本期期末余额 = 本期期初余额

3. 下列属于负债类账户的是（　　　）。

    A. 长期待摊费用　　　　B. 预收账款　　　　C. 预付账款　　　　D. 应收账款

4. "应付账款"账户的结构与"（　　　）"账户相似。

    A. 盈余公积　　　　B. 其他业务收入　　　　C. 银行存款　　　　D. 生产成本

5. 不属于资产类账户的是（　　　）。

    A. 应收账款　　　　B. 预付账款　　　　C. 累计折旧　　　　D. 所得税费用

6. 符合资产类账户记账规则的是（　　　）。

    A. 增加记借方　　　　B. 增加记贷方　　　　C. 减少记借方　　　　D. 期末无余额

7. 账户结构一般分为（　　　）。

    A. 左右两方　　　　　　　　　　　B. 上下两部分

    C. 发生额、余额两部分　　　　　　D. 前后两部分

8. 每一项经济业务的发生，都会影响（　　　）项目发生增减变化。

    A. 一个　　　　B. 两个　　　　C. 两个或两个以上　　　　D. 全部

9. 损益类账户的结构与所有者权益类账户的结构（　　　）。

    A. 完全一致　　　　B. 相反　　　　C. 基本上相同　　　　D. 无关

10. 下列错误中能够通过试算平衡查找的有（　　　）。

    A. 重记经济业务　　　　B. 漏记经济业务　　　　C. 借贷方向相反　　　　D. 借贷金额不等

二、多项选择题

1. 会计账户属于按照反映的经济内容划分的是（　　　　　）。

    A. 资产类账户　　　　　　　　　　B. 负债类账户

    C. 所有者权益类账户　　　　　　　D. 成本类账户

E. 损益类账户   F. 暂记账户

2. 下列属于资产类账户的有（   ）。

   A. 固定资产   B. 预付账款   C. 本年利润   D. 利润分配

3. 下列属于负债类账户的有（   ）。

   A. 短期借款   B. 应交税费   C. 应付股利   D. 盈余公积

4. 下列属于损益类账户的有（   ）。

   A. 所得税费用   B. 销售费用

   C. 其他业务收入   D. 以前年度损益调整

5. 账户一般应包括（   ）要素。

   A. 账户名称   B. 日期和摘要

   C. 凭证号数   D. 增加和减少金额

6. 下列属于所有者权益类账户的有（   ）。

   A. 实收资本   B. 资本公积

   C. 盈余公积   D. 本年利润

   E. 利润分配

7. 下列属于成本类账户的有（   ）。

   A. 生产成本   B. 制造费用   C. 劳务成本   D. 应收账款

8. 借贷记账法下的试算平衡公式有（   ）。

   A. 借方账户金额 = 贷方账户金额

   B. 借方期末余额 = 借方期初余额 + 本期借方发生额 − 本期贷方发生额

   C. 全部账户借方发生额合计 = 全部账户贷方发生额合计

   D. 全部账户借方余额合计 = 全部账户贷方余额合计

9. 通过账户对应关系可以（   ）。

   A. 检查经济业务的处理是否合理合法   B. 了解经济业务的内容

   C. 进行试算平衡   D. 登记账簿

10. 每一笔会计分录都包括（   ）。

   A. 会计科目   B. 记账方向   C. 金额   D. 对应关系

三、判断题

   1. 之所以要对账户进行分类，是为了了解各个账户的特性，探讨各个账户之间的区别。（   ）

   2. "应付账款"账户的余额在贷方。（   ）

3. "生产成本"账户和"制造费用"账户均属成本类账户。(　　　)

4. 所有账户都是借方记增加，贷方记减少。(　　　)

5. 按账户反映的经济内容分，"本年利润"账户属损益类账户。(　　　)

6. 通过试算平衡检查账簿记录后，如果左右平衡就可以肯定记账没有错误。
(　　　)

7. 在借贷记账法下，账户的借方登记增加数，贷方登记减少数。(　　　)

8. 借贷记账法下，生产成本的增加，应该在"生产成本"账户的借方登记。
(　　　)

9. 损益类账户月末一般无余额。(　　　)

10. 借贷记账法下，不允许出现多借多贷的会计分录。(　　　)

❖ 综合实训

【实训目标】训练借贷记账法应用及试算平衡表的编制。

【实训资料】东方企业 2024 年 4 月月末部分总账期末余额如表 3-4 所示。

表 3-4　部分总账期末余额

2024 年 4 月　　　　　　　　　　　　　　　　　　单位：元

账户名称	金额	账户名称	金额
库存现金	1 000	应交税费	28 000
应收账款	32 000	应付账款	93 600
银行存款	308 600	其他应收款	4 000
固定资产	650 000	实收资本	650 000
原材料	116 000	生产成本	42 000
短期借款	82 000		

该企业 5 月份发生如下经济业务：

（1）5 月 2 日，收到东风公司投资入股的机器一台，价值为 590 000 元。

（2）5 月 4 日，从中国工商银行取得临时借款 800 000 元，存入存款账户。

（3）5 月 7 日，用银行存款购买办公用品 2 500 元。

（4）5 月 8 日，购入材料，买价 50 000 元，增值税税率为 13%，材料已验收入库，货款尚未支付。

（5）5月10日，以银行存款600 000元偿还短期借款。

（6）5月12日，以银行存款偿还上月所欠长征公司货款410 000元。

（7）5月13日，接到银行通知，收到光明公司支付的货款325 000元。

（8）5月20日，向银行借入短期借款550 000元，偿还前欠开元公司货款。

（9）5月21日，以银行存款支付所欠税金48 000元。

（10）5月30日，仓库转来本月发出材料登记表，本月生产车间生产产品共领用材料86 000元。

【实训要求】

（1）根据上述资料，开设有关T形账户，并登记期初余额。

（2）编制会计分录。

（3）根据所编制会计分录登记有关T形账户，并在月末结账。

（4）编制试算平衡表。

✦ 学习评价

▲专业能力测评表

（在□中打√，A掌握，B基本掌握，C未掌握）

业务能力	评价指标	自测结果	备注
会计科目	1. 会计科目的概念 2. 会计科目的分类 3. 会计科目的设置	□A　□B　□C □A　□B　□C □A　□B　□C	
账户	1. 账户的概念 2. 账户的分类 3. 账户的结构	□A　□B　□C □A　□B　□C □A　□B　□C	
复式记账	1. 复式记账法 2. 借贷记账法 3. 会计分录 4. 总分类账户与明细分类账户的关系与平行登记	□A　□B　□C □A　□B　□C □A　□B　□C □A　□B　□C	
其他			
教师评语：			
成绩		教师签字	

主要经济业务核算

第四章

学习目标

素养目标

- 通过筹资过程和供应过程业务核算的学习，树立契约精神，养成诚实守信的品格；
- 通过销售过程业务核算的学习，培养客观公正、依规办事、执业谨慎、耐心细致的职业素养；
- 通过生产过程业务核算的学习，树立风险防范意识，培养节俭节约、低碳环保、绿色发展的观念；
- 通过利润形成及分配业务核算的学习，强化遵纪守法观念，依法诚信纳税，坚持依法进行利润分配。

知识目标

- 熟悉筹资过程涉及的主要会计账户及其核算内容
- 熟悉供应过程涉及的主要会计账户及其核算内容
- 熟悉生产过程涉及的主要会计账户及其核算内容
- 熟悉销售过程涉及的主要会计账户及其核算内容
- 熟悉利润形成及分配过程涉及的主要会计账户及其核算内容

能力目标

- 能够正确完成筹资过程业务的核算
- 能够正确完成供应过程业务的核算
- 能够正确完成生产过程业务的核算
- 能够正确完成销售过程业务的核算
- 能够正确完成利润形成及分配过程的核算

素养之窗：
主要经济业务核算

思维导图

学习计划

● 素养提升计划

_____

_____

_____

● 知识学习计划

_____

_____

_____

● 技能训练计划

_____

_____

_____

标准化业务核算　助力财务管理中心建设

　　DH 集团有限公司（以下简称 DH 集团）是一家国有独资的有限责任公司。随着集团业务的不断扩大，集团在国务院国资委《关于中央企业加快建设世界一流财务管理体系的指导意见》指导下，于 2022 年 3 月成立了财务管理中心，对所管辖公司的财务实行集中统一管理，实现集团整体管理效益最大化。

　　财务管理中心秉承业务流程标准化的宗旨，以标准化为共享建设的核心，推动经济业务核算的规范化。集团财务管理中心成立后，对岗位职责进行了细化，对主要经济业务流程进行了规范化，形成了集团公司统一的、基于业务场景的、以服务业务为中心的标准体系。通过大数据导向，推动经济业务核算从账务集中处理转型为企业数据中心，探索企业财务数字化转型之路。

　　DH 集团副总经理介绍，DH 集团财务组织整体划分为五大板块和三个职能组，形成了矩阵式的组织架构。集团设立能源、文旅、开发、农业、金融五大财务板块与各板块业务部门充分对接，设立财务管理组、会计核算组和资金管理组三个职能组。其中，会计核算组主要负责集团所管辖公司的会计核算、费用报销、差旅管理、发票管理、纳税申报、财务数据管理、财务信息化等方面的建设和运营。会计核算工作将主要经济业务流水化作业，有利于核算工作的标准化和精细化操作，使财务人员对各自负责的业务有更准确的把握，从而操作起来更熟练，效率更高，在业务量不变的同时，减少了人员，降低了原来分散在各单位的工作量的处理费月，节约了人工成本。

　　开发建设业务财务总监指出，财务人员应充分利用现代信息技术，不断优化流程、提升效率，将提质增效落实到日常工作中。熟悉企业各项经济业务的核算，持续提升和优化财务管理平台运营管理水平，推动财务数字化转型。

　　可见，掌握企业主要经济业务的核算是会计核算工作的重要部分，是财务共享中心数据录入的源头，本章将介绍企业主要经济业务核算的方法与技能。

第一节 筹资过程的核算

一、筹资过程核算的主要内容

筹资过程的主要经济业务是企业从不同资金来源渠道取得企业经营所需要的资金。从企业资产的初始来源渠道来讲，企业筹资主要有债务筹资与所有者权益筹资两种方式。筹资过程核算的主要内容包括企业向债权人借入资金的会计核算及企业接受投资者投入资金的会计核算。

（一）债务筹资与所有者权益筹资

债务筹资是指企业通过向银行借款等其他负债筹资方式取得的资金，是企业的债权人对企业全部资产的索偿权，这部分权益，企业必须以资产、劳务或新的负债来偿还。债务筹资所形成的负债，按其偿还期的长短，可分为流动负债和非流动负债。

所有者权益筹资是指企业投资者为开展生产经营活动而投入的本金，是企业所有者对企业资产扣除负债后所享有的剩余权益，这部分权益，企业不需要以相应的资产、劳务等来偿还，但由此会形成相关投入资本的所有者对企业实现利润的分配权等一系列股东应享有的权利。

想一想

企业筹集资金的目的是什么？企业筹集资金通常有哪些方式？请列举出你所熟悉的筹资方式。

（二）筹资业务涉及的相关会计账户

1. 债务筹资

企业应设置"短期借款""长期借款""应付利息""财务费用"等账户来反映核算企业借款、还款以及利息的支付结算情况。

（1）"短期借款"账户是负债类账户，用来核算企业向银行或其他金融机构等借入的期限在 1 年以下（含 1 年）的各种借款。企业借入的各种短期借款，应记入"短期借款"账户的贷方；归还借款时，应记入"短期借款"账户的借方；期末余额在贷方，表示期末尚未归还的短期借款的本金。

（2）"长期借款"账户是负债类账户，用来核算企业借入的期限在 1 年以上（不含 1 年）的各种借款。该账户贷方登记企业借入的各种长期借款数（包括本金和利息），借方登记各种长期借款归还数（包括本金和利息）；期末贷方余额表示企业尚未归还的长期借款本金和利息数。

（3）"应付利息"账户是负债类账户，用来核算企业按照合同约定应支付的利息，包括吸收存款、短期借款、分期付息到期还本的长期借款、企业债券等应支付的利息。该账户贷方登记按借款合同约定应支付的利息；借方登记实际支付的利息；期末余额在贷方，反映企业按照合同约定应支付但尚未支付的利息。

（4）"财务费用"账户是费用类账户，用来核算企业为筹集生产经营所需资金等而发生的筹资费用，包括利息支出（减利息收入）、汇兑差额以及相关的手续费等。该账户借方登记企业发生的财务费用，贷方登记期末结转入"本年利润"账户的财务费用总额，期末本账户无余额。

2. 所有者权益筹资

所有者权益筹资主要是通过资本的增减进行的，资本是投资者为开展生产经营活动投入的本金。资本主要通过"实收资本"和"股本"账户（股份有限公司通过"股本"账户核算，非股份公司通过"实收资本"账户核算）及"资本公积"等账户进行核算。

（1）"实收资本"（或"股本"）账户是所有者权益账户，用来核算企业接受投资者投入的实收资本。该账户借方登记所有者投资的减少额；贷方登记企业接受投资者投入的资本金；期末余额在贷方，表明期末所有者投资的实有数额。

（2）"资本公积"账户是所有者权益类账户，用来核算企业收到投资者出资超过其在注册资本或股本中所占份额的部分。该账户贷方登记企业收到投资者超过其在注册资本或股本中所占份额的部分；借方登记资本公积的减少额；期末余额在贷方，反映企业期末的资本公积额。

二、筹资过程业务的核算

（一）债务筹资的核算

1. 短期借款的账务处理

企业取得短期借款时，应当借记"银行存款"账户，贷记"短期借款"账户。企业按月预提利息时，借记"财务费用"或"在建工程"等账户，贷记"应付利息"账户，待按季实际支付利息时，按已预提的利息金额，借记"应付利息"账户，季六按实际支

视频：
筹集资金业
务核算

付的利息金额与已经预提的利息金额（即尚未计提的部分），借记"财务费用"或"在建工程"等账户，按实际支付的利息金额，贷记"银行存款"账户。

例 4-1

2024 年 1 月 1 日，东方公司借入一笔短期借款，共计 240 000 元，期限为 9 个月，年利率为 4%，该借款的本金到期后一次归还，利息分月预提，按季支付。会计分录如下：

（1）借入时：

借：银行存款   240 000

 贷：短期借款   240 000

（2）月末，计提 1 月份应付利息：

借：财务费用   800

 贷：应付利息   800

本月应计提利息金额 ＝（240 000 × 4%）/12 ＝ 800（元）

2 月末计提 2 月份利息的会计分录与 1 月份相同。

（3）3 月末支付第一季度银行借款利息：

借：财务费用   800

  应付利息   1 600

 贷：银行存款   2 400

第二、三季度的会计处理同上。

（4）10 月 1 日到期归还本金：

借：短期借款   240 000

 贷：银行存款   240 000

2. 长期借款的账务处理

企业借入长期借款，按实际收到的金额，借记"银行存款"账户，贷记"长期借款"账户；按照合同利率计算确定的长期借款的利息费用，借记"在建工程""制造费用""财务费用"等账户，贷记"应付利息"账户；归还长期借款时，借记"长期借款"账户，贷记"银行存款"账户。

例 4-2

2024 年 1 月 1 日，东方公司从中国工商银行取得一笔为期两年的借款为 200 万元，款项已收存银行，年利率为 4.5%。该借款用于基建工程，借款利息按年计提，按年支付，借款本金到期后一次归还。相关会计分录如下：

（1）取得借款时：

借：银行存款　　　　　　　　　　　　　　　　　　2 000 000

　　贷：长期借款　　　　　　　　　　　　　　　　　　　2 000 000

（2）计提利息时：

借：在建工程　　　　　　　　　　　　　　　　　　　90 000

　　贷：应付利息　　　　　　　　　　　　　　　　　　　　90 000

（3）支付利息时：

借：应付利息　　　　　　　　　　　　　　　　　　　90 000

　　贷：银行存款　　　　　　　　　　　　　　　　　　　　90 000

（4）归还长期借款本金时：

借：长期借款　　　　　　　　　　　　　　　　　　2 000 000

　　贷：银行存款　　　　　　　　　　　　　　　　　　　2 000 000

🔷 想一想

（1）如果东方公司所借入款项按照合同约定偿还方式为到期一次还本付息，又当如何进行会计处理？

（2）如果东方公司对于利息的计提方式采用按月预提，又当如何处理？

❋ 课堂能力训练

2024年1月1日，红星公司从中国建设银行取得一笔为期两年的借款500万元，款项已收存银行，年利率为4.5%，该借款用于公司的一项不动产的在建工程建设，借款利息按季计提，本息到期一次付清。要求：编制相关的会计分录。

（二）所有者权益筹资的核算

1. 接受货币性资产投资

企业接受投资者投入的货币性资产，借记"银行存款"账户，按其在注册资本中所占份额，贷记"实收资本（或股本）"账户，按其差额，贷记"资本公积"账户。

例 4-3

2024 年 5 月 1 日，东方公司由正大公司、宏远公司和利达公司三方出资组建而成，公司的注册资本为 800 万元，三方的出资比例分别为 50%、30%、20%。三方的投资款于 2023 年 11 月 1 日全部收到并存入中国建设银行，相关的会计分录如下：

借：银行存款   8 000 000

  贷：实收资本——正大公司   4 000 000

          ——宏远公司   2 400 000

          ——利达公司   1 600 000

2. 接受非货币性资产投资

企业接受投资者投入的非货币性资产，应按非货币性资产的种类，借记"固定资产""无形资产"等账户，按其在注册资本中所占份额，贷记"实收资本（或股本）"账户，按其差额，贷记"资本公积"账户。

例 4-4

2024 年 5 月 1 日，东方公司接受利达公司投资，利达公司投资 A 设备一台，该设备的原账面价值为 60 万元，已提折旧 20 万元，双方协商确认该设备的现有价值为 41 万元（假定该协商价值公允），有关设备的产权转移手续已办妥，相关的会计分录如下：

借：固定资产   410 000

  贷：实收资本——利达公司   410 000

想一想

本例题中，为什么东方公司接受利达公司设备投资的入账价值采用的是双方协商确认的价值？

课堂能力训练

红星公司于设立时收到利达公司作为资本投入的原材料一批，该批原材料投资合同或协议约定价值（不含可抵扣的增值税进项税额部分）为 100 000 元，增值税进项税额为 13 000 元。利达公司已开具了增值税专用发票。假设合同约定的价值与公允价值相符，该进项税额允许抵扣，不考虑其他因素。要求：编制相关会计分录。

《中华人民共和国公司法》关于有限责任公司设立的相关出资规定

第二十六条 有限责任公司的注册资本为在公司登记机关登记的全体股东认缴的出资额。法律、行政法规以及国务院决定对有限责任公司注册资本实缴、注册资本最低限额另有规定的，从其规定。

第二十七条 股东可以用货币出资，也可以用实物、知识产权、土地使用权等可以用货币估价并可以依法转让的非货币财产作价出资；但是，法律、行政法规规定不得作为出资的财产除外。对作为出资的非货币财产应当评估作价，核实财产，不得高估或者低估作价。法律、行政法规对评估作价有规定的，从其规定。

第二十八条 股东应当按期足额缴纳公司章程中规定的各自所认缴的出资额。股东以货币出资的，应当将货币出资足额存入有限责任公司在银行开设的账户；以非货币财产出资的，应当依法办理其财产权的转移手续。股东不按照前款规定缴纳出资的，除应当向公司足额缴纳外，还应当向已按期足额缴纳出资的股东承担违约责任。

第二十九条 股东认足公司章程规定的出资后，由全体股东指定的代表或者共同委托的代理人向公司登记机关报送公司登记申请书、公司章程等文件，申请设立登记。

第三十条 有限责任公司成立后，发现作为设立公司出资的非货币财产的实际价额显著低于公司章程所定价额的，应当由交付该出资的股东补足其差额；公司设立时的其他股东承担连带责任。

第二节 供应过程的核算

一、供应过程核算的主要内容

供应过程的主要经济业务是原材料采购成本的确定及固定资产等相关生产资料入账价值的确定。供应过程主要是指企业物资的采购及验收入库、机器设备等固定资产以及其他资产购建取得的过程。其核算的主要内容包括确定所采购物资的采购成本、确定所购建固定资产等其他资产的取得成本、与供货单位办理价款结算、所采购物资验收入库、所购建固定资产等其他资产交接验收等相关业务的会计核算。

（一）原材料及其采购成本的确定

原材料是指企业在生产过程中经过加工改变其形态或性质并构成产品主要实体的各种原料和外购半成品，以及不构成产品实体但有助于产品形成的辅助材料。原材料具体包括原料及主要材料、辅助材料、外购半成品（外购件）、修理用备件（备品备件）、包装材料等。原材料的采购成本主要包括：

（1）买价。买价是指进货发票所开列的货款金额。

（2）运杂费。运杂费包括运输费、装卸费、包装费、保险费、仓储费等。

（3）运输途中的合理损耗。运输途中的合理损耗是指企业与供应或运输部门所签订的合同中规定的合理损耗或必要的自然损耗。

（4）入库前的挑选整理费用。入库前的挑选整理费用是指购入的材料在入库前需要挑选整理而发生的费用，包括挑选过程中所发生的工资、费用支出和必要的损耗，但要扣除下脚残料的价值。

（5）购入材料负担的税金（如关税等）和其他费用等。

（6）其他可归属于原材料采购成本的费用。

（二）固定资产及其初始成本的确定

固定资产是指使用期限超过1年的房屋、建筑物、机器设备、运输工具以及其他与生产经营有关的设备、工具和器具等；不属于生产经营主要设备的物品，单位价值在2 000元以上，使用期限超过两年的，也应作为企业的固定资产。

企业从外部购入的固定资产主要是机器设备，这些设备可分为不需要安装的设备和需要安装的设备。不需要安装设备是指企业在购入以后，不必经过安装即可投入使用的设备，如运输汽车等；需要的安装设备是指企业在购入以后，必须经过安装过程才能投入使用的设备，如吊车、机床等。

企业外购的固定资产，应按实际支付的购买价款，相关税费（运输费、保险费、包装费、进口关税等），使固定资产达到预定可使用状态前所发生的可归属于该项资产的运输费、装卸费、安装费和专业人员服务费等，作为固定资产的取得成本。

◈ **想一想**

请列举你近期采购的物品，并确定你的采购成本。

会计基础

(三) 供应过程核算涉及的相关会计账户

（1）"在途物资"账户是资产类账户，适用于原材料按实际成本法核算的企业，用来核算企业外购各种材料的买价和采购费用，确定物资采购的实际成本。该账户的借方登记外购材料的实际采购成本（包括买价和采购费用等）；贷方登记已验收入库材料的实际成本；月末借方余额，表示尚未验收入库的在途物资实际成本。

（2）"材料采购"账户是资产类账户，适用于原材料按计划成本法核算的企业，用来核算企业外购各种材料的买价和采购费用，确定物资采购的实际成本。该账户的借方登记外购材料的实际采购成本（包括买价和采购费用等）；贷方登记已验收入库材料的实际成本；月末借方余额，表示尚未验收入库原材料的实际成本。

（3）"材料成本差异"账户是资产类账户，适用于原材料按计划成本法核算的企业，用来核算验收入库原材料的计划成本与实际成本的差异。该账户借方登记验收入库时外购材料的实际成本大于计划成本的金额（超支）；贷方登记验收入库时外购材料的实际成本小于计划成本的金额（节约）；期末余额反映已入库原材料的超支额或节约额。

（4）"原材料"账户是资产类账户，用来核算企业库存各种材料的增减变动及其结余情况。该账户借方登记已验收入库材料的实际成本；贷方登记发出材料的实际成本；月末借方余额表示库存各种材料的实际成本。

（5）"固定资产"账户是资产类账户，用来核算企业持有的固定资产的原价。该账户的借方登记固定资产增加的原始价值；贷方登记减少固定资产的原始价值；期末借方余额，反映企业期末固定资产的账面价值。

（6）"应付账款"账户是负债类账户，用来核算企业因购买材料、商品和接受劳务供应等而应付给供应单位的款项。该账户的贷方登记因购买材料、商品或接受劳务供应等而发生的应付未付的款项；借方登记已经支付或已开出承兑商业汇票抵付的应付款项；月末贷方余额表示尚未偿还的款项。

（7）"应付票据"账户是负债类账户，用来核算企业购买材料、商品和接受劳务供应等开出、承兑的商业汇票（包括商业承兑汇票和银行承兑汇票）。该账户贷方登记企业已开出、承兑的汇票或以承兑汇票抵付的货款；借方登记收到银行付款通知后实际支付的款项；月末贷方余额，表示尚未到期的应付票据金额。

（8）"应交税费——应交增值税（进项税额）"账户是负债类账户，用来核算企业（一般纳税人）按照税法规定在购入原材料、固定资产等财产物资时应向销售方支付的增值税税额。该账户借方登记企业购入财产物资时向销售方支付的增值税税额，这部分增值税税额将来可以从当期销售货物所产生的"应交税费——应交增值税（销项税额）"中进行抵扣。

视频：
供应过程业
务核算

二、供应过程业务的核算

（一）购买原材料的核算

采用实际成本法进行原材料核算的企业，外购原材料尚未验收入库时，应按材料采购过程中应支付的价款、运输费、装卸费、保险费等材料采购成本的金额，借记"在途物资"账户，按可抵扣的增值税税额，借记"应交税费——应交增值税（进项税额）"账户，按实际支付或应付的款项，贷记"银行存款""应付账款""应付票据""预付账款"等账户；原材料验收入库时，按材料的实际成本，借记"原材料"账户，贷记"在途物资"账户。

采用计划成本法进行原材料核算的企业，外购原材料尚未验收入库时，应按材料采购过程中应支付的价款、运输费、装卸费、保险费等材料采购成本的金额，借记"材料采购"账户，按可抵扣的增值税税额，借记"应交税费——应交增值税（进项税额）"账户，按实际支付或应付的款项，贷记"银行存款""应付账款""应付票据""预付账款"等账户；原材料验收入库时，按原材料的计划成本，借记"原材料"账户，按材料的实际成本，贷记"材料采购"账户，按计划成本与实际成本的差异，借记或贷记"材料成本差异"账户。

例 4-5

2024 年 5 月 25 日，东方公司从宏远公司购入 A 材料一批，采购发票上记载货款为 60 000 元，增值税税率为 13%，增值税税额为 7 800 元，宏远公司代垫运杂费 200元，全部欠款立即用转账支票付讫，材料尚未验收入库。会计分录如下：

借：在途物资——A 材料　　　　　　　　　　　　　　60 200
　　应交税费——应交增值税（进项税额）　　　　　　　7 800
　　贷：银行存款　　　　　　　　　　　　　　　　　　　　68 000

想一想

【例 4-5】中（实际成本法下），如果东方公司购入的 A 材料采购当日立即完成验收入库手续，或者采购当月完成入库手续，是否可以在验收入库时直接通过"原材料"账户进行核算而不通过"在途物资"账户进行中转？为什么？

例 4-6

2024 年 6 月 5 日，上述外购原材料已验收入库。会计分录如下：

借：原材料——A 材料   60 200

  贷：在途物资——A 材料   60 200

例 4-7

2024 年 10 月 28 日，东方公司购入甲材料一批，货款为 100 000 元，增值税税额为 13 000 元，发票账单已收到，材料尚未验收入库，该批材料的计划成本为 110 000 元，款项未付。相关会计分录如下：

借：材料采购——甲材料   100 000

  应交税费——应交增值税（进项税额）   13 000

  贷：应付账款   113 000

想一想

【例 4-7】中（计划成本法下），如果东方公司购入的甲材料采购当日立即完成验收入库手续，或者采购当月完成入库手续，是否可以在验收入库时直接通过"原材料"账户进行核算而不通过"材料采购"账户进行中转？为什么？

例 4-8

2024 年 11 月 3 日，上述外购原材料验收入库。会计分录如下：

借：原材料——甲材料   110 000

  贷：材料采购——甲材料   100 000

   材料成本差异   10 000

例 4-9

若甲材料的计划成本为 90 000 元，则 11 月 3 日，上述外购原材料验收入库时的会计分录如下：

借：原材料——甲材料　　　　　　　　　　　　　　　　90 000

　　材料成本差异　　　　　　　　　　　　　　　　　10 000

　　贷：材料采购——甲材料　　　　　　　　　　　　　　100 000

🏵 课堂能力训练

2024年5月25日，红星公司从宏远公司购入A材料一批，采购发票上记载货款为80 000元，增值税税额为10 400元，宏远公司代垫的运杂费为800元，红星公司开出一张面值为91 200元的三月期商业承兑汇票予以付款，材料尚未验收入库。8月25日，红星公司向宏远公司支付票据款。要求：做出相关会计分录。

🏵 例4-10

2024年5月20日，东方公司向利达公司购买甲材料2 000千克、乙材料6 000千克。5月25日，东方公司收到利达公司开来的增值税专用发票，发票记载：甲材料2 000千克，单价为1.90元，总价款为3 800元；乙材料6 000千克，单价为1.00元，总价款为6 000元；增值税税额共计1 274元。同时还收到运输公司开来的运杂费发票，发票金额为480元（按甲、乙材料的重量进行分摊），公司签发了一张等额的商业汇票办理款项结算，材料已验收入库。会计分录如下：

（1）收到专用发票：

借：在途物资——甲材料　　　　　　　　　　　　　　3 800

　　　　　　　——乙材料　　　　　　　　　　　　　　6 000

　　应交税费——应交增值税（进项税额）　　　　　　　1 274

　　贷：应付票据　　　　　　　　　　　　　　　　　　11 074

（2）分摊运杂费：

实际工作中，可根据具体情况选择重量、体积、件数、买价等分配标准。现以甲、乙两种材料的重量比例作为分配标准，分配运杂费。

运杂费分配率＝480÷（2 000+6 000）＝0.06（元／千克）

甲材料应分配的运杂费＝2 000×0.06＝120（元）

乙材料应分配的运杂费＝6 000×0.06＝360（元）

借：在途物资——甲材料　　　　　　　　　　　　　　　120

　　　　　　——乙材料　　　　　　　　　　　　　　　360

　　贷：银行存款　　　　　　　　　　　　　　　　　　　480

（3）材料验收入库：

借：原材料——甲材料　　　　　　　　　　　　　　　3 920

　　　　　——乙材料　　　　　　　　　　　　　　　6 360

　　贷：在途物资——甲材料　　　　　　　　　　　　　　3 920

　　　　　　　　　——乙材料　　　　　　　　　　　　　6 360

◎ 想一想

【例4-10】中，如果东方公司收到的是运输公司交来的运费发票（即劳务名称为：运费），则按照增值税一般纳税人的相关规定，东方公司验收入库的甲、乙两种原材料各自的成本应该是多少？东方公司应当如何进行会计处理？

（二）购买固定资产的核算

企业购入不需要安装的固定资产，应当借记"固定资产"和"应交税费——应交增值税（进项税额）"账户，贷记"银行存款"等账户。

◈ 例4-11

2024年12月20日，东方公司从利民公司购入一台不需要安装就可以投入使用的生产设备，买价为200 000元，增值税税额为26 000元，运杂费为1 200元。全部款项已用银行存款支付。会计分录如下：

借：固定资产　　　　　　　　　　　　　　　　　　201 200

　　应交税费——应交增值税（进项税额）　　　　　　 26 000

　　贷：银行存款　　　　　　　　　　　　　　　　　　227 200

◎ 想一想

【例4-11】中，如果东方公司购入的是一台需要经过安装程序才能达到预定可使用状态的生产设备，东方公司又该如何进行后续的会计处理？

增值税小规模纳税人与一般纳税人认定标准

小规模纳税人认定标准：

根据《关于统一增值税小规模纳税人标准的通知》（财税〔2018〕33号），自2018年5月1日起，增值税小规模纳税人标准为年应征增值税销售额500万元及以下。

一般纳税人认定标准：

超过小规模纳税人认定标准的企业及企业性单位应认定为增值税一般纳税人。

第三节　生产过程的核算

一、生产过程核算的主要内容

生产过程的主要经济业务是对生产费用的归集和分配。生产过程是工业企业生产经营过程的第二个阶段，即产品生产阶段。在生产过程中，企业的资金形态是由储备资金形态转变为生产资金，最后形成成品资金的过程。在生产过程中，企业通过对材料进行生产加工制造出产品，工业企业的生产过程可以说就是生产的耗费过程，包括直接材料费、支付给直接参加产品生产的工人工资以及按生产工人工资总额和规定的比例计算提取的职工福利费、机器设备的折旧费、企业生产车间等生产单位为组织和管理生产而发生的各项间接费用，即制造费用。通过对生产费用的归集和分配，计算出产品成本。生产过程核算的主要内容是：生产消耗材料的核算；人工费的核算；固定资产折旧费的核算；其他相关费用的核算；制造费用的归集与分配；完工产品成本的计算与结转等。

◆ 想一想

请介绍你所熟悉的一家工业企业的基本情况，并分析该企业制造产品的成本具体包括哪些内容。

会计基础

（一）制造成本与费用

成本（制造成本）是指企业为生产产品、提供劳务而发生的各种经济资源的耗费，主要可分为直接材料、直接人工、其他直接支出和制造费用；费用是指企业在日常活动中发生的、会导致所有者权益减少的、与向所有者分配利润无关的经济利益的总流出，主要包括管理费用、销售费用和财务费用，也称为期间费用。

（1）直接材料是指为生产产品而耗用的原材料、辅助材料、备品备件、外购半成品、燃料、动力、包装物、低值易耗品以及其他直接材料。

（2）直接人工是指企业直接从事产品生产人员的工资、奖金、津贴和补贴。

（3）其他直接支出是指直接从事产品生产人员的职工福利费、直接动力等。

（4）制造费用是指企业各生产单位为组织和管理生产所发生的各项间接费用。它包括各生产单位管理人员工资和福利费、折旧费、修理费、机物料消耗、办公费、水电费、保险费、劳动保护费等。

（二）成本与费用核算的一般程序

制造企业生产过程的核算主要有两项内容：

（1）归集、分配一定时期内企业生产过程中发生的各项费用，如材料、工资及计提的福利费、折旧费、修理费等各项费用。

（2）按一定种类的产品汇总各项费用，最终计算出各种产品的制造成本。

为了顺利、正确地完成这两项内容，必须掌握成本与费用核算的一般程序。在制造业企业中，成本与费用核算的一般程序见图4-1。

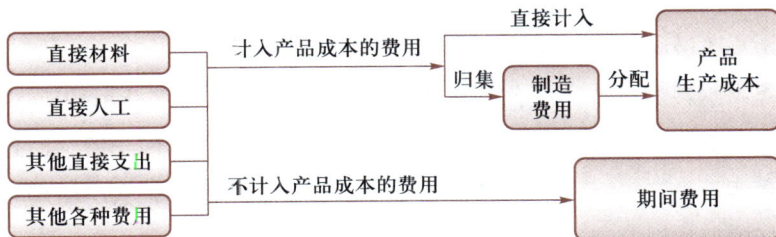

图4-1 成本与费用核算的一般程序

（三）生产过程核算涉及的相关会计账户

（1）"生产成本"账户是成本类账户，用来反映各项生产费用，计算产品生产成本的账户。该账户借方登记本期发生的各项生产费用，包括材料费、人工费和机器设备的折旧与修理费等；贷方登记产品生产完工转入"库存商品"账户借方的完工产品的生产成本；期末借方余额表示在产品的成本。

（2）"制造费用"账户是成本类账户，用来归集和分配各项间接生产费用。该账户借方登记本期发生的各项间接生产费用，如发生在生产车间的管理人员工资及车间一般性消耗的材料等；贷方登记转入"生产成本"有关明细账的间接生产费用；结转后，期末无余额。

（3）"累计折旧"账户是资产类账户，用来核算企业固定资产的累计损耗价值。该账户贷方登记本期固定资产磨损而提取的折旧额；借方登记固定资产累计折旧的转销数；期末余额在贷方，表示企业现有的固定资产的累计损耗价值。

（4）"应付职工薪酬——工资"账户是负债类账户，用来核算企业应付职工工资总额，包括各种工资、奖金和津贴等。该账户借方登记实际支付给职工的工资以及代扣款项；贷方登记应付职工工资总额，对应付的工资额，应作为一项费用，按其用途分配记入有关的成本、费用账户，即工资的分配数；该账户期末如有借方余额，表示本月实际支付的工资数大于应付工资数，即多支付的工资，如为贷方余额，则表示本月应付工资大于实际支付的工资数，即应付未付的工资。

（5）"库存商品"账户是资产类账户，用来核算企业库存各种商品（完工产品）成本增减变动情况。该账户借方登记已经验收入库商品的成本；贷方登记发出商品的成本；月末借方余额，表示库存商品成本。

二、生产过程业务的核算

（一）生产消耗材料的核算

生产过程中消耗的材料，应当根据具体用途，分别记入有关费用和成本账户。生产产品消耗的原材料，直接记入有关产品"生产成本"账户；车间一般性消耗的原材料，记入"制造费用"账户；行政管理部门一般性消耗的原材料，记入"管理费用"账户；销售部门消耗的原材料，记入"销售费用"账户。

视频：
生产过程业
务核算

例 4-12

2024 年 5 月 31 日，东方公司根据当月领料凭证，编制 5 月份的领料凭证汇总表如表 4-1 所示。

表 4-1　领料凭证汇总表

2024 年 5 月　　　　　　　　　　　编号：NO.12002

用途	甲材料		乙材料		丙材料		合计金额 /元
	数量 / 千克	金额 / 元	数量 / 千克	金额 / 元	数量 / 千克	金额 / 元	
生产耗用：							
A 产品	2 000	160 000.00	200	10 000.00	100	10 000.00	180 000.00
B 产品	2 350	268 000.00	100	5 000.00			273 000.00
车间一般耗用			100	5 000.00	10	1 000.00	6 000.00
管理部门耗用			20	1 000.00			1 000.00
销售部门耗用					20	2 000.00	2 000.00
合计	4 350	428 000.00	420	21 000.00	130	13 000.00	462 000.00

借：生产成本——A 产品　　　　　　　　　　　　　　180 000
　　　　　　——B 产品　　　　　　　　　　　　　　273 000
　　制造费用　　　　　　　　　　　　　　　　　　　6 000
　　管理费用　　　　　　　　　　　　　　　　　　　1 000
　　销售费用　　　　　　　　　　　　　　　　　　　2 000
　贷：原材料——甲材料　　　　　　　　　　　　　　　　428 000
　　　　　　——乙材料　　　　　　　　　　　　　　　　21 000
　　　　　　——丙材料　　　　　　　　　　　　　　　　13 000

想一想

　　【例 4-12】中，为什么生产 A、B 两种产品领用的甲、乙、丙三种材料的成本记入"生产成本"账户，而车间一般耗用所领用的乙、丙材料的成本却记入"制造费用"账户？

相关链接

生产费用计入产品成本的程序

　　按照计入产品成本的程序分，生产费用包括直接生产费用和间接生产费用两大类，其中：直接生产费用是指在其发生时就可以直接认定由某种产品成本负担的费用，主要包括直接材料、直接人工、其他直接支出等，直接生产费用在其发生时应当直接记入有关产品"生产成本"明细账的借方；间接生产费用是指在其发生时很难或不能直接认定由某种具体产品成本负担的费用，间接生产费用应当在其发生时先归集到"制造费用"账户的借方，期末再采用一定的标准分配转入有关产品"生产成本"明细账户的借方。

（二）人工费的核算

在会计核算中通常需要设置"应付职工薪酬"账户对人工费进行核算，具体内容包括工资和工资附加费，其中工资项目具体包括工资、津贴、补贴和奖金等；工资附加费则包括职工福利、职工教育经费、工会经费等。

会计人员应于期末分配人工费，生产工人的人工费属于直接生产费用，记入有关产品"生产成本"明细账户的借方；车间管理和技术人员的人工费属于间接生产费用，应记入"制造费用"账户的借方；行政管理部门人员人工费记入"管理费用"账户的借方；销售部门人员的人工费记入"销售费用"账户的借方，同时在"应付职工薪酬"账户的贷方登记。支付人工费时，借记"应付职工薪酬"账户，贷记"银行存款"或"库存现金"等账户。

例 4-13

2024 年 5 月 31 日，东方公司财务部门根据人事部门下发的职工考核情况计算的本月职工工资为：制造 A 产品的生产工人工资为 80 000 元，制造 B 产品的生产工人工资为 20 000 元，生产车间管理人员工资为 8 400 元，行政部门管理人员工资为 15 600 元，专设销售机构人员的工资为 9 000 元。会计分录如下：

借：生产成本——A 产品　　　　　　　　　　　　80 000
　　　　　　——B 产品　　　　　　　　　　　　20 000
　　制造费用　　　　　　　　　　　　　　　　　8 400
　　管理费用　　　　　　　　　　　　　　　　　15 600
　　销售费用　　　　　　　　　　　　　　　　　9 000
　　贷：应付职工薪酬——工资　　　　　　　　　　133 000

（三）固定资产折旧费的核算

企业生产经营用的固定资产价值随着使用过程中的磨损逐渐转移到它所生产的产品

中，构成产品价值的组成部分。固定资产折旧是指固定资产在使用过程中，随着磨损而转移到产品价值中去的那部分价值。固定资产折旧一般是根据企业固定资产原值和核定的折旧率按月计提的。为了反映和监督固定资产的增减变动及累计折旧额，应设置"累计折旧"总分类账户对其进行核算。"累计折旧"账户是"固定资产"账户的备抵调整账户，反映企业现有固定资产损耗的价值。企业每月计提的固定资产折旧费，应按固定资产使用部门借记相关费用账户，贷记"累计折旧"账户。其中，对生产用固定资产提取的折旧额和生产车间管理部门使用的固定资产所提取的折旧额，借记"制造费用"账户；对于企业行政管理部门使用的固定资产所提取的折旧额，借记"管理费用"账户；对于企业专设的销售机构使用的固定资产所提取的折旧额，借记"销售费用"账户。

例 4-14

2024 年 5 月 31 日，东方公司按照规定提取本月份固定资产折旧共计 6 800 元。其中，生产车间用设备提取的折旧为 3 600 元，行政管理部门用设备提取的折旧为 1 200 元，专设销售机构用设备提取的折旧额为 2 000 元。会计分录如下：

借：制造费用	3 600
管理费用	1 200
销售费用	2 000
贷：累计折旧	6 800

想一想

【例 4-14】中，为什么车间用固定资产的折旧费不直接记入所生产产品"生产成本"的明细账中？

（四）其他相关费用的核算

企业发生的与生产活动有关的其他费用项目繁多，其中一部分直接计入生产费用，另一部分则不能直接计入生产费用，如由制造产品负担的水电费需要记入有关产品的"生产成本"明细账户，而管理部门、销售部门负担的水电费则分别记入"管理费用"和"销售费用"等账户，与水电费相似的还有租金、保险费、办公费、差旅费等。

例 4-15

2024 年 5 月 31 日，东方公司以银行存款支付本月水电费 2 000 元，其中属于行政管理部门使用的水电费为 200 元，属于产品生产车间使用的水电费为 1 800 元。会计分录如下：

借：制造费用	1 800
管理费用	200
贷：银行存款	2 000

（五）制造费用的归集与分配

"制造费用"账户是用来反映间接生产费用的账户，通常核算由车间一般消耗的材料、车间管理和技术人员的工资和福利费、车间固定资产的折旧费和修理费以及发生在车间范围内的其他各项费用，如水电费、办公费、保险费、差旅费和租金等费用。企业通常于期末将本期发生的制造费用按照一定的标准分配转入有关产品"生产成本"明细账户的借方。通常可供选择的分配标准主要有：生产工人工资、生产工人工时和机器工时等。

例 4-16

2024 年 5 月 31 日，东方公司汇总本月制造费用的总额并按 A、B 两种产品的生产工人工资比例进行分配（参照【例 4-12】～【例 4-15】）。计算过程及会计分录如下：

制造费用总额 = 6 000 + 8 400 + 3 600 + 1 800 = 19 800（元）

A 产品生产工人工资 = 80 000（元）

B 产品生产工人工资 = 20 000（元）

制造费用分配率 = 19 800 ÷（80 000 + 20 000）= 0.198

应记入 A 产品的"生产成本"明细账户的制造费用 = 0.198 × 80 000 = 15 840（元）

应记入 B 产品的"生产成本"明细账户的制造费用 = 0.198 × 20 000 = 3 960（元）

借：生产成本——A 产品	15 840
——B 产品	3 960
贷：制造费用	19 800

（六）完工产品成本的计算与结转

完工产品成本的计算是将生产过程中发生的全部生产成本，按一定的对象进行归集，然后在完工产品和在产品之间进行分摊，以计算出完工产品的总成本和单位成本。在实际工作中需要编制完工产品成本计算单（表）。完工产品成本的结转是指产品完工以后，应及时验收入库，并将本月完工产品的生产成本从"生产成本"账户的贷方转入"库存商品"账户的借方。

例 4-17

2024 年 5 月 31 日，东方公司本月 50 件 A 产品全部完工，并已验收合格入库；B 产品完工 80 件并已验收合格入库，尚有 20 件正在制造过程中，作为月末在产品。本月完工的 A、B 产品成本计算表见表 4-2。

表 4-2　完工产品成本计算表

2024 年 5 月 31 日　　　　　　　　　　　　　　单位：元

成本项目	A 产品		B 产品	
	总成本（50 件）	单位成本	总成本（80 件）	单位成本
材料费	180 000	3 600	218 400	2 730
人工费（含福利）	38 000	1 760	17 600	220
制造费用	16 512	330.24	3 302.40	41.28
完工产品成本	234 512	5 690.24	239 302.40	2 991.28

编制会计分录如下：

借：库存商品——A 产品　　　　　　　　　　　　284 512
　　　　　　——B 产品　　　　　　　　　　　　239 302.40
　　贷：生产成本——A 产品　　　　　　　　　　　　284 512
　　　　　　　　——B 产品　　　　　　　　　　　　239 302.40

想一想

【例 4-17】中，尚未完工的 20 件 B 产品的生产成本是多少？通过哪个会计账户可以查询得到未完工产品已耗用成本的信息？

相关链接

职工薪酬的内容

职工薪酬是指企业为获得职工提供的服务或解除劳动关系而给予的各种形式的报酬或补偿。职工薪酬包括短期薪酬、离职后福利、辞退福利和其他长期职工福利。企业提供给职工配偶、子女、受赡养人、已故员工遗属及其他受益人等的福利，也属于职工薪酬。

短期薪酬是指企业在职工提供相关服务的年度报告期间结束后12个月内需要全部予以支付的职工薪酬，因解除与职工的劳动关系给予的补偿除外。短期薪酬具体包括：职工工资、奖金、津贴和补贴，职工福利费，医疗保险费、工伤保险费和生育保险费等社会保险费，住房公积金，工会经费和职工教育经费，短期带薪缺勤，短期利润分享计划，非货币性福利以及其他短期薪酬。其中，带薪缺勤是指企业支付工资或提供补偿的职工缺勤，包括年休假、病假、短期伤残、婚假、产假、丧假、探亲假等；利润分享计划是指因职工提供服务而与职工达成的基于利润或其他经营成果提供薪酬的协议。

离职后福利是指企业为获得职工提供的服务而在职工退休或与企业解除劳动关系后，提供的各种形式的报酬和福利，短期薪酬和辞退福利除外。

辞退福利是指企业在职工劳动合同到期之前解除与职工的劳动关系，或者为鼓励职工自愿接受裁减而给予职工的补偿。

其他长期职工福利是指除短期薪酬、离职后福利、辞退福利之外所有的职工薪酬，包括长期带薪缺勤、长期残疾福利、长期利润分享计划等。

第四节　销售过程的核算

一、销售过程核算的主要内容

销售过程是工业企业生产经营过程的第三个阶段，是产品价值实现增值的过程，其主要任务是将生产的产品销售出去，同时取得销售收入，使企业的生产耗费得到补偿。为了顺利地将产品销售出去，还要发生与产品销售有关的一系列费用，如包装费、广告费、运输费、销售人员的工资、福利等，还要按照国家的有关规定计算缴纳相关销售税金，如消费税等。因此销售过程核算的主要内容包括：确认销售收入的实现，与购货方办理货款结算，结转销售成本，支付各种销售费用，计算缴纳各种销售税金等。

会计基础

（一）商品销售收入

收入是指企业在日常活动中形成的、会导致所有者权益增加的、与所有者投入资本无关的经济利益的总流入。收入包括商品销售收入、提供劳务收入和让渡资产使用权收入三类。商品销售收入是指企业在销售商品活动中所形成的经济利益的流入。收入只有在经济利益很可能流入从而导致企业资产增加或者负债减少，且经济利益的流入额能够可靠计量时才能予以确认。

（二）商品销售成本

商品销售成本是指与商品销售收入相关的销售成本，即已售商品的制造成本。企业为了正确地计算当期销售产品实现的损益，在确认商品销售收入的同时，应该对应结转已销售商品的销售成本。《企业会计准则》规定，对于销售商品而发生的销售费用，应当作为期间费用，直接计入当期损益，不构成商品销售成本的内容。

（三）销售过程核算涉及的相关会计账户

（1）"主营业务收入"账户是收入类账户，用来核算企业销售商品、提供劳务而实现的营业收入。该账户贷方登记本期实现的销售收入，借方登记期末转入"本年利润"账户的营业收入，结转后该账户无余额。

（2）"主营业务成本"账户是费用类账户，用来核算销售过程中的主营业务成本。该账户借方登记本期已销商品的生产成本，贷方登记期末转入"本年利润"账户已销商品的生产成本，结转后该账户无余额。

（3）"其他业务收入"账户是收入类账户，用来核算企业其他业务所取得的收入。该账户贷方登记企业获得的其他业务收入，借方登记期末结转到"本年利润"账户的已实现的其他业务收入，结转以后该账户应无余额。

（4）"其他业务成本"账户是费用类账户，用来核算企业其他业务所发生的各项支出。其他业务成本包括为获得其他业务收入而发生的相关成本、费用以及税金等。该账户借方登记其他业务所发生的各项成本，贷方登记期末结转到"本年利润"账户的其他业务成本，结转以后该账户应无余额。

（5）"税金及附加"账户是费用类账户，用来核算本期营业活动中应缴纳的各项流转税及附加，包括消费税、资源税、房产税、土地使用税、车船税、城市维护建设税和教育费附加等。该账户借方登记本期应确认的税金及附加，贷方登记期末转入"本年利润"账户的税金及附加，结转后该账户无余额。

（6）"销售费用"账户是费用类账户，用来核算本期发生在销售过程中的各项费用，包括销售人员的人工费、广告宣传费、展览费、专设销售机构经费等。该账户借方登记本期发生的各项销售费用，贷方登记期末转入"本年利润"账户的销售费用，结转后该账户无余额。

（7）"应收账款"账户是资产类账户，用来核算企业因销售商品、产品或提供劳务等，应向购货方或接受劳务方收取的款项。该账户借方登记应向购货方收取的款项，贷方登记实际收到的应收款项，月末借方余额表示应收但尚未收回的款项。

（8）"应收票据"账户是资产类账户，用来核算企业因销售产品等而收到的商业汇票。该账户借方登记企业应向购货方收取的票据款，贷方登记收到的票据款，月末借方余额表示尚未到期的应收票据金额。

（9）"预收账款"账户是负债类账户，用来核算企业按照合同规定向购货方预收的款项。该账户贷方登记预收购货方的款项和购货方补付的款项；借方登记向购货方销售商品实现的货款和退回多付的款项；该账户月末余额一般在贷方，表示预收购货方的款项。

（10）"应交税费——应交增值税（销项税额）"账户是负债类账户，用来核算企业（一般纳税人）按照税法规定在销售产品、提供劳务时应向购货方价外收取的增值税税额。企业销售产品或提供劳务时，按应向购货方收取的增值税税额贷记"应交税费——应交增值税（销项税额）"账户。

（11）"应交税费——应交消费税（城市维护建设税等）"账户是负债类账户，用来核算企业销售产品或提供劳务应缴纳的消费税、城市维护建设税等税金。该账户贷方登记按规定计算的各种应缴纳税金；借方登记已缴纳的各种税金；期末贷方余额为应缴未缴的税金，借方余额为多缴的税金。

二、销售过程业务的核算

（一）主营业务收入与主营业务成本的核算

企业应当及时对实现的主营业务收入进行核算，在确认主营业务收入时，应当区分销货款中的收入与增值税，其中，收入部分记入"主营业务收入"的贷方，增值税部分应当单独记入"应交税费——应交增值税（销项税额）"账户。

主营业务成本是指已销产品的生产成本，企业可以于销售产品的同时结转已销产品的生产成本，也可以于期末根据本月已销产品数量与单位成本确定销售成本后再一并结转当月已销产品的生产成本。结转已销产品成本时，借记"主营业务成本"账户，贷记

"库存商品"账户。

例 4-18

2024 年 5 月 10 日，东方公司向宏远公司开出增值税专用发票，销售 A 产品 100 件，销售单价为 3 500 元，单位成本为 2 000 元；销售 B 产品 40 件，销售单价为 5 500 元，单位成本为 4 000 元；增值税税率为 13%。货已发出，货款已收存银行，假定东方公司立即结转销售成本。会计分录如下：

（1）确认收入：

借：银行存款　　　　　　　　　　　　　　　　　　644 100
　　贷：主营业务收入——A 产品　　　　　　　　　　350 000
　　　　　　　　　　——B 产品　　　　　　　　　　220 000
　　　　应交税费——应交增值税（销项税额）　　　　74 100

（2）结转成本：

借：主营业务成本——A 产品　　　　　　　　　　　200 000
　　　　　　　　　——B 产品　　　　　　　　　　　160 000
　　贷：库存商品——A 产品　　　　　　　　　　　　200 000
　　　　　　　　——B 产品　　　　　　　　　　　　160 000

想一想

【例 4-18】中，如果东方公司销售产品时采用赊销方式，即东方公司并没有立即收到宏远公司的购货款时，东方公司应当如何进行会计处理？

课堂能力训练

2024 年 7 月 20 日，东方公司向宏远公司开出增值税专用发票，销售 A 产品 60 件，销售单价为 3 500 元，单位成本为 2 000 元；销售 B 产品 30 件，销售单价为 5 500 元，单位成本为 5 000 元；增值税税率为 13%，货已发出，同时收到宏远公司开来的一张三个月期、面值为 423 750 元的银行承兑汇票，假定东方公司立即结转销售成本。10 月 20 日，东方公司收到宏远公司支付的票据款。要求：做出相关会计分录。

2024 年 6 月 10 日，东方公司收到宏远公司 100 000 元转账支票，该笔款系宏远公司向东方公司支付的下月购买 A 产品的预付款。7 月 5 日，东方公司向宏远公司开出增值税专用发票，销售 A 产品 20 件，销售单价为 3 000 元，单位成本为 2 000 元，增值税税率为 13%，货已发出。同日，东方公司将多余的款项退还给宏远公司，假定东方公司立即结转销售成本。会计分录如下：

（1）收到预收款：

借：银行存款　　　　　　　　　　　　　　　　　　　　100 000

　　贷：预收账款　　　　　　　　　　　　　　　　　　　100 000

（2）确认收入：

借：预收账款　　　　　　　　　　　　　　　　　　　　67 800

　　贷：主营业务收入——A 产品　　　　　　　　　　　　60 000

　　　　应交税费——应交增值税（销项税额）　　　　　　7 800

（3）结转成本：

借：主营业务成本——A 产品　　　　　　　　　　　　　40 000

　　贷：库存商品——A 产品　　　　　　　　　　　　　　40 000

（4）退还款项：

借：预收账款　　　　　　　　　　　　　　　　　　　　32 200

　　贷：银行存款　　　　　　　　　　　　　　　　　　　32 200

想一想

【例 4-19】中，如果东方公司收到宏远公司的预付款 60 000 元，东方公司应当如何进行会计处理？

（二）其他业务收入与其他业务成本的核算

企业在销售过程中会发生一些商品销售以外的业务，如销售原材料、出租包装物等，这些业务会产生相应的业务收入和业务成本，这些业务称为其他业务，以便与主营业务相区别。当企业发生销售原材料等其他业务时，需要通过"其他业务收入"和"其他业务成本"两个账户分别核算其他业务产生的收入及应结转的成本，其会计处理与"主营业务收入"和"主营业务成本"的会计处理类似。

例 4-20

2024 年 7 月 10 日，东方公司向大河公司销售多余的甲材料 100 千克，单价为 500 元，单位成本为 400 元，增值税税率为 13%，货款已收到，材料已发出，假定立即结转材料销售成本。会计分录如下：

（1）确定收入：

借：银行存款　　　　　　　　　　　　　　　　　　　　56 500

　　贷：其他业务收入——甲材料　　　　　　　　　　　　50 000

　　　　应交税费——应交增值税（销项税额）　　　　　　 6 500

（2）结转成本：

借：其他业务成本——甲材料　　　　　　　　　　　　　40 000

　　贷：原材料——甲材料　　　　　　　　　　　　　　　40 000

（三）税金及附加的核算

企业在销售过程中除了需要按规定确认价外税即应交增值税，还需要计算确认应交价内税，这些价内税主要包括消费税以及按照流转税为基础的城市维护建设税和教育费附加等。企业在销售过程中计算确认应交价内税时，借记"税金及附加"账户，贷记"应交税费——应交消费税（城市维护建设税）"等账户。

想一想

为什么销售产品涉及的消费税、城市维护建设税及教育费附加等价内税通过"税金及附加"账户核算，进而影响企业当期的损益；而销售产品涉及的增值税不通过"税金及附加"账户核算？

例 4-21

2024 年 7 月 31 日，东方公司汇总本月共销售 A 产品 500 件，售价总额为 800 000 元，A 产品为应税消费品，适用的消费税税率为 30%，东方公司计算确认应缴纳的消费税。8 月 10 日，东方公司开出转账支票向税务机关缴纳 7 月份的消费税。会计分录如下：

（1）计算确认应缴消费税：

借：税金及附加   240 000

    贷：应交税费——应交消费税   240 000

（2）实际缴纳时：

借：应交税费——应交消费税   240 000

    贷：银行存款   240 000

（四）销售费用的核算

企业在销售过程中发生的广告宣传费、展览费、专设销售机构人员的工资、福利费等销售费用通过"销售费用"账户核算，企业发生相关销售费用时，借记"销售费用"账户，月末结转当月销售费用，贷记"销售费用"账户。

例 4-22

2024 年 10 月 2 日，东方公司开出转账支票支付大地传媒公司产品广告费为 80 000 元，并取回发票。会计处理如下：

借：销售费用   80 000

    贷：银行存款   80 000

◈ 相关链接

价内税与价外税的区别与联系

价内税是指税金构成商品价格一部分的税收存在形式，凡是商品价格中包含的应缴流转税税金，统称为价内税。我国消费者购买零售消费品，一般按消费品标明价格支付货币，并不知道消费品已缴税款有多少。因此，价内税具有隐蔽、间接、稳定的特点。价内税反映了商品价格构成的组成部分，物资生产部门在一定时期生产出的社会产品，扣除了补偿价值以后的国民收入，需要各项社会必要扣除，商品课税是国家执行这一扣除的有效手段。我国现行的消费税就是价内税。

价外税是价内税的对称，凡是商品价格中不包含应缴流转税税金，统称为价外税。在价外税条件下，购买货物人支付的商品市场价格由生产价格和商品税金两部分组成。以不含税价格计征税款，一般不会产生税上加税的重复征税问题。价外税具有直观、透明、中性的特点，有利于纳税人监督并了解对国家贡献的大小。我国现行的增值税就是价外税。

价内税和价外税的计税依据一般是相同的。但在依据含税价（含增值税）计算时需要还原为不含税价格进行计算。不含税价格（不含增值税）就是计算增值税和消费税的同一计税依据。

第五节　利润形成及分配过程的核算

一、利润形成及分配过程核算的主要内容

利润的形成又称为企业财务成果的形成，是指企业在一定时期内通过从事生产经营活动而在财务上所取得的成果，具体表现为盈利或者亏损。除前述四节内容主要涉及的商品销售收入、其他业务收入及与之相关的成本费用外，企业还会发生一系列影响财务成果的经济业务，企业根据这些经济业务对财务成果影响程度的大小进行划分，形成了财务成果的三个层次：营业利润、利润总额及净利润。利润的分配又称财务成果的分配，企业实现利润后，应按规定进行分配，通过企业对净利润的分配包括按净利润一定比例提取的法定盈余公积金、任意盈余公积金、向股东分配的股利等。因此，利润形成核算的主要内容包括企业营业利润的形成、利润总额的形成、净利润的形成对应的会计核算；利润分配核算的主要内容包括计提法定盈余公积金、计提任意盈余公积金、向股东分配股利等的会计核算。

（一）利润的形成

利润是企业一定会计期间的经营成果。利润要素不是一个独立的要素，其确认和计量依赖于收入和费用以及直接计入当期损益的利得或损失，当收入、费用、直接计入当期损益的利得或损失已确定时，依据"收入－费用＋利得－损失＝利润"计算出本期的利润。根据我国现行利润表的结构，利润分为营业利润、利润总额与净利润三个层次。

营业利润＝营业收入－营业成本－税金及附加－销售费用－管理费用－研发费用－财务费用－资产减值损失－信用减值损失＋其他收益＋投资收益（－投资损失）＋净敞口套期收益（－净敞口套期损失）＋公允价值变动收益（－公允价值变动损失）＋资产处置收益（－资产处置损失）

视频：财务成果业务核算

其中：
$$营业收入 = 主营业务收入 + 其他业务收入$$
$$营业成本 = 主营业务成本 + 其他业务成本$$
$$利润总额 = 营业利润 + 营业外收入 - 营业外支出$$

其中：营业外收入即直接计入当期损益的利得；营业外支出即直接计入当期损益的损失。

$$净利润 = 利润总额 - 所得税费用$$

（二）利润的分配

按照《中华人民共和国公司法》及其他有关法律法规的规定，企业实现利润后应进行后续的利润分配环节，利润分配的主要内容包括：

1. 提取法定盈余公积金

企业当年实现净利润后，应按照当年实现的净利润（弥补以前年度亏损后）的10%计提法定盈余公积金。

2. 提取任意盈余公积金

企业当年实现净利润，在按照当年实现净利润的10%提取法定盈余公积金后，可视企业留存资金积累的需要，再按净利润的一定百分比提取任意盈余公积金。

3. 向投资者分配利润

企业当年实现净利润，在提取法定盈余公积金和任意盈余公积金后，加上（或减去期初未分配利润）形成企业当年度可供分配的利润总额，企业可根据股东大会或类似机构形成的决议向投资者派发现金股利或非现金股利。

（三）利润形成与分配核算涉及的相关会计账户

（1）"本年利润"账户是所有者权益类账户，用来反映企业利润的形成过程，计算企业财务成果。该账户贷方登记由有关收入类账户转入的本期各项收入，如主营业务收入、其他业务收入、营业外收入等；借方登记由费用类账户转入的本期各项费用支出，如主营业务成本、税金及附加、其他业务成本、管理费用和营业外支出等；期末贷方余额表示截至本期末本年度累计实现的利润，如果期末余额在借方，则表示截至本期末累计发生的亏损。

（2）"利润分配"账户是所有者权益类账户，用来反映企业利润的分配过程，计算企业未分配利润。该账户借方登记本期分配的各项利润，包括提取盈余公积和向投资人分配利润等；贷方登记可供分配的利润，如本年度实现的利润等；期末贷方余额表示年终未分配利润，如果是借方余额则表示年终未弥补的亏损。

（3）"管理费用"账户是费用类账户，用来核算企业为组织和管理生产经营活动而发生的管理费用。该账户借方登记企业发生的各种管理费用；贷方登记转入"本年利润"账户的管理费用；期末结转后该账户无余额。

（4）"投资收益"账户是收入类账户，用来核算企业对外投资取得的收益或发生的损失。该账户贷方登记取得的投资收益或期末投资净损失转入"本年利润"的金额；借方登记投资损失和期末投资净收益转入"本年利润"的金额；期末结转后该账户应无余额。

（5）"营业外收入"账户是收入类账户，用来核算企业发生的除营业利润以外的收益。该账户贷方登记企业发生的各项营业外收入；借方登记期末转入"本年利润"账户的营业外收入；期末结转后该账户应无余额。

（6）"营业外支出"账户是费用类账户，用来核算企业发生的除营业利润以外的支出。该账户借方登记企业发生的各项营业外支出；贷方登记期末转入"本年利润"账户的营业外支出；期末结转后该账户应无余额。

（7）"所得税费用"账户是费用类账户，用来核算企业按规定从本期损益中减去的所得税。该账户的借方登记企业按税法规定的应纳税所得额计算的应纳所得税额；贷方登记企业会计期末转入"本年利润"账户的所得税；结转后该账户应无余额。

（8）"应付股利"账户是负债类账户，用来核算企业经董事会、股东大会或类似机构决议确定分配的现金股利或利润。该账户贷方登记根据通过的股利或利润分配方案，应支付的现金股利或利润；借方登记实际支付数额；期末贷方余额表示企业尚未支付的现金股利或利润。

（9）"盈余公积"账户是所有者权益类账户，用来核算企业依据《中华人民共和国公司法》的规定按当年实现的净利润（减弥补以前年度亏损）的 10% 提取的法定盈余公积金和按一定比例提取的任意盈余公积金。该账户贷方登记盈余公积金的增加数额；借方登记盈余公积转增资本、盈余公积分配股利等引起盈余公积金减少的数额。

二、利润形成及分配业务的核算

（一）管理费用的核算

管理费用是指企业为组织和管理生产经营所发生的管理费用，包括企业的董事会和行政管理部门在企业的经营管理中发生的，或者应当由企业统一负担的公司经费、工会经费、失业保险费、劳动保险费、董事会费、聘请中介机构费、咨询费（含顾问费）、诉讼费、业务招待费、技术转让费、无形资产摊销、职工教育经费、研究与开发费、排污费等。该账户借方登记企业发生的各项管理费用，贷方登记企业转入"本年利润"账户的管理费用，结转后，该账户应无余额。

例 4-23

2024 年 10 月 20 日，东方公司以银行存款支付公司的打印费和修理费 3 400 元。

会计分录如下：

借：管理费用　　　　　　　　　　　　　　　　　　　3 400

　　贷：银行存款　　　　　　　　　　　　　　　　　　　　3 400

（二）投资收益的核算

企业除开展正常的经营活动以外，还通过持有其他企业的股票、债券、基金等其他金融资产或长期股权投资，以此获取投资回报。企业应设置"投资收益"账户以核算企业确认的投资收益或投资损失，该账户贷方登记实现的投资收益或结转入"本年利润"账户的投资损失，借方登记发生的投资损失或结转入"本年利润"账户的投资收益，结转后该账户无余额。

例 4-24

东方公司持有宏远公司发行的股票 50 000 股，并将其列入交易性金融资产。2024 年 4 月 25 日，宏远公司宣告发放 2023 年度的现金股利，每股派发现金股利为 1 元。5 月 10 日，东方公司收到宏远公司派发的现金股利，假定不考虑相关税费。会计处理如下：

（1）宏远公司宣告派发股利时：

借：应收股利　　　　　　　　　　　　　　　　　　　50 000

　　贷：投资收益　　　　　　　　　　　　　　　　　　　　50 000

（2）领取股利时：

借：银行存款　　　　　　　　　　　　　　　　　　　50 000

　　贷：应收股利　　　　　　　　　　　　　　　　　　　　50 000

想一想

【例 4-24】中，为什么宏远公司宣告发放现金股利时，东方公司作出的会计处理借方通过"应收股利"账户核算，而不直接通过"银行存款"账户核算？

（三）营业外收入的核算

企业除日常经营活动带来的主营业务收入和其他业务收入以外，还会发生许多与日常经营活动无直接关系的各项收入。营业外收入，即直接计入当期损益的利得，是指企业发生的与其生产经营活动无直接关系的各项收入，主要包括与企业日常活动无关的政府补助、盘盈利得、捐赠利得等。为了核算企业发生的各项营业外收入，应设置"营业外收入"账户。该账户贷方登记企业发生的各项营业外收入，月末将本账户余额转入"本年利润"账户，结转后本账户应无余额。

例 4-25

2024 年 12 月 24 日，因为某供货单位违反合同规定，东方公司收到一笔合同违约金收入 10 000 元，款项已存入银行。会计分录如下：

借：银行存款   10 000

 贷：营业外收入   10 000

想一想

收入是指企业日常活动所形成的、会导致所有者权益增加的、与接受投资者投入无关的经济利益总流入。那么，依此定义，营业外收入是否属于"收入"会计要素的范畴？收入和利得之间的区别与联系是什么？为什么要做这样的区分？

（四）营业外支出的核算

企业除日常经营活动所发生的主营业务成本、其他业务成本、管理费用、财务费用、销售费用等以外，还会发生许多与日常经营活动无直接关系的各项支出。营业外支出，即直接计入当期损益的损失，是指企业发生的与其生产经营活动无直接关系的各项支出，主要包括公益性捐赠支出、非常损失、盘亏损失、非流动资产毁损报废损失、罚款支出等。为了核算企业发生的各项营业外支出，企业应设置"营业外支出"账户，借方登记企业发生的各项营业外支出，月末将本账户余额转入"本年利润"账户，结转后本账户应无余额。

例 4-26

2024 年 12 月 25 日，东方公司通过银行向税务机关缴纳税收滞纳金 3 600 元。会计分录如下：

第四章　主要经济业务核算

借：营业外支出   3 600

  贷：银行存款   3 600

◇ 想一想

  费用是指企业日常活动中所发生的、会导致所有者权益减少的、与向所有者分配利润无关的经济利益总流出。那么，依此定义，营业外支出是否属于"费用"会计要素的范畴？费用和损失之间的区别与联系是什么？为什么要做这样的区分？

（五）利润形成的核算

  为了计算企业利润的形成情况，企业应设置"本年利润"账户进行核算。企业期末（月末）结转利润时，应将当期所有损益类账户的金额转入本账户，结平各损益类账户。结转后的"本年利润"账户贷方余额为当期实现的净利润，借方余额为当期发生的净亏损。年度终了，应将"本年利润"账户的余额转入"利润分配"账户，如为净利润，则借记"本年利润"，贷记"利润分配——未分配利润"账户；如为净亏损，则借记"利润分配——未分配利润"账户，贷记"本年利润"账户。结转后，"本年利润"账户应无余额。

❀ 例 4-27

  2024 年 12 月 31 日，假定东方公司 12 月份各收入、利得类账户结转前账户余额如下：

账户名称	贷方余额
主营业务收入	2 000 000
其他业务收入	75 000
投资收益	30 000
营业外收入	250 000

将其转入"本年利润"账户的会计分录如下：

借：主营业务收入   2 000 000

  其他业务收入   75 000

  投资收益   30 000

  营业外收入   250 000

  贷：本年利润   2 355 000

例 4-28

2024 年 12 月 31 日，假定东方公司 12 月份除"所得税费用"账户外各费用、损失类账户结转前账户余额如下：

账户名称	借方余额
主营业务成本	1 100 000
税金及附加	275 000
其他业务成本	40 000
销售费用	100 000
管理费用	150 000
财务费用	25 000
营业外支出	75 000

将其转入"本年利润"账户的会计分录如下：

借：本年利润	1 765 000
贷：主营业务成本	1 100 000
税金及附加	275 000
其他业务成本	40 000
销售费用	100 000
管理费用	150 000
财务费用	25 000
营业外支出	75 000

想一想

【例 4-27】、【例 4-28】中，不考虑以前期间，东方公司 2024 年 12 月月末"本年利润"账户的余额是多少？它反映的是 12 月份的利润总额还是净利润，为什么？

（六）所得税费用的核算

企业应当设置"所得税费用"账户核算企业确认的应当从当期利润总额中扣除的所得税费用。资产负债表日，企业应按《企业会计准则》确定的当期所得税费用，借记"所得税费用"账户，按照税法规定计算确定的当期应缴所得税，贷记"应交税费——

应交所得税"账户。期末，应将该账户的余额转入"本年利润"账户，结转后该账户无余额。

例 4-29

2024 年 12 月 31 日，根据【例 4-27】、【例 4-28】的资料，计算东方公司 12 月份的利润总额，计算并结转本月的所得税费用，并算出净利润。假定利润总额与企业所得税应纳税所得额一致，东方公司适用的企业所得税税率为 25%。计算过程和会计分录如下：

12 月份的利润总额 = 2 355 000 − 1 765 000 = 590 000（元）

12 月份应交的企业所得税税额 = 590 000 × 25% = 147 500（元）

（1）计算确认本期所得税费用：

借：所得税费用   147 500

    贷：应交税费——应交所得税   147 500

（2）结转本期所得税费用：

借：本年利润   147 500

    贷：所得税费用   147 500

⬡ 想一想

综合【例 4-27】、【例 4-28】、【例 4-29】三道例题，东方公司 2024 年 12 月月末"本年利润"账户的余额是多少？其反映的含义是什么？

（七）利润分配的核算

企业应当设置"利润分配"账户反映企业的利润分配情况。"利润分配"账户核算企业利润的分配（或亏损的弥补）和历年利润分配（或弥补亏损）后的余额。"利润分配"账户应当分别"提取法定盈余公积""提取任意盈余公积""应付股利""未分配利润"等进行明细核算。企业按规定提取的盈余公积（或按股东大会应向股东分配的股利），借记"利润分配——提取法定盈余公积（或提取任意盈余公积、应付股利）"账户，贷记"盈余公积——法定盈余公积（或任意盈余公积、应付股利）"账户。年度终了，企业应将"利润分配"账户所属其他明细账户的余额转入"利润分配——未分配利润"明细账户。结转后，本账户除"未分配利润"明细账户外，其他明细账户应无余额。"利润分配——未分配利润"账户如出现借方余额，则表示累计未弥补的亏损数额；

反之，如果出现的是贷方余额，则表示累计实现未分配利润数额。

例 4-30

2024 年 12 月 31 日，东方公司年终"本年利润"账户贷方余额为 442 500 元，利润分配前"利润分配——未分配利润"账户余额为 1 800 000 元，经股东大会决议利润分配方案为：本年提取 10% 的法定盈余公积金，提取 5% 的任意盈余公积金，向投资者分配现金股利为 200 000 元。会计分录如下：

（1）年终将"本年利润"账户余额全部转入"利润分配"账户：

借：本年利润		442 500
贷：利润分配——未分配利润		442 500

（2）提取法定盈余公积金：

借：利润分配——提取法定盈余公积		44 250
贷：盈余公积——提取法定盈余公积		44 250

（3）提取任意盈余公积金：

借：利润分配——提取任意盈余公积		22 125
贷：盈余公积——提取任意盈余公积		22 125

（4）向投资者分配现金股利：

借：利润分配——应付股利		200 000
贷：应付股利		200 000

（5）年终，结转"利润分配"各明细账户：

借：利润分配——未分配利润		266 375
贷：利润分配——提取法定盈余公积		44 250
利润分配——提取任意盈余公积		22 125
利润分配——应付股利		200 000

想一想

【例 4-30】中，东方公司 2024 年 12 月月末"利润分配"总账账户的余额是多少？反映的含义是什么？

规范数据资源会计处理　助推企业数字化转型

习近平总书记强调，发挥数据的基础资源作用和创新引擎作用，加快形成以创新为主要引领和支撑的数字经济。党的二十大报告提出，加快建设数字中国，加快发展数字经济。为规范企业数据资源相关会计处理，强化相关会计信息披露，财政部制定印发了《企业数据资源相关会计处理暂行规定》（财会〔2023〕11号简称《暂行规定》）。

《企业数据资源相关会计处理暂行规定》的主要内容包括以下四个方面：

一是适用范围。明确《暂行规定》适用于符合企业会计准则规定、可确认为相关资产的数据资源，以及不满足资产确认条件而未予确认的数据资源的相关会计处理。后续随着未来数据资源相关理论和实务的发展，可及时跟进调整。

二是数据资源会计处理适用的准则。按照会计上的经济利益实现方式，根据企业使用、对外提供服务、日常持有以备出售等不同业务模式，明确相关会计处理适用的具体准则，同时，对实务反映的一些重点问题，结合数据资源业务等实际情况予以细化。

三是列示和披露要求。要求企业应当根据重要性原则并结合实际情况增设报表子项目，通过表格方式细化披露，并规定企业可根据实际情况自愿披露数据资源（含未作为无形资产或存货确认的数据资源）的应用场景或业务模式、原始数据类型来源、加工维护和安全保护情况、涉及的重大交易事项、相关权利失效和受限等相关信息，引导企业主动加强数据资源相关信息披露。

四是附则。《暂行规定》将自2024年1月1日起施行，企业应当采用未来适用法应用本规定。

《企业数据资源相关会计处理暂行规定》有助于进一步推动和规范数据相关企业执行会计准则，准确反映数据相关业务和经济实质。同时，也为持续深化相关会计问题研究积累中国经验，有助于在国际会计准则相关研究制定等工作中更好发出中国声音。

随着我国产业数字化和数字产业化进程加快，数据资源对于企业特别是数据相关企业的价值创造等日益发挥重要作用。投资者、监管部门、社会公众等有关各方均关注数据资源的利用情况。对会计人员来说，应当客观公正、依规办事、执业谨慎，要充分认识提供有关信息对帮助更好理解财务报表、揭示数据资源价值的重要意义，主动按照企业会计准则和《企业数据资源相关会计处理暂行规定》的披露要求，持续加强对数据资源的应用场景或业务模式、原始数据类型来源、加工维护和安全保护情况、涉及的重大交易事项、相关权利失效和受限等相关信息的自愿披露，以全面地反映数据资源对企业财务状况、经营成果等的影响。

✦ 相关链接

上市公司股利支付程序

在我国，上市公司的股利支付程序中涉及几个重要的日期安排，完整的股利支付程序依次经历股利宣告日、股权登记日、除权除息日、股利支付日。

（1）股利宣告日：公司董事会将股利支付情况予以公告的日期。

（2）股权登记日：有权领取股利的股东有资格登记的截止日期。只有在股权登记日前在公司股东名册上登记的股东，才有权分享股利。

（3）除权除息日：一般股权登记日的下一个交易日为除权日或除息日，该日交易的股票已被除权除息处理，不再享有分红派息的权利。

（4）股利支付日：向股东发放股利的日期。

✦ 本章主要概念

短期借款　　长期借款　　应付利息　　财务费用　　实收资本　　资本公积

在途物资　　材料采购　　材料成本差异　　固定资产　　原材料　　应付账款

应付票据　　应交税费　　生产成本　　制造费用　　累计折旧　　应付职工薪酬

库存商品　　主营业务收入　　主营业务成本　　其他业务收入　　其他业务成本

税金及附加　　销售费用　　应收账款　　应收票据　　预收账款　　本年利润

利润分配　　管理费用　　投资收益　　营业外收入　　营业外支出　　所得税费用　　应付股利　　盈余公积

一、单项选择题

1. 下列不应计入材料采购成本的是（　　）。

　　A. 运杂费　　　　　　　　　　　B. 运输途中的合理损耗

　　C. 入库前的挑选整理费用　　　　D. 采购人员工资

2. 某一般纳税人企业购入原材料一批，增值税专用发票注明的买价为 100 000 元，增值税税额为 13 000 元，另以银行存款支付运杂费 20 000 元，该批材料的入账价值为（　　）元。

　　A. 120 000　　　　　　　　　　B. 136 000

　　C. 110 000　　　　　　　　　　D. 100 000

3. 年终结账后，"利润分配——未分配利润"账户的贷方余额表示（　　）。

　　A. 历年累计未弥补亏损　　　　　B. 历年累计未分配利润

　　C. 当年未弥补亏损　　　　　　　D. 当年未分配利润

4. 下列应计入产品生产成本的是（　　）。

　　A. 车间生产工人工资　　　　　　B. 厂部管理人员工资

　　C. 专设销售部门人员工资　　　　D. 专项工程人员工资

5. 下列期末应转入"本年利润"账户借方的是（　　）。

　　A. 应交税费——应交资源税　　　B. 应交税费——应交增值税

　　C. 应交税费——应交消费税　　　D. 所得税费用

6. 某企业 9 月 30 日"本年利润"账户的贷方余额为 20 万元，表明（　　）。

　　A. 该企业 1—9 份的净利润为 20 万元　　B. 该企业 9 月份的净利润为 20 万元

　　C. 该企业全年的净利润为 20 万元　　　　D. 该企业 12 月份的净利润为 20 万元

7. 下列不应作为其他业务收入核算的是（　　）。

　　A. 产品销售收入　　　　　　　　B. 材料销售收入

　　C. 出租无形资产收入　　　　　　D. 出租固定资产收入

8. 某一般纳税人企业购入甲材料 400 千克、乙材料 600 千克，增值税专用发票上注明甲材料的买价为 16 000 元，乙材料的买价为 18 000 元，增值税税额为 4 420 元。甲、乙材料共同发生运杂费 4 480 元，其中运费为 4 000 元，运费中允许抵扣的增值税进项税额为 360 元。企业规定按甲、乙材料的重量比例分配采购费用。则甲材料应负担的运杂费为（　　）元。

　　A. 1 616　　　　　　　　　　　B. 1 792

C. 2 424   D. 2 688

9. 某企业购买材料一批，买价为 3 000 元，增值税进项税额为 390 元，运杂费为 200 元，开出商业汇票支付，但材料尚未收到，应贷记（   ）账户。

   A. 原材料   B. 材料采购

   C. 银行存款   D. 应付票据

10. 某企业 8 月份一车间生产 A、B 两种产品，本月一车间发生制造费用为 24 000 元，要求按照生产工人的工资比例分配制造费用。本月 A 产品生产工人工资为 80 000 元，B 产品生产工人工资为 40 000 元。则 B 产品应负担的制造费用为（   ）元。

   A. 16 000   B. 8 000

   C. 12 000   D. 24 000

二、多项选择题

1. 年末结账后，"利润分配"会额为零的明细账户包括（   ）。

   A. 提取法定盈余公积   B. 提取任意盈余公积

   C. 应付股利   D. 未分配利润

2. 某工业企业（一般纳税人）购入材料时，下列项目中应计入材料采购成本的有（   ）。

   A. 发票上的买价   B. 入库前的挑选整理费

   C. 增值税专用发票上注明的增值税税额   D. 采购人员的差旅费

3. 用银行存款支付车间水电费及企业厂部管理用电费，该项业务涉及的账户有（   ）。

   A. 生产成本   B. 制造费用

   C. 管理费用   D. 银行存款

4. 企业实现的利润要按规定进行分配，即（   ）。

   A. 以所得税形式上缴国家   B. 以盈余公积金形式留存企业

   C. 以增值税形式上缴国家   D. 以利润形式分配给投资者

5. 为了核算利润分配和未分配利润的结存金额，"利润分配"账户一般设置（   ）等明细账户。

   A. 提取盈余公积   B. 未分配利润

   C. 盈余公积补亏   D. 应付股利

6. 年末结账后，下列会计账户中一定没有余额的有（   ）。

A. 生产成本   B. 材料采购

C. 本年利润   D. 主营业务收入

7. 某企业 3 月销售一批化妆品，化妆品的成本为 80 万元，为了销售发生推销费用 0.5 万元，化妆品的销售价款为 100 万元，应收取的增值税销项税额为 13 万元，销售该批化妆品应缴纳的消费税为 30 万元。根据该项经济业务，下列表述中正确的项目有（   ）。

A. "主营业务成本"账户应反映借方发生额 80 万元

B. "主营业务收入"账户应反映贷方发生额 100 万元

C. "税金及附加"账户应反映借方发生额 30 万元

D. "销售费用"账户应反映借方发生额 0.5 万元

8. A 公司原由甲、乙、丙三人投资，三人各投入 100 万元。两年后丁想加入，经协商，甲、乙、丙、丁四人各拥有 100 万元的资本，但丁必须投入 120 万元的银行存款方可拥有 100 万元的资本。若丁以 120 万元投入 A 公司，并已办妥增资手续。则下列表述的项目中能组合在一起形成该项经济业务会计分录的项目是（   ）。

A. 该笔业务应借记"银行存款"账户 120 万元

B. 该笔业务应贷记"实收资本"账户 100 万元

C. 该笔业务应贷记"资本公积"账户 20 万元

D. 该笔业务应贷记"银行存款"账户 120 万元

9. 下列项目中，不属于"销售费用"账户核算内容的有（   ）。

A. 广告费   B. 产品展览费

C. 业务招待费   D. 厂部办公费

10. 下列关于"生产成本"账户的表述中，不正确的有（   ）。

A. "生产成本"账户期末肯定无余额

B. "生产成本"账户期末若有余额，肯定在借方

C. "生产成本"账户期末余额代表已完工产品的成本

D. "生产成本"账户期末余额代表本期发生的生产费用总额

三、判断题

1. 通常制造费用应于期末分配转入各种产品的生产成本。（   ）

2. 计提生产产品的机器设备的折旧应借记"生产成本"账户。（   ）

3. "本年利润"账户和"利润分配"账户年终结账后，余额都为零。（   ）

       会计基础

4. 工资分配时，生产工人工资应借记"生产成本"账户，车间管理人员工资应借记"制造费用"账户。（　　　）

5. 职工预借差旅费应借记"管理费用"账户。（　　　）

6. 计提短期借款的利息，应贷记"预付账款"账户。（　　　）

7. 从银行提取的备用金应记入"其他应收款"账户的借方。（　　　）

8. 购入固定资产业务的会计分录一律应借记"固定资产"账户。（　　　）

9. 超出企业法定资本额的投入资本应作为资本公积处理。（　　　）

10. 根据产品完工入库业务编制的会计分录为：借记"库存商品"账户，贷记"原材料"账户。（　　　）

❖ 综合实训

【实训目标】训练主要经济业务的会计核算能力。

【实训资料】浙江钱塘有限责任公司是增值税一般纳税人，适用的增值税率为13%，2024年5月发生下列经济业务：

（1）1日，向大光公司购进A材料5吨，货款为2 100元，收到的增值税专用发票注明的增值税税额为273元，价税尚未支付，材料尚未验收入库。

（2）3日，向建业公司赊进B材料10吨，货款为12 000元，收到的增值税专用发票注明的增值税税额为1 560元，价税以银行存款支付，材料尚未验收入库。

（3）5日，向大同公司购进A、B材料各4吨，货款各4 000元，增值税税额共1 040元，以银行存款支付其中的8 000元，其余款项暂欠，材料尚未验收入库。

（4）8日，以银行存款3 413元偿还前欠大光公司和大同公司的款项。

（5）10日，以银行存款支付上述从大同公司购买的A、B材料的外地运杂费690元，运杂费按照购进材料的重量进行分摊。

（6）12日，本期采购的A、B两种材料均已验收入库。

（7）13日，生产甲产品耗用A材料1 000元，生产乙产品耗用B材料1 500元，车间和厂部各耗用A材料500元，从仓库领出。

（8）本月甲产品生产工人工资为3 000元，车间和行政管理人员工资分别是1 400元和1 800元。

（9）16 日，用银行存款 6 200 元发放职工工资。

（10）16 日，以现金支付管理部门办公费用 80 元。

（11）20 日，产品完工验收入库，结转完工产品成本，甲产品 125 吨为 32 000 元，乙产品 40 吨为 26 000 元。

（12）22 日，出售甲产品 15 吨，售价为 400 元/吨；出售乙产品 20 吨，售价为 800 元/吨，增值税税率为 13%，价税款已收并存银行，同时结转已销产品的成本。

（13）25 日，向光华厂出售甲产品 85 吨，售价为 400 元/吨，增值税税率为 13%，价税尚未收到。同时结转已销产品成本。

（14）31 日，以银行存款支付甲、乙产品广告费用 1 200 元。

（15）31 日，计提应由本月负担，但尚未支付的流动资金借款利息 500 元。

（16）31 日，确定本期利润总额，并计算本月应纳企业所得税，企业所得税税率为 25%。假定不考虑会计与税法的差异。

（17）根据税后利润的 10% 提取法定盈余公积金，剩余利润的 50% 用于向投资者分配利润。

（18）将"利润分配"各明细账户结转入"利润分配——未分配利润"账户。

【实训要求】根据以上经济业务编制会计分录。

✦ 学习评价

▲专业能力测评表

（在□中打√，A 掌握，B 基本掌握，C 未掌握）

业务能力	评价指标	自测结果	备注
筹资过程的核算	1. 筹资过程核算的主要内容 2. 筹资过程业务的核算	□A □B □C □A □B □C	
供应过程的核算	1. 供应过程核算的主要内容 2. 供应过程业务的核算	□A □B □C □A □B □C	
生产过程的核算	1. 生产过程核算的主要内容 2. 生产过程业务的核算	□A □B □C □A □B □C	
销售过程的核算	1. 销售过程核算的主要内容 2. 销售过程业务的核算	□A □B □C □A □B □C	

业务能力	评价指标	自测结果	备注
利润形成及分配过程的核算	1. 利润形成及分配过程核算的主要内容 2. 利润形成及分配业务的核算	□A □B □C □A □B □C	
其他			
教师评语:			
成绩		教师签字	

会计凭证

第 五 章

学习目标

素养目标

- 通过对原始凭证的学习，养成严谨、认真、细致的会计职业习惯，培养在会计核算工作中具备良好的职业判断能力
- 通过对记账凭证的学习，树立"诚信为本、操守为重、坚持原则、不做假账"的职业素养
- 通过对会计凭证的传递和保管的学习，增强大局意识，培养团队协作精神

知识目标

- 了解会计凭证的概念与作用
- 熟悉原始凭证的种类和基本内容
- 熟悉记账凭证的种类和基本内容
- 了解会计凭证的传递和保管要求

能力目标

- 能够正确识别、填制与审核原始凭证
- 能够正确填制与审核记账凭证
- 能够制定会计凭证的传递和保管流程

素养之窗：
会计凭证

思维导图

学习计划

- 素养提升计划

_____

_____

_____

- 知识学习计划

_____

_____

_____

- 技能训练计划

_____

_____

_____

电子会计凭证数据建设与管理

　　会计凭证是企业进行会计核算的重要依据。随着我国电子商务的发展和推进，电子发票、财政电子票据、电子客票、电子行程单、电子海关专用缴款书、银行电子回单等电子会计凭证的应用逐渐普及，财政部颁布了增值税电子普通发票和专用发票、全面数字化的电子发票、电子发票（铁路电子客票）、电子发票（航空运输电子客票行程单）、财政电子票据、电子非税收入一般缴款书、银行电子回单和银行电子对账单9类电子凭证会计数据标准。国家档案局联合财政部修订了《会计档案管理办法》，进一步打通了电子凭证报销、入账、归档的"最后一公里"，及时规范电子会计凭证的报销入账归档工作，标志着财务工作真正"无纸化"时代的到来。

　　电子商务方兴未艾，电子政务在全国范围内加速发展，会计凭证的电子化发展是未来发展的必然趋势。由于会计凭证是基层单位进行核算的直接依据，因而对电子会计凭证数据标准化建设，规范化归档，流程化管理，规范单位基础会计工作，实现会计凭证报销入账归档全流程电子化等具有重要意义。

　　电子会计凭证是电子交易的重要媒介，合法的电子会计凭证、电子会计档案与纸质会计凭证、纸质会计档案具有同等效力。电子会计凭证是助力数字中国建设和国家数字经济发展的必然路径，是帮助企业降本增效的有力手段，可以解放企业80%以上与高频原始凭据相关的大量繁杂的财务工作。电子会计凭证有利于实现企业内部数据共享，把控源头业务要素标准化，带动企业内部管理与审核管控优化，提升管理效率，促进生态良性循环。

　　通过本章的学习，你会获益很多，对会计凭证的概念与作用、种类与内容、真制与审核、传递与保管等相关问题都将在本章的学习中得到解答。

第一节　会计凭证的概念、作用和种类

一、会计凭证的概念

　　会计凭证是记录经济业务发生或完成情况的书面证明，也是登记账簿的依据。它包

括几方面的含义:

(1) 会计凭证是表明经济业务已经发生和完成的证据。每一个企业,每发生一笔经济业务,各有关经办单位和人员,都必须按照规定的程序和要求,在会计凭证上记明经济业务的内容。

(2) 会计凭证是登记账簿的依据。有关人员必须对会计凭证的真实性、正确性、合法性及手续的完备性进行严格审核,并据以登记账簿,确保登记的账簿真实、正确。

(3) 会计凭证是明确经济责任、具有法律效力的书面证明。经办经济业务的有关单位或人员,必须在填制的会计凭证上盖章或签字,以表示对会计凭证的真实性和正确性承担全部责任。

填制和审核会计凭证,是会计核算的专门方法之一,也是会计核算工作的起点。任何单位办理一切经济业务,都要由经办人员、有关部门填制或取得能证明经济业务的内容、数量、金额的凭证,并在凭证上签名或盖章。所有会计凭证都要由会计部门的有关人员进行审核。只有经过审核,并认为合法、正确无误的会计凭证,才能作为记账的依据。

二、会计凭证的作用

会计凭证的作用是提供会计信息,会计人员可以根据会计凭证,对日常大量、分散的各种经济业务,进行整理、分类、汇总,并经过会计处理,为经济管理提供有用的会计信息。会计凭证的作用主要体现在以下几个方面:

(一) 记录经济业务,提供记账依据

通过会计凭证的填制和审核,可以如实反映各项经济业务的具体情况。但是,会计凭证只是对经济业务所做出的初步归类记录。要全面反映经济活动情况,还必须对经济业务在账户中做出进一步归类和系统化的记录。任何单位都不能凭空记账,登记账簿必须以经过审核无误的会计凭证为依据。

(二) 明确经济责任,强化内部控制

任何会计凭证除记录有关经济业务的基本内容外,还必须由有关部门和人员签章,对会计凭证所记录经济业务的真实性、正确性、合法性负责,以防舞弊行为,强化内部控制。通过凭证审核还可以发现经营管理上的薄弱环节,总结经验教训,以便采取措

施，改进工作。

（三）监督经济活动，控制经济运行

通过会计凭证的审核，可以查明经济业务的发生是否符合国家有关法律、法规、制度的规定，是否符合计划、预算进度，是否有违法乱纪、铺张浪费等行为。对于查出的问题，应积极采取措施予以纠正，实现对经济活动的事中控制，保证经济活动的健康运行。

三、会计凭证的种类

会计凭证按照填制的程序和用途不同，分为原始凭证和记账凭证两类。

原始凭证又称单据，是在经济业务发生或完成时取得或填制的，用以记录或证明经济业务的发生或完成情况的书面证明。原始凭证是会计核算的原始资料和重要依据。

记账凭证是会计人员根据审核无误的原始凭证，按照经济业务的内容加以归类，并据以确定会计分录后所填制的书面证明。记账凭证又称为记账凭单，它根据复式记账法的基本原理，确定应借、应贷的会计账户及其金额，将原始凭证中的一般数据转化为会计语言，是介于原始凭证与账簿之间的中间环节，是登记账簿的依据。

◈ 相关链接

原始凭证与记账凭证的区别

1. 填制人员不同

原始凭证大多是由本单位或外单位的业务经办人员填制的，而记账凭证则一律是由本单位的会计人员填制的。

2. 填制依据不同

原始凭证是根据已经发生或完成的经济业务填制的，而记账凭证则是根据经审核后的原始凭证填制的。

3. 填制方式不同

原始凭证只是经济业务发生或完成情况的原始证明，而记账凭证则要依据会计账户对已经发生或完成的经济业务进行初步归类、整理。

4. 发挥作用不同

原始凭证是填制记账凭证的依据，而记账凭证则是登记会计账簿的依据。

第二节 原始凭证

一、原始凭证的种类

原始凭证的种类繁多、形式多样，为方便使用，通常按其来源、填制手续及内容、格式不同加以分类。

（一）原始凭证按照来源不同分类

原始凭证按照其来源的不同，可以分为外来原始凭证和自制原始凭证。

1. 外来原始凭证

外来原始凭证是指在经济业务发生或完成时，从其他单位或个人直接取得的原始凭证。如购买材料时取得的增值税专用发票、收款单位开出的收款收据、银行转来的各种结算凭证、对外支付款项时取得的收据、出差取得的飞机票、车船票、住宿发票等。增值税专用发票格式如图 5-1 所示。

浙江增值税专用发票

此联不作报销、扣税凭证使用

No. 23456678

开票日期：2024年3月01日

| 购买方 | 名　称：浙江钱塘股份有限责任公司
纳税人识别号：320120202235891428
地址、电话：杭州市解放路146号 0571-87954667
开户行及账号：工行杭州市庆春支行 1801001122010 19 | | | | | 密码区 | （略） | | |

货物或应税劳务、服务名称	规格型号	单位	数量	单价	金额	税率	税额
*化学合成材料*钢铁		千克	50	100.00	5 000.00	13%	650.00
					￥5 000.00		￥650.00

| 价税合计（大写） | ⊗ 伍仟陆佰伍拾元整 | （小写）　￥5 650.00 | |

| 销售方 | 名　称：杭州金丰有限责任公司
纳税人识别号：320120248823391234
地址、电话：杭州市庆春东路83号 0571-86739157
开户行及账号：工行杭州市羊坝头分行 33011809032591 | 备注 | 杭州金丰有限责任公司
320120248823391234
发票专用章 |

收款人：李　晓　　　复核：汪小丽　　　开票人：李　晓　　　销售方：（章）

第一联：记账联 销售方记账凭证

图 5-1 增值税专用发票

> 浙江钱塘股份有限责任公司于2024年4月5日向杭州金丰有限责任公司销售乙产品40件，单价为2 500元，货款为100 000元；增值税税率为13%，增值税税额为13 000元，价税合计113 000元已收讫存入银行。两家公司的相关信息如图5-1所示。要求：填制增值税专用发票。

2. 自制原始凭证

自制原始凭证是指由本单位内部经办业务的部门和人员，在执行或完成某项经济业务时填制的、仅供本单位内部使用的原始凭证。如收料单、领料单、限额领料单、产品入库单、产品出库单、借款单、工资发放明细表、折旧计算表等。部分自制原始凭证的格式如图5-2所示。

产品出库单

领用单位：　　　　　　　　2024 年 03 月 12 日　　　　　　　编　号：0301

编号	名称	规格	单位	应发数量/个	实发数量/个	单位成本/元	实际成本/元	附注
1	计算机包		个	1 000	1 000	100.00	100 000.00	
2	旅行包		个	500	500	300.00	150 000.00	

会计：陈 雯　　仓库主管：叶开民　　保管：李 毅　　经发：张 杰　　制单：刘 媛

图 5-2 产品出库单

（二）原始凭证按照填制手续及内容不同分类

原始凭证按照填制手续及内容的不同，可以分为一次凭证、累计凭证和汇总凭证。

1. 一次凭证

一次凭证的填制手续是在经济业务发生或完成时，由经办人员填制，一般只反映一项经济业务，或者同时反映若干项同类性质的经济业务。外来的原始凭证一般都是一次凭证；自制的原始凭证，六部分都属于一次凭证，如领料单、借款单、销货发票等。借款单格式如图5-3所示。

借　款　单

2024 年 03 月 15 日

部门	采购部	姓名	张君	借款用途	差旅费
借款金额	人民币（大写）陆仟元整			现金付讫	¥6 000.00
实际报销金额		节余金额		审核意见	同意借款　陈栋
		超支金额			
备注：				结账日期　　年　月　日	

财务主管：陈栋　　　　　出纳：李晓　　　　　借款人签章：张君

图 5-3　借款单

2. 累计凭证

累计凭证是指一定时期内连续记录若干项同类经济业务的自制原始凭证。这类凭证的填制手续不是一次完成的，而是随着经济业务的发生而多次进行的。累计凭证的特点是在一张凭证内可以连续登记相同性质的业务，随时结出累计数及结余数，并按照费用限额进行费用控制，期末按实际发生额记账。如限额领料单，格式如图 5-4 所示。在

限额领料单

领料部门：生产车间　　　　　　　　　　　　　　　　　　　　编　　号：0005
用　　途：生产　　　　　*2024 年 03 月 31 日*　　　　　　发料仓库：东区仓库

材料编号	材料名称规格	计量单位	计划投产量	单位消耗定额	领用限额	实发															
						数量	单价							金额							
							十万	千	百	十	元	角	分	百	十	万	千	百	十	元	角	分
甲材料	千克				2 000	1 600					2	0	0	0		¥	3	2	0	0	0	0	0

日期	领用			退料			限额结余数量
	数量	领料人	发料人	数量	退料人	收料人	
3.1	1 000	韩清	李毅				1 000
3.15	600	韩清	李毅				400
合计	1 600						

生产计划部门负责人：张良　　　供应部门负责人：李明　　　仓库保管员：李毅

图 5-4　限额领料单

　　　　　　　　　　　　　　　　　　　　　　　　　　　会计基础

限额领料单中，规定某种材料在一定时期内的领用限额。每次领料，都要在凭证上逐笔登记，并随时结出累计领用量。期末计算出本期实际领用的数量和金额，送交有关部门，作为会计核算的依据。使用这种凭证，既可以对领用材料进行事前控制，又可以减少凭证的填制手续。

3. 汇总凭证

汇总凭证又称原始凭证汇总表，是对一定时期内反映经济业务内容相同的若干张原始凭证，按照一定标准综合填制的原始凭证。它合并了同类经济业务，简化了记账工作量。如收料凭证汇总表、发料凭证汇总表、工资结算汇总表、差旅费报销单.销售日报表等。差旅费报销单格式如图 5-5 所示。

差旅费报销单
2024 年 03 月 21 日

事　由：出差　　　　　　　　　　　　　　　　　　　　　　　　单据张数：28 张
部　门：采购部　　　姓　名：张君　　　职　务：采购员　　　预借款：6 000 元

起止时间				起止地点	车船费	办公邮电费	住宿费	市内交通	伙食补贴		合计
月	日	月	日						天数	金额	
3	16	3	16	杭州—兰州	2 400.00						2 400.00
3	17	3	19	兰州—兰州		550.00	600.00	300.00	3.00	105.00	1 555.00
3	20	3	20	兰州—杭州	2 400.00						2 400.00
								现金付讫			
合计											6 355.00
人民币（大写）陆仟叁佰伍拾伍元整							应退（补✓）：￥355.00				

部门主管：姜丰　　财务主管：陈栋　　会计：陈雯　　出纳：李晓　　领款人：张君

图 5-5　差旅费报销单

（三）原始凭证按照格式不同分类

原始凭证按照格式的不同，可以分为通用凭证和专用凭证。

1. 通用凭证

通用凭证是指由有关部门统一印制、在一定范围内使用的具有统一格式和使用方法的原始凭证。这种凭证格式标准，内容规范，便于比较；统一负责印制，可以降低核算费用。如国家统一的异地结算银行凭证、各类税务发票。

2. 专用凭证

专用凭证是指由单位自行印制、仅在本单位内部使用的原始凭证，如领料单、差旅费报销单、固定资产折旧计算表、借款单等。

二、原始凭证的基本内容

由于各项经济业务的内容和经济管理的要求不同，各个原始凭证的名称、格式和内容也是多种多样的。但无论何种原始凭证，都必须详细载明有关经济业务的发生或完成情况，必须明确经办单位和人员的经济责任。因此，各种原始凭证都应具备一些共同的基本内容，通常称为原始凭证要素，具体如下：

（1）原始凭证的名称。

（2）填制原始凭证的日期。

（3）原始凭证的编号。

（4）接受原始凭证的单位名称（抬头人）。

（5）经济业务的内容（含数量、单价和金额等）。

（6）填制单位签章。

会计基础

（7）有关人员（部门负责人、经办人员）签章。

（8）填制原始凭证的单位名称或者填制人姓名。

（9）原始凭证附件。

想一想

　　请列举在日常生活中你见到过的原始凭证，并说出不同企业相同业务的自制原始凭证的格式与内容是否完全相同，为什么？

三、原始凭证的填制要求

　　原始凭证是编制记账凭证的依据，是会计核算最基础的原始资料。要保证会计核算工作的质量，必须从原始凭证的质量做起，正确填制原始凭证。原始凭证的填制，必须符合一定的规范，具体要求如下：

　　（1）记录要真实。原始凭证所填列的经济业务内容和数字，必须真实可靠，符合实际情况。

　　（2）内容要完整。原始凭证所要求填列的项目必须逐项填列齐全，不得遗漏和省略。

　　（3）手续要完备。单位自制的原始凭证必须有经办单位领导人或者其他指定的人员签名或盖章；对外开出的原始凭证必须加盖本单位公章；从外部取得的原始凭证，必须盖有填制单位的公章；从个人取得的原始凭证，必须有填制人员的签名或盖章。

　　（4）书写要清楚、规范。原始凭证要按规定填写，文字要简要，字迹要清楚，易于辨认，不得使用未经国务院公布的简化汉字。大小写金额必须相符且填写规范，小写金额用阿拉伯数字逐个书写，不得写连笔字。在金额前要填写人民币符号"￥"，人民币符号"￥"与阿拉伯数字之间不得留有空白。金额数字一律填写到角、分，无角、分的，写"00"或符号"—"；有"角"无"分"的，分位写"0"，不得用符号"—"。大写金额用汉字壹、贰、叁、肆、伍、陆、柒、捌、玖、拾、佰、仟、万、亿、元、角、分、零、整等，一律用正楷或行书字书写。大写金额前未印有"人民币"字样的，应加写"人民币"三个字，"人民币"字样和大写金额之间不得留有空白。大写金额到"元"或"角"为止的，后面要写"整"或"正"字；有分的，不写"整"或"正"字。如小写金额为￥3 006.00，大写金额应写成"叁仟零陆元整"。

　　（5）编号要连续。如果原始凭证已预先印定编号，在写错作废时，应加盖"作废"

戳记，妥善保管，不得撕毁。

（6）不得涂改、刮擦、挖补。原始凭证所记载的各项内容均不得涂改。随意涂改的原始凭证即为无效凭证，不能作为填制记账凭证或登记会计账簿的依据。原始凭证记载内容有错误的，应当由出具单位重开或更正，更正处应当加盖出具单位印章。原始凭证金额有错误的，应当由出具单位重开，不得在原始凭证上更正。

（7）填制要及时。各种原始凭证一定要及时填写，并按规定的程序及时送交会计机构、会计人员进行审核。

⬡ **想一想**

在填制原始凭证时，一般都需要哪些人员的签名或盖章？

四、原始凭证的审核

为了如实反映经济业务的发生和完成情况，充分发挥会计的监督职能，保证会计信息的真实性、可靠性和正确性，会计部门和会计人员必须对原始凭证进行严格认真的审核。具体包括：

（一）审核原始凭证的真实性

原始凭证作为会计信息的基本信息源，其真实性对会计信息的质量具有至关重要的影响。真实性的审核包括凭证日期是否真实、业务内容是否真实、数据是否真实等内容的审核。对于外来原始凭证，必须有填制单位公章和填制人员签章；对于自制原始凭证，必须有经办部门和经办人员的签名或盖章。此外，对于通用原始凭证，还应审核凭证本身的真实性，防止以假冒的原始凭证记账。

（二）审核原始凭证的合法性

审核原始凭证所记录的经济业务是否有违反国家法律、法规问题，是否符合规定的审核权限，是否履行了规定的凭证传递和审查程序，是否有贪污腐化等行为。

（三）审核原始凭证的合理性

审核原始凭证所记录的经济业务是否符合企业生产经营活动的需要，是否符合有关的计划和预算等。

（四）审核原始凭证的完整性

审核原始凭证的各项基本要素是否齐全，是否有漏项情况，日期是否完整，数字是否清晰，文字是否工整，有关人员签章是否齐全，凭证联次是否正确等。

（五）审核原始凭证的正确性

审核原始凭证各项计算及其相关部分是否正确，包括：阿拉伯数字分开填写，不得连写；小写金额前要标明货币种符号或货币名称缩写，中间不能留有空位，金额要标至"分"，无"角""分"的，要以"0"补位；金额大写部分要正确，大写金额前要加货币名称，大写金额与小写金额要相符；凭证中有书写错误的，应采用正确的方法更正，不能采用任意涂改、刮擦、挖补等不正确方法。

（六）审核原始凭证的及时性

原始凭证的及时性是保证会计信息是否具有及时性的基础。因此，在经济业务发生或完成时应及时填制有关原始凭证，及时进行凭证的传递。审核时，应注意审查凭证的填制日期，尤其是银行汇票、银行本票等时效性较强的原始凭证，更应仔细验证其签发日期。

经审核的原始凭证应根据不同情况处理：

第一，对于完全符合要求的原始凭证，应及时据以填制记账凭证入账；

第二，对于真实、合法、合理但内容不完整、填写有错误、手续不完备、数字不准确以及情况不清楚的原始凭证，应当退还有关业务单位或个人，由其负责将有关凭证补充完整，更正错误或重开后，再办理会计手续；

第三，对于不真实、不合法的原始凭证，会计机构、会计人员有权不予接受，并向单位负责人报告。

❖ **典型案例**

情境与背景：

王杰是某财经大学会计专业的毕业生，就业单位是浙江万邦有限公司，在财务部担任出纳。2024年8月分该公司的主要业务如下：

（1）8月1日，该公司收到银行收账通知单，收到东方公司上月欠款

330 000元。

（2）8月4日，采购员李毅出差预借差旅费8 000元，王杰审核"借款单"后，以现金付讫。

（3）8月6日，王杰根据公司工资结算表，用银行存款98 700元发放公司员工工资。

（4）8月11日，公司销售部副经理李明持一张金额为4 350元的发票前来报销，发票上注明系考察费。经王杰审核，发票上应填写的内容齐全。

（5）8月15日，公司办公室职员章丽持一张金额为13 600元，开票日期为2023年12月份的发票前来报销，并称这是当时出差回来后遗失而现在找到的发票。

（6）8月20日，公司财务部总账会计人员外出培训一个月，公司领导决定由王杰临时兼任公司总账会计。

问题：

（1）分析上述经济业务发生后分别涉及哪些原始凭证？哪些属于外来原始凭证，哪些属于自制原始凭证？

（2）销售部副经理李明和办公室职员章丽的发票能否报销，为什么？

（3）王杰能否兼任公司的总账会计，为什么？

◈ 职业素养提升

争做会计人员职业道德模范

"人无德不立，国无德不兴。"职业道德是会计人员人品的名片、人格的"招牌"。在《会计人员职业道德规范》的指引下，会计人员要争做职业道德模范。

要深刻认识争做会计人员职业道德模范的重要性，明确为什么要"争"。

一是国家信用所需。党的十八大以来，党中央、国务院部署加快社会信用体系建设、构筑诚实守信的经济社会环境，将会计人员作为职业信用建设的重点人群，要求引导职业道德建设与行为规范。

二是社会发展所需。受利益驱动、物欲诱惑，会计人员的道德修养很容易受到负面影响。而具有社会示范效应的会计人员职业道德尤为重要，它是社会信用体系建设的"风向标"、社会道德评价的"晴雨表"。

三是履职尽责所需。对标"三坚三守"要求（坚持诚信、守法奉公，坚持准则、守责敬业，坚持学习、守正创新），还需在内强素质、外塑形象上下功夫。

"人无德不立，官无德不为。"在实际工作中，仅靠道德说教效果单一，通过争做会计人员职业道德模范，能够使自身在尚德、修德、守德过程中，明白"老老实实做人，踏踏实实做事"是长久之道，切实解决好"立身做人、立德为官、立志干事"的基本问题。

一是达观笃定，端正心态。"争"能够带来旺盛的工作热情、坚强的意志毅力、不竭的前进动力，取得成绩不沾沾自喜，遇到困难不回避绕道，遭受挫折不垂头丧气，身处逆境不消极悲观，能从一时的压抑中酝酿出一生的执着，从一时的失意中迸发出一生的激情，大其心容天下之物，虚其心爱天下之善，平其心论天下之事，潜其心观天下之礼，定其心应天下之变。

二是砥砺品质，经受考验。"争"有利于会计人经得起各种考验和锻炼，这不仅需要会计人在顺风顺水之时克服自满自负自傲之心，在环境优越条件宽松之际破除骄奢懒散淫逸之习，更要在遇到困难挫折或经受苦难的时候必坚硬坚强坚定，在受到委屈或一时不公正对待的时候自觉从容砥砺品质、陶冶情操，以"反求诸己"的精神，在"扫尘除垢""纠偏校差"中锻造灵魂、健全人格、改进作风。

三是保持平衡，涵养心智。能够在得失之间平衡，当得则得、当舍则舍，做公正人；在是非之间平衡，既不带感情去肯定，又不怀私念去否定，做磊落人；在成败之间平衡，既能赢得起，又能输得起，做大度人。

多些担当、少些推诿，多些务实、少些虚伪，多些自觉、少些被动……一个动作、一句话，都让我们在平凡的工作岗位上践行着职业道德的誓言。我们要时刻提醒自己：不要把善良从心灵深处挤走，更得严防丑恶偷偷潜入你心底。给会计人员职业道德以应有的地位，给每一件好事以恰当的鼓励，以务实、求实、扎实的行动争当模范，切实在为服务对象办实事、解难事、做好事中升华精神追求，提高思想境界，让每一天成为一项严峻的记录，面对着它，自己应当问心无愧。

（资料来源于《中国会计报》）

第三节　记账凭证

一、记账凭证的种类

视频：
记账凭证的
种类

记账凭证按其反映经济业务的内容不同，可以分为收款凭证、付款凭证和转账凭证。

（一）收款凭证

收款凭证是指用于记录现金和银行存款收款业务的会计凭证。它是出纳人员根据库存现金收入业务和银行存款收入业务的原始凭证填制的，据以作为登记现金和银行存款等有关账簿的依据。收款凭证的格式如图5-6所示。

收　款　凭　证				总字第＿＿号 收字第＿＿号											

借方科目：

年　月　日

摘　要	贷　方　科　目		√	金　额										附单据张
	总账科目	明细科目		千	百	十	万	千	百	十	元	角	分	
人民币（大写）														

财务主管(签章)　　　记账(签章)　　　出纳(签章)　　　复核(签章)　　　制单(签章)

图5-6　收款凭证

收款凭证又可以分为现金收款凭证和银行存款收款凭证。现金收款凭证是根据现金收入业务的原始凭证编制收款凭证。银行存款收款凭证是根据银行存款收入业务的原始凭证编制收款凭证。

（二）付款凭证

付款凭证是指用于记录现金和银行存款付款业务的会计凭证。它是出纳人员根据库存现金和银行存款付出业务的原始凭证填制的，既是出纳付款的依据，又是企业据以登记现金和银行存款等有关账簿的依据。付款凭证的格式如图5-7所示。

付款凭证又可以分为现金付款凭证和银行存款付款凭证。现金付款凭证是根据现金付出业务的原始凭证编制付款凭证。银行存款付款凭证是根据银行存款付出业务的原始凭证编制付款凭证。

（三）转账凭证

转账凭证是指用于记录不涉及现金和银行存款业务的会计凭证。它是根据有关转账业务（即在经济业务发生时，不需要收付现金或银行存款的各项业务）的原始凭证填制的。转账凭证的格式如图5-8所示。

会计基础

付　款　凭　证

总字第＿＿＿号

付字第＿＿＿号

贷方科目：＿＿＿＿＿＿＿

年　月　日

摘　要	借　方　科　目		√	金　额										附单据 张
	总账科目	明细科目		千	百	十	万	千	百	十	元	角	分	
人民币（大写）														

财务主管(签章)　　记账(签章)　　出纳(签章)　　　　复核(签章)　　　　制单(签章)

图 5-7　付款凭证

转　账　凭　证

总字第＿＿＿＿号

转字第＿＿＿＿号

年　月　日

摘　要	总账科目	明细科目	借　方　金　额									贷　方　金　额									√	附单据 张
			百	十	万	千	百	十	元	角	分	百	十	万	千	百	十	元	角	分		
合　　　计																						

财务主管(签章)　　记账(签章)　　复核(签章)　　　　制单(签章)

图 5-8　转账凭证

　　将记账凭证划分为收款凭证、付款凭证和转账凭证三种，为记账工作带来方便，但工作量较大。对于经济业务较简单、规模较小、收付业务较少的单位，为了简化核算，还可以采用通用记账凭证来记录所有经济业务。通用记账凭证是指对全部业务不再区分收款、付款和转账业务，而将所有经济业务统一编号，在同一格式的凭证中进行记录。

　　通用记账凭证的格式如图 5-9 所示。

１５７

通用记账凭证

年　月　日　　　　　　　　　　　　　　　　　　　第＿＿＿号

摘　要	总账科目	明细科目	借　方　金　额									贷　方　金　额									√	
			百	十	万	千	百	十	元	角	分	百	十	万	千	百	十	元	角	分		附单据　张
合　　计																						

财务主管(签章)　　　　记账(签章)　　　　复核(签章)　　　　　制单(签章)

图 5-9　通用记账凭证

⬡ **想一想**

收款凭证、付款凭证与转账凭证之间的区别是什么?

二、记账凭证的基本内容

记账凭证种类繁多,格式不一,但其主要作用是对原始凭证进行分类、整理,按照复式记账的要求,运用会计科目,编制会计分录,据以登记账簿。因此,记账凭证必须包括以下基本内容:

(1) 记账凭证的名称,如"收款凭证""付款凭证""转账凭证"。

(2) 填制记账凭证的日期。

(3) 记账凭证的编号。

(4) 经济业务事项的内容摘要。

(5) 经济业务事项所涉及的会计账户及其记账方向。

(6) 经济业务事项的金额。

(7) 记账标记。

(8) 所附原始凭证张数。

(9) 会计主管、记账、审核、出纳、制单等有关人员的签章,收款凭证和付款凭证还应由出纳人员签名或盖章。

会计基础

记账凭证和原始凭证同属于会计凭证，二者在填制人员、填制依据、填制基本内容、凭证用途等方面有哪些差别？

三、记账凭证的填制要求

（一）基本要求

记账凭证的主要作用是将经济信息资料转化为会计信息。根据经济交易与事项及其原始凭证填制记账凭证，是会计记录程序的首要步骤，账户记录以及财务报表信息的产生皆以此为基础。同时，会计分录的编制与记账凭证的填制过程，又包含了对经济活动的初始确认与计量。因此，记账凭证的填制对整个会计信息系统至关重要，直接影响整个财务报表的信息质量。填制记账凭证的基本要求如下：

（1）记账凭证各项内容必须完整。

（2）记账凭证应连续编号。如果一笔经济业务需要填制两张以上的记账凭证时，记账凭证的编号可采用分数编号法编号。例如，一笔经济业务需编制两张转账凭证，该转账凭证的顺序号为第 8 号，则这笔业务可分别编制转字第 $8\frac{1}{2}$ 号和转字第 $8\frac{2}{2}$ 号。

（3）记账凭证的书写应清楚、规范。相关要求同原始凭证。

（4）填制记账凭证的依据，必须是经审核无误的原始凭证，可以根据每一张原始凭证填制，或根据若干张同类原始凭证汇总编制，也可以根据原始凭证汇总表填制，但不得将不同内容和类别的原始凭证汇总填制在一张记账凭证上。

（5）除结账或更正错误的记账凭证可以不附原始凭证外，其他记账凭证必须附有原始凭证。记账凭证上应注明所附的原始凭证张数，以便查核。

（6）填制记账凭证若发生错误，应当重新填制。已登记入账的记账凭证在当年内发现填写错误，可以用红字填写一张与原内容相同的记账凭证，在摘要栏注明"注销某月某日某号凭证"字样，同时再用蓝字重新填制一张正确的记账凭证，注明"订正某月某日某号凭证"字样。如果会计科目没有错误，只是金额错误，也可以将正确数字与错误数字之间的差额另编一张调整的记账凭证，调增金额用蓝字，调减金额用红字。发现以前年度记账凭证有误的，应当用蓝字填制一张更正的记账凭证。

（7）在记账凭证上填制完经济业务事项后，如有空行，应当自金额栏最后一笔金额数字下方的空行处至合计数上方的空行处划线注销。

（二）收款凭证的填制要求

收款凭证是用来记录货币资金收款业务的凭证，它是由出纳人员根据审核无误的原始凭证收款后填制的。在满足上述记账凭证填制要求的基础上，收款凭证的填制要求如下：

收款凭证左上方所填列的借方科目应是"库存现金"或"银行存款"科目；"日期"填写的是编制本凭证的日期；右上角填写所编制收款凭证的顺序号；"摘要"填写对所记录的经济业务的简要说明；"贷方科目"应填列与"库存现金"或"银行存款"相对应的科目；"√"是指该凭证已登记账簿的标记，防止经济业务事项重记或漏记；"金额"是指该项经济业务事项的发生额；该凭证右边"附单据 张"是指本记账凭证所附原始凭证的张数；最下边分别由有关人员签章，以明确经济责任。

例 5-1

2024 年 1 月 3 日，浙江钱塘股份有限责任公司收到杭州金丰有限责任公司前欠的货款 50 000 元送存银行。

业务分析：企业收到前欠货款并送存银行，"银行存款"增加记入借方；"应收账款"减少记入贷方。会计分录如下：

借：银行存款   50 000
    贷：应收账款——杭州金丰有限责任公司   50 000

填制收款凭证如图 5-10 所示。

收　款　凭　证

总字第＿＿号
收字第 1 号

借方科目：银行存款

2024 年 01 月 03 日

摘　要	贷　方　科　目		√	金　额									
	总账科目	明细科目		千	百	十	万	千	百	十	元	角	分
收回前欠货款	应收账款	杭州金丰有限责任公司				5	0	0	0	0	0	0	0
人民币（大写）伍万元整						¥	5	0	0	0	0	0	0

附单据 1 张

财务主管　　　　记账　　　　出纳 王宏伟　　　　复核 吴天行　　　　制单 贾晓红

图 5-10　收款凭证

浙江钱塘股份有限责任公司 2 月 5 日发生了三笔经济业务：①取得银行借款 500 000 元，借款已转存到公司的银行账户；②出纳小王从银行提取 30 000 元现金备用；③公司销售产品一批，售价为 100 000 元，增值税税额为 13 000 元，货款未收。请说明以上三笔经济业务分别应该填制什么凭证？如何填制？

课堂能力训练

浙江钱塘股份有限责任公司 2024 年 4 月 3 日销售一批产品给杭州金丰有限责任公司，货款为 50 000 元，增值税税额为 6 500 元，价税合计款已收讫存入银行，原始凭证共 2 张，此业务为本月第 5 笔收款业务。要求：填制该笔经济业务的收款凭证。

（三）付款凭证的填制要求

付款凭证的编制方法与收款凭证基本相同，只是左上角由"借方科目"换为"贷方科目"，凭证中间的"贷方科目"换为"借方科目"。

涉及"库存现金"和"银行存款"之间的经济业务，为了避免重复记账，一般只编制付款凭证，不编制收款凭证。

例 5-2

2024 年 1 月 10 日，财务部出纳开出现金支票一张，从银行提取现金 3 000 元，以备零用。

业务分析：企业提现，"库存现金"增加记入借方；"银行存款"减少记入贷方。会计分录如下：

借：库存现金   8 000
    贷：银行存款   8 000

填制付款凭证如图 5-11 所示。

付 款 凭 证

总字第___号
付字第_1_号

贷方科目：银行存款
2024 年 01 月 10 日

摘　要	借　方　科　目		✓	金　额									
	总账科目	明细科目		千	百	十	万	千	百	十	元	角	分
提取现金	库存现金						8	0	0	0	0	0	0
人民币（大写）捌仟元整							￥	8	0	0	0	0	0

附单据1张

财务主管　　　记账　　　出纳 王宏伟　　　复核 吴天行　　　制单 贾晓红

图 5-11　付款凭证

◉ 课堂能力训练

　　浙江钱塘股份有限责任公司 2024 年 4 月 5 日以现金 1 500 元购买一批办公用品，原始凭证 1 张，此业务为本月第 12 笔付款业务。要求：填制该笔经济业务的付款凭证。

（四）转账凭证的填制要求

　　转账凭证是用以记录与货币资金收付无关的转账业务的凭证。转账凭证的填制与收、付款凭证略有不同，其应借、应贷会计科目全部列入记账凭证之内。转账凭证将经济业务中所涉及全部会计科目按照先借后贷的顺序填入"会计科目"栏中的"总账科目"和"明细科目"，并按应借、应贷方向分别填入"借方金额"或"贷方金额"栏。其他项目的填写与收、付款凭证相同。

◈ 例 5-3

　　2024 年 2 月 1 日，向南京大明贸易公司销售甲产品 200 件，单价为 500 元，增值税税率为 13%。货款暂未收到。

　　业务分析：企业销售产品，"主营业务收入""应交税费——应交增值税（销项税额）"增加，记入贷方；同时，货款未收，"应收账款"增加，记入借方。会计分录如下：

借：应收账款——南京大明贸易公司　　　　　　　　113 000
　　贷：主营业务收入——甲产品　　　　　　　　　　　100 000
　　　　应交税费——应交增值税（销项税额）　　　　　13 000

填制转账凭证如图 5-12 所示。

<table>
<tr><td colspan="19" align="center">转　账　凭　证</td><td colspan="2">总字第_____号</td></tr>
<tr><td colspan="19" align="center">2024 年 02 月 01 日</td><td colspan="2">转字第 _1_ 号</td></tr>
<tr><td rowspan="2">摘　要</td><td rowspan="2">总账科目</td><td rowspan="2">明细科目</td><td colspan="8">借　方　金　额</td><td colspan="8">贷　方　金　额</td><td rowspan="2">√</td><td rowspan="10">附单据1张</td></tr>
<tr><td>百</td><td>十</td><td>万</td><td>千</td><td>百</td><td>十</td><td>元</td><td>角</td><td>分</td><td>百</td><td>十</td><td>万</td><td>千</td><td>百</td><td>十</td><td>元</td><td>角</td><td>分</td></tr>
<tr><td>销售产品款项未收</td><td>应收账款</td><td>南京大明贸易公司</td><td></td><td>1</td><td>1</td><td>3</td><td>0</td><td>0</td><td>0</td><td>0</td><td>0</td><td></td><td></td><td></td><td></td><td></td><td></td><td></td><td></td><td></td><td></td></tr>
<tr><td></td><td>主营业务收入</td><td>甲产品</td><td></td><td></td><td></td><td></td><td></td><td></td><td></td><td></td><td></td><td>1</td><td>0</td><td>0</td><td>0</td><td>0</td><td>0</td><td>0</td><td>0</td><td></td></tr>
<tr><td></td><td>应交税费</td><td>应交增值税（销项税额）</td><td></td><td></td><td></td><td></td><td></td><td></td><td></td><td></td><td></td><td></td><td>1</td><td>3</td><td>0</td><td>0</td><td>0</td><td>0</td><td>0</td><td></td></tr>
<tr><td></td><td></td><td></td><td></td><td></td><td></td><td></td><td></td><td></td><td></td><td></td><td></td><td></td><td></td><td></td><td></td><td></td><td></td><td></td><td></td><td></td></tr>
<tr><td></td><td></td><td></td><td></td><td></td><td></td><td></td><td></td><td></td><td></td><td></td><td></td><td></td><td></td><td></td><td></td><td></td><td></td><td></td><td></td><td></td></tr>
<tr><td colspan="3" align="center">合　　　计</td><td>￥</td><td>1</td><td>1</td><td>3</td><td>0</td><td>0</td><td>0</td><td>0</td><td>0</td><td>￥</td><td>1</td><td>1</td><td>3</td><td>0</td><td>0</td><td>0</td><td>0</td><td>0</td><td></td></tr>
<tr><td>财务主管</td><td colspan="4">记账</td><td colspan="7">复核 吴天行</td><td colspan="7">制单 贾晓红</td></tr>
</table>

图 5-12　转账凭证

◈ 课堂能力训练

浙江钱塘股份有限责任公司 2024 年 4 月 6 日结算工资，其中：生产工人工资为 86 300 元，车间管理人员工资为 33 000 元，管理人员工资为 68 000 元。原始凭证 1 张，此业务为本月第 16 笔转账业务。要求：填制该笔经济业务的转账凭证。

四、记账凭证的审核

为了保证会计信息的质量，在记账之前应由有关稽核人员对记账凭证进行严格的审核。记账凭证的审核内容主要包括：

（一）内容是否真实

审核记账凭证是否附有原始凭证，所附原始凭证的内容是否与记账凭证记录的内容一致，记账凭证汇总表与记账凭证的内容是否一致。

（二）项目是否齐全

审核记账凭证各项目的填写是否齐全，如日期、凭证编号、摘要、会计科目、金额、所附原始凭证张数及有关人员签章等。

（三）科目是否正确

审核记账凭证应借、应贷科目是否正确，是否有明确的账户对应关系，所使用的会计科目是否符合国家统一的会计制度的规定等。

（四）金额是否正确

审核记账凭证所记录的金额与原始凭证的有关金额是否一致，记账凭证汇总表的金额与记账凭证的金额合计是否相符，原始凭证中的数量、单价、金额计算是否正确等。

（五）书写是否正确

审核记账凭证中的记录是否文字工整、数量清晰，是否按规定进行更正等。

在审核过程中，如果发现差错，应及时查明原因，按规定办法及时处理和更正，只有经过审核无误的记账凭证，才能据以登记账簿。如果在填制记账凭证时发生错误，应当重新填制。

✦ 相关链接

会计凭证装订前的整理工作

凭证记账后，应及时装订。装订范围包括原始凭证、记账凭证、科目汇总表、银行对账单等。装订前首先应将凭证进行整理。会计凭证的整理工作，主要是对凭证进行排序、粘贴和折叠。

对于纸张面积大于记账凭证的原始凭证，可按记账凭证的面积尺寸，先自右向后，再自下向后两次折叠。注意：应把凭证的左上角或左侧面让出来，以便装订后，还可以展开查阅。

对于纸张面积过小的原始凭证，一般不能直接装订，可先按一定次序和类别排列，再粘在一张与记账凭证大小相同的白纸上，粘贴时宜使用胶水。小票应分张排列，同类同金额的单据尽量粘在一起，同时，在一旁注明张数和合计金额。

会计基础

对于纸张面积略小于记账凭证的原始凭证，可以用回形针或大头针别在记账凭证后面，待装订凭证时，抽去回形针或大头针。

有的原始凭证不仅面积大，而且数量多，可以单独装订，如工资单、耗料单。但是，在记账凭证上应注明保管地点。

原始凭证附在记账凭证后的顺序应与记账凭证所记载的内容顺序一致，不应按原始凭证的面积大小来排序。经过整理后的会计凭证，为汇总装订打好了基础。

所有汇总装订好的会计凭证都要外加封面。会计凭证装订前，要先设计和选择会计凭证的封面。封面应厂较为结实、耐磨、韧性较强的牛皮纸等。

❖ 典型案例

情境与背景：

2024 年 3 月，浙江万邦有限公司接受某会计师事务所对公司 2023 年年报进行审计。注册会计师陈某在抽查公司记账凭证时，发现 2023 年 2 月 17 日第 42 号付款凭证反映的职工医药费报销业务，凭证上的金额是 4 356 元，但所附的 9 张原始凭证的金额合计为 3 456 元。注册会计师陈某认为，造成此种情况的可能性有两种：一是由于会计人员粗心，在填制付款凭证时，误将"3 456"元写成"4 356"元，属于工作疏忽造成的会计差错；二是会计人员故意进行的多汇总行为，以此贪污公款 900 元。

注册会计师陈某经过对 2023 年度全部的付款凭证进行逐一查验，发现付款凭证上所注明的制证人员与出纳人员系同一人章某，并在经由他办理的相关现金付款业务中，有 34 笔付款凭证上的金额都大于所附的原始凭证的金额合计数，不符的金额高达 48 670 元。章某故意以此手段贪污公款已构成犯罪，公司依法向公安机关报案，章某因此受到法律的制裁。

问题：

（1）审核记账凭证时，立重点关注哪些内容？

（2）请你简要评述章某的行为是否符合职业道德，为什么？

第四节　会计凭证的传递和保管

一、会计凭证的传递

（一）会计凭证传递的含义

会计凭证的传递是指从会计凭证的取得或填制时起至归档保管过程中，在单位内部有关部门和人员之间的传送程序。会计凭证的传递是会计核算得以正常、有效进行的前提。

会计凭证的传递应遵循内部控制制度的要求，使传递程序合理有效，同时尽量节约传递时间，减少传递的工作量。单位应该根据具体情况制定每一种凭证的传递程序和方法。

会计凭证的传递一般包括传递程序和传递时间两个方面。

企业的生产组织特点、经济业务的内容和要求不同，会计凭证的传递也有所不同。例如，收料单的传递中应规定材料到达企业后多长时间内验收入库，收料单由谁填制，一式几联，各联次的用途是什么，何时传递到会计部门，会计部门由谁负责收料单的审核工作，由谁据以编制记账凭证、登记账簿、整理归档等。会计凭证的传递是否科学、严密、有效，对于加强企业内部管理、提高会计信息的质量具有重要影响。

（二）会计凭证传递的要求

会计凭证的传递要能够满足内部控制的要求，使传递程序合理有效，同时尽量节约传递时间，减少传递的工作量。会计凭证的传递程序应当科学、合理，具体办法由各单位根据会计业务需要自行规定，一般应包括下列内容：

1. 会计凭证传递时间上的要求

根据各部门和有关人员正常情况下的工作内容和工作量，合理确定会计凭证在各环节上停留的最长时间，做到不拖延和积压会计凭证，保证会计工作的正常进行。所有会计凭证的传递和处理都应在会计报告期内完成，不允许跨期。

2. 会计凭证传递衔接手续上的要求

根据有关部门和人员的业务及分工情况，按规定有效制定完备、严密、简便易行的衔接手续，凭证的收发、交接都应按一定的手续制度办理，避免凭证在不必要的环节停留，使有关部门和人员及时地了解情况，掌握资料并按规定手续进行工作。

3. 会计凭证传递程序上的要求

根据经济业务的特点、企业内部的机构设置和人员分工情况以及管理上的要求等，具体规定各种凭证的联数和传递程序，使有关部门既能按规定手续处理业务，又能利用凭证资料掌握情况、提供数据、协调一致，同时还要注意流程合理，避免不必要的环节，以便加快传递速度。

会计凭证的传递时间、衔接手续和传递程序明确后，可制成凭证流转图，制定凭证传递程序，规定凭证传递的路线、环节，在各环节上的时间、处理内容及交接手续，使凭证传递工作有条不紊、迅速有效地进行。

⬡ 想一想

会计凭证在传递的过程中应该注意什么？

二、会计凭证的保管

会计凭证的保管是指会计凭证记账后的整理、装订、归档和存查工作。

对会计凭证的保管既要做到完整无缺，又要便于翻阅查找。其主要要求有：

（1）会计凭证应定期装订成册，防止散失。会计部门依据会计凭证记账以后，应定期对各种会计凭证进行归类整理，将各种记账凭证按照编号顺序连同会计凭证所附的原始凭证一起加具封面、封底，然后装订成册，在装订线上加贴封签，并由装订人员在装订封签处签名或盖章。从外单位取得的原始凭证遗失时，应取得原签发单位盖有公章的证明，并注明原始凭证的号码、金额、内容等，由经办单位会计机构负责人、会计主管人员和单位负责人批准后，才能代作原始凭证。若确实无法取得证明（如火车票丢失），应由当事人写明详细情况，由经办单位会计机构负责人、会计主管人员和单位负责人批准后代作原始凭证。

（2）会计凭证封面应注明单位名称、凭证种类、凭证张数、起止号数、年度、月份、会计主管人员、装订人员等有关事项，会计主管人员和保管人员应在封面上签章。会计凭证封面的一般格式如图5-13所示。

（3）会计凭证应加贴封条，防止被抽换。原始凭证不得外借，其他单位如有特殊原因确实需要使用时，经本单位会计机构负责人、会计主管人员批准可以复印。向外单位提供原始凭证复印件，应在专设的登记簿上登记，并由提供人员和收取人员共同签名或盖章。

（4）原始凭证较多时，可单独装订，但应在凭证封面注明所属记账凭证的日期、

会计凭证封面

单位名称			
时　间	年　月份		
册　数	本年共　　册　　　　本册是第　　册		
张　数	本册自第　号至第　号共　　张	凭证种类	
附　记			

（　年　月　日装订）　　　　　会计主管：　　　　　装订者：

图 5-13　会计凭证封面

编号和种类，同时应在所属的记账凭证上注明"附件另订"及原始凭证的名称和编号，以便查阅。对各种重要的原始凭证，如押金收据、提货单等，以及各种需要随时查阅和退回的单据，应另编目录，并在有关的记账凭证和原始凭证上分别注明日期和编号。

（5）严格遵守会计凭证的保管期限要求，期满前不得任意销毁。

相关链接

会计凭证的装订

　　会计凭证的装订是指把定期整理完毕的会计凭证按照编号顺序，外加封面、封底，装订成册，并在装订线上加贴封签，在封签处加盖会计主管的骑缝图章。

　　对各种重要的原始单据，以及各种需要随时查阅和退回的单据，应另编目录，单独登记保管，并在有关的记账凭证和原始凭证上相互注明日期和编号。

　　会计凭证装订的要求是既美观大方又便于翻阅，所以在装订时要先设计好装订册数及每册的厚度。一般来说，一本凭证，厚度以 1.5 cm 至 2.0 cm 为宜，太厚了不便于翻阅核查，太薄了又不利于戳立放置。凭证装订册数可根据凭证多少来定，原则上以月份为单位装订，每月订成一册或若干册。有些单位业务量小，凭证不多，把若干个月份的凭证合并订成一册，只要在凭证封面注明本册所含的凭证月份即可。

会计基础

会计凭证　　自制原始凭证　　外来原始凭证　　一次凭证　　累计凭证

汇总凭证　　收款凭证　　付款凭证　　转账凭证

同步测试

一、单项选择题

1. （　　）是登记账簿的依据。

   A. 原始凭证　　　　　B. 记账凭证　　　　　C. 会计凭证　　　　　D. 通用凭证

2. （　　）俗称单据，是在经济业务发生或完成时由经办人取得或填制的，用以记录或证明经济业务的发生或完成情况的书面证明。

   A. 原始凭证　　　　　B. 记账凭证　　　　　C. 收款凭证　　　　　D. 付款凭证

3. 原始凭证金额有错误的，应当（　　）。

   A. 在原始凭证上更正

   B. 由出具单位更正并且加盖公章

   C. 由经办人更正

   D. 由出具单位重开，不得在原始凭证上更正

4. 出纳人员在办理收款或付款后，应在有关（　　）上加盖"收讫"或"付讫"的戳记，以避免重收重付。

   A. 记账凭证　　　　　B. 原始凭证　　　　　C. 收款凭证　　　　　D. 付款凭证

5. 下列属于累计凭证的是（　　）。

   A. 科目汇总表　　　　　　　　　　　B. 汇总记账凭证

   C. 限额领料单　　　　　　　　　　　D. 工资结算汇总表

6. 下列属于汇总凭证的是（　　）。

   A. 科目汇总表　　　　　　　　　　　B. 汇总记账凭证

   C. 限额领料单　　　　　　　　　　　D. 工资结算汇总表

7. 差旅费报销单按填制的手续及内容分类，属于原始凭证中的（　　）。

   A. 一次凭证　　　　B. 累计凭证　　　　C. 汇总凭证　　　　D. 专用凭证

8. 审核原始凭证所记录的经济业务是否符合企业生产经营活动的需要、是否符合有关的计划和预算，属于（　　）审核。

A. 真实性　　　　　　　B. 合法性　　　　　　C. 合理性　　　　　　D. 完整性

9. 会计机构、会计人员对真实、合法、合理但内容不准确、不完整的原始凭证，应当（　　　　）。

    A. 不予受理　　　　　　　　　　　　　　B. 予以受理

    C. 予以纠正　　　　　　　　　　　　　　D. 予以退回，要求更正、补充

10. 下列业务中，应该填制现金收款凭证的是（　　　　）。

    A. 出售材料一批，款未收　　　　　　　　B. 从银行提取现金

    C. 出租设备，收到一张转账支票　　　　　D. 报废一台计算机，出售残料收到现金

二、多项选择题

1. 原始凭证按取得的来源不同，可以分为（　　　　　　）。

    A. 外来原始凭证　　　　　　　　　　　　B. 自制原始凭证

    C. 通用凭证　　　　　　　　　　　　　　D. 专用凭证

2. 下列属于自制原始凭证的有（　　　　　　）。

    A. 收料单　　　　　　　　　　　　　　　B. 领料单、限额领料单

    C. 产成品入库单、产成品出库单　　　　　D. 借款单

    E. 工资结算单、工资发放明细表　　　　　F. 折旧计算表

3. 下列属于外来原始凭证的有（　　　　）。

    A. 购买货物时取得的发票　　　　　　　　B. 对外支付款项时取得的收据

    C. 行政事业性收费票据　　　　　　　　　D. 出差取得的车票、住宿发票

4. 审核原始凭证的合法性包括审核所记录的经济业务（　　　　　　）。

    A. 是否有违反国家法律法规的问题　　　　B. 是否符合规定的审核权限

    C. 是否履行了规定的凭证传递和审核程序　D. 是否有贪污腐化的问题

5. 记账凭证的基本内容包括（　　　　　　）。

    A. 记账凭证的名称、填制记账凭证的日期

    B. 记账凭证的编号、经济业务事项的内容摘要

    C. 经济业务事项所涉及的会计账户及其记账方向

    D. 经济业务事项的金额、记账标记

    E. 所附原始凭证张数

    F. 会计主管、记账、审核、出纳、制单等有关人员签章

6. 记账凭证必须具备（　　　　　　）的签名或盖章。

    A. 审核人员　　　　　B. 会计主管人员　　　　C. 记账人员　　　　D. 制单人员

会计基础

7. 编制记账凭证的基本要求包括（　　　　　）。

    A. 记账凭证各项内容必须完整

    B. 记账凭证应连续编号

    C. 记账凭证的书写应清楚、规范

    D. 记账凭证可以根据每一张原始凭证填制，或根据若干张同类原始凭证汇总编制，也可以根据原始凭证汇总表填制，但不得将不同内容或类别的原始凭证汇总填制在一张记账凭证上

    E. 除结账和更正错误的记账凭证可以不附原始凭证外，其他记账凭证必须附有原始凭证

    F. 填制记账凭证时若发生错误　应当重新填制

8. 会计凭证传递的要求包括（　　　　　）。

    A. 会计凭证传递程序上的要求　　　　　B. 会计凭证传递时间上的要求

    C. 会计凭证传递手续上的要求　　　　　D. 完善企业内部控制

9. 在制定科学合理的会计凭证传递程序时，应当考虑的因素有（　　　　　）。

    A. 企业内部的机构设置和人员分工情况　　B. 经济业务的特点

    C. 管理上的需要　　　　　　　　　　　D. 主管部门的要求

10. 会计凭证保管的主要要求有（　　　　　）。

    A. 会计凭证应定期装订成册，防止散失

    B. 会计凭证封面要内容完整，项目齐全（会计凭证封面应注明单位名称、凭证种类、凭证张数、起止号数、年度、月份、会计主管人员、装订人员等有关事项，会计主管人员和保管人员应在封面上签章）

    C. 会计凭证应加贴封条，防止被抽换

    D. 严格遵守会计凭证的保管期限要求，期满前不得任意销毁

三、判断题

---

    1. 对每一笔经济业务，都必须由执行和完成该项经济业务的有关人员从单位外部取得或自行填制有关凭证，以书面形式记录和证明所发生经济业务的性质、内容、数量、金额等。（　　）

    2. 任何会计凭证都必须经过有关人员严格审核并确认无误后，才能作为记账的依据。（　　）

    3. 会计凭证是记账的原始依据，具有法律效力，是会计核算的重要资料。（　　）

    4. 涉及库存现金、银行存款收付的原始凭证，如果填写错误，可以撕毁重填。（　　）

5. 一次凭证是指一次填制完成、只记录一笔经济业务的原始凭证，是一次有效的凭证。（   ）

6. 累计凭证是指在一定时期内连续记录若干项同类经济业务的自制原始凭证。（   ）

7. 汇总凭证，也称原始凭证汇总表，是对一定时期内反映经济业务内容相同的若干张原始凭证，按照一定标准综合填制的原始凭证。（   ）

8. 会计凭证的传递应遵循内部控制制度的要求，使传递程序合理有效，同时尽量节约传递时间，减少传递的工作量。（   ）

9. 会计凭证的保管是指会计凭证记账后的整理、装订、归档和存查工作。（   ）

10. 从外单位取得的原始凭证遗失时，应取得原签发单位盖有公章的证明，并注明原始凭证的号码、金额、内容等，由经办单位会计机构负责人、会计主管人员和单位负责人批准后，才能代作原始凭证。（   ）

❖ 综合实训

【实训目标】训练对收款凭证、付款凭证和转账凭证的职业判断能力以及会计凭证的编制能力。

【实训资料】浙江钱塘股份有限责任公司 2024 年 11 月发生以下经济业务：

（1）11 月 1 日，公司购进 A 材料一批 50 000 元，增值税进项税额为 6 500元，材料尚未到达，款项已用银行存款支付。

（2）11 月 2 日，厂部张华因出差赴北京联系业务，向财务部借款 8 000 元，公司开出一张现金支票。

（3）11 月 3 日，一车间生产甲产品领用 A 材料 20 000 元，二车间生产乙产品领用 B 材料 34 000 元。

（4）11 月 4 日，收到红星公司投入货币资金 80 万元，存入银行。

（5）11 月 6 日，以银行存款支付前欠金丰公司材料款 395 860 元。

（6）11 月 8 日，公司销售甲产品一批给江苏前进公司，售价为 300 000 元，销项税额为 39 000 元，款项已收存银行。

（7）11 月 9 日，厂部张华报销差旅费 7 328 元，并交回多余现金 672 元。

（8）11 月 10 日，向银行借入款项 200 万元，存入银行。

会计基础

（9）11月12日，公司赊进 B 材料一批 30 000 元，增值税进项税额为 3 900 元，材料尚未到达，款项未付。

（10）11月13日，结算本月应付职工工资为 68 000 元，其中：一车间生产工人工资为 25 000 元，二车间生产工人工资为 15 000 元，一车间管理人员工资为 8 000 元，二车间管理人员工资为 5 000 元，公司管理人员工资为 15 000 元。

（11）11月15日，用银行存款 68 000 元发放职工工资。

（12）11月18日，以银行存款支付报刊费 4 320 元。

（13）11月20日，一车间生产甲产品领用 A 材料 36 600 元，二车间生产乙产品领用 B 材料 37 200 元。

（14）11月22日，公司销售给元通公司乙产品一批，售价为 500 000 元，增值税销项税额为 65 000 元，款项未收。

（15）11月25日，公司用银行存款购进办公用品 1 900 元，其中车间使用 800 元，厂部行政管理部门使用 1 100 元。

【实训要求】根据以上业务内容，判断并指出相应的业务应编制收款凭证、付款凭证还是转账凭证，并编制相应的凭证。

❊ 学习评价

▲专业能力测评表

（在□中打√，A 掌握，B 基本掌握，C 未掌握）

业务能力	评价指标	自测结果	备注
会计凭证的概念、作用和种类	1. 会计凭证的概念 2. 会计凭证的作用 3. 会计凭证的种类	□A □B □C □A □B □C □A □B □C	
原始凭证	1. 原始凭证的种类 2. 原始凭证的基本内容 3. 原始凭证的填制要求 4. 原始凭证的审核	□A □B □C □A □B □C □A □B □C □A □B □C	
记账凭证	1. 记账凭证的种类 2. 记账凭证的基本内容 3. 记账凭证的填制要求 4. 记账凭证的审核	□A □B □C □A □B □C □A □B □C □A □B □C	

续表

业务能力	评价指标	自测结果	备注
会计凭证的传递和保管	1. 会计凭证的传递 2. 会计凭证的保管	□A □B □C □A □B □C	
其他			
教师评语:			
成绩		教师签字	

会计基础

会计账簿

第六章

学习目标

✣ 素养目标

- 通过对会计账簿种类、基本内容与格式的学习，在会计实务工作中养成专注细致、精益求精的工匠精神
- 通过会计账簿登记的学习，培养坚持准则、不做假账的会计职业操守，增强社会责任感
- 通过对账、错账更正方法和结账的学习，培养在会计核算工作中发现问题、分析问题和解决问题的能力

✣ 知识目标

- 熟悉会计账簿的概念与种类
- 熟悉会计账簿的内容、启用与记账规则
- 熟悉会计账簿的格式与登记方法
- 熟悉对账、错账更正方法和结账

✣ 能力目标

- 能够正确设置、启用、保管会计账簿
- 能够正确地登记日记账和分类账
- 能够熟练地进行对账、错账更正和结账

素养之窗：
会计账簿

思维导图

会计账簿
- 会计账簿的概念与种类
  - 会计账簿的概念
  - 会计账簿与账户的关系
  - 会计账簿的种类
- 会计账簿的内容、启用与记账规则
  - 会计账簿的基本内容
  - 会计账簿的启用
  - 会计账簿的记账规则
- 会计账簿的格式与登记方法
  - 日记账的格式与登记方法
  - 总分类账的格式与登记方法
  - 明细分类账的格式与登记方法
  - 备查账簿的格式与登记方法
- 对账
  - 账证核对
  - 账账核对
  - 账实核对
- 错账更正方法
  - 划线更正法
  - 红字更正法
  - 补充登记法
- 结账
  - 结账程序
  - 结账方法

学习计划

- 素养提升计划

_____

_____

- 知识学习计划

_____

_____

- 技能训练计划

_____

_____

会计账簿之谜

　　朱毅与何军共同出资成立了家乐汽车配件有限公司，注册资金1 000万元，主要从事汽车零配件的生产与销售。公司成立后，朱毅与何军立即开始招聘相关管理人员和生产人员。公司聘请了具有高级会计师资格的王丽担任公司财务部经理，全面负责公司日常会计核算和财务管理工作。根据《中华人民共和国税收征收管理法实施细则》的规定：从事生产、经营的纳税人应当自领取营业执照或者发生纳税义务之日起15日内，按照国家有关规定设置账簿。王丽的当务之急是要完成财务部的岗位设置、会计制度制定和建账工作。通常，建账过程可以看出一个人会计业务的能力，以及对企业业务的熟悉情况。王丽对此做了认真思考和安排：公司应该设置什么账簿？启用何种格式的账页？由谁来登记？怎样登账？如何对账？如何结账等？

　　作为会计信息的提供者和使用者，应该了解会计账簿的概念与种类，能够根据特定单位的实际生产经营业务情况正确设置、启用、登记会计账簿。认真学习本章内容，你就能破解王丽所思考和解决的问题。

第一节　会计账簿的概念与种类

一、会计账簿的概念

　　会计账簿（简称账簿）是指由一定格式的账页组成的，以经过审核的会计凭证为依据，全面、系统、连续地记录各项经济业务的簿籍。各单位应当按照国家统一的会计制度的规定和会计业务的需要设置会计账簿。

　　设置和登记账簿是编制会计报表的基础，是联结会计凭证与会计报表的中间环节。设置和登记账簿是会计核算的专门方法之一，是会计核算的一个重要环节。通过账簿的设置和登记，可以记载、储存会计信息，分类、汇总会计信息，检查、校正会计信息，编报、输出会计信息，对加强经济管理具有十分重要的意义。

　　账簿的作用主要表现在以下方面：

(一) 账簿是积累会计核算资料的工具

通过设置和登记账簿，可以将分散在会计凭证上大量的核算资料，按其不同性质加以归类、整理和汇总，以便全面、系统、连续和分类地提供企业资产、负债、所有者权益、收入、费用和利润等会计要素的增减变化情况，以利于监督企业各项财产物资的妥善保管和合理使用，为管理决策提供信息。

(二) 账簿记录是编制会计报表的主要依据

通过设置和登记账簿，在会计期末，可以根据账簿提供的资料编制会计报表。因此会计报表中所反映的数据是否真实、正确，编制报送是否及时，都与账簿的登记有密切关系。

(三) 账簿资料是会计分析和会计检查的直接依据

利用账簿资料，可以考核企业各项计划的完成情况，使企业管理部门和其他有关部门了解本单位的经营业绩，进而对企业资金使用是否合理，费用开支是否符合标准，经济效益有无提高，利润的形成与分配是否规范，税金是否及时、足额上缴，市场竞争能力是否增强等作出分析和评价，以便调整经营决策，寻找改善企业经营管理和提高经济效益的途径和方法。

(四) 会计账簿是保证财产物资安全完整的重要手段

会计账簿是经济档案的重要组成部分。账簿中记录的财产物资的账面数可以通过实地盘点的方法，与实存数进行核对，以便检查财产物资是否妥善保管，账实是否相符。这样，既可以全面地掌握各项财产物资的变动情况，又有利于保护财产物资的安全完整。

◆ **想一想**

请说说会计账簿与会计凭证有什么不同。

二、会计账簿与账户的关系

账簿与账户有着十分密切的关系。账簿与账户的关系是形式和内容的关系。账户是根据会计科目开设的，账户存在于账簿之中，账簿中的每一个账页就是账户的存在形式和载体，没有账簿，账户就无法存在；账簿序时、分类地记载经济业务，是在个别账户中完成的。因此，账簿只是一个外在形式，账户才是它的真实内容。也就是说，账簿是由若干账页组成的一个整体，而开设于账页的账户则是这个整体中的个别部分。

三、会计账簿的种类

（一）按用途分类

账簿按其用途不同，可分为序时账簿、分类账簿和备查账簿三种。

1. 序时账簿

序时账簿又称日记账，是按照经济业务发生的时间先后顺序，逐日逐笔登记经济业务的账簿。序时账簿按其记录的内容不同，又可分为普通日记账和特种日记账。普通日记账是将企业所有的经济业务，不论其性质，全部按其发生时间顺序登记的日记账。特种日记账则是将相同性质经济业务，按其发生的时间顺序登记的日记账。例如：对现金收付业务设置的"现金日记账"，对银行存款收付业务设置的"银行存款日记账"，对转账业务设置的"转账日记账"。在实际工作中，因经济业务的复杂性，一般很少采用普通日记账，应用较为广泛的是特种日记账。

2. 分类账簿

分类账簿简称分类账，是指对经济业务进行分类登记的账簿。分类账按账簿反映内容详细程度不同，又分为总分类账簿和明细分类账簿。总分类账簿，又称总分类账，简称总账，是根据总分类账户开设的账簿，用来登记各项资产、负债、所有者权益、成本、费用和收入的增减变动情况，提供总括核算资料的分类账簿。明细分类账簿，又称明细分类账，简称明细账，是根据总分类账户所属的二级或明细账户开设的账簿，用来分类登记某一类经济业务，提供明细核算资料的分类账簿。总分类账簿和所属明细分类账簿的作用各不相同，但又密切联系、互为补充。

3. 备查账簿

备查账簿简称备查账，也称辅助账簿，是对某些在序时账簿和分类账簿等主要账簿中未能登记或记载不全的经济业务进行补充登记的账簿。它可以为某些经济业务的内容提供必要的参考资料。例如，租入固定资产登记簿、受托加工材料登记簿等。备查账簿由各单位根据需要自行设置。

（二）按账页格式分类

账簿按账页格式不同，可分为两栏式账簿、三栏式账簿、多栏式账簿和数量金额式账簿四种。

1. 两栏式账簿

两栏式账簿是指只有借方和贷方两个基本金额栏的账簿。普通日记账和转账日记账一般采用两栏式格式。

2. 三栏式账簿

三栏式账簿是指采用借方、贷方、余额三个主要栏目的账簿。各种日记账、总分类账以及资本、债权、债务明细分类账都可采用三栏式格式。

3. 多栏式账簿

多栏式账簿是指采用一个借方栏目、多个贷方栏目或一个贷方栏目、多个借方栏目的账簿。成本计算账户、收入账户、费用账户等一般采用多栏式格式。

4. 数量金额式账簿

数量金额式账簿是指采用数量与金额双重记录的账簿。原材料账户、库存商品账户等一般采用数量金额式格式。

会计账簿的分类如图 6-1 所示。

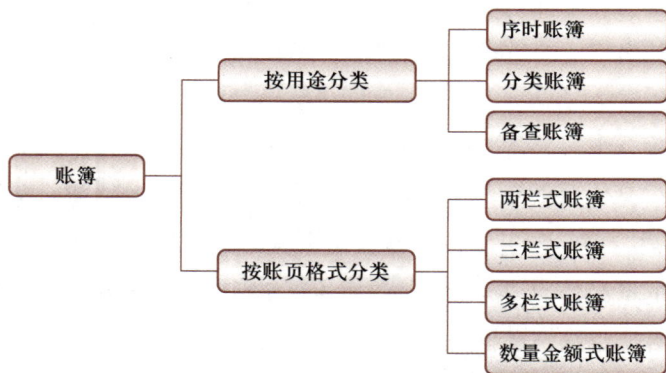

图 6-1　会计账簿的分类

⬡ **想一想**

请列举出在日常经营活动中，日记账、分类账和备查账分别适用于登记什么样的经济业务内容。

会计基础

职业素养提升

遵守诚信　以义制利

日升昌票号成立于清道光三年（1823 年），是由山西省平遥县西达蒲村富商李大全出资与总经理雷履泰共同创办的我国第一家私人金融机构，开中国银行业之先河。日升昌票号之所以能以"汇通天下"而闻名于世，除完善用人及资金管理安全外，其成功的核心是注重口碑、遵守诚信。清末的一天，日升昌接待了一位衣着破烂的老妇，她拿着一张泛黄的汇票要兑现银两。这是张 30 多年前日升昌张家口分号签发的汇票，数额为 1 200 两白银。伙计上下仔细打量了一番老妇并反复检查后确认汇票是真的，但却早已过了兑现期限。老妇解释道，当年丈夫去张家口做皮货生意，返家途中不幸暴病身亡。为了安葬丈夫，她花光了所有积蓄，现在只能靠乞讨度日。无意中，她发现了丈夫还留下这张银票。于是，大掌柜招呼伙计搬出了 30 多年前的老账簿，果然查到了记录，当即如数兑付了现银。消息传开，日升昌的信誉迅速上升，"以义制利"的经营之道成为当年晋商的杰出代表。

"人无信不立，业无信不兴，国无信不盛。"诚实守信作为中华优秀文化传统和宝贵的历史经验，当须浸润在我们的文化基因中，是我们为人处事、办企经商、治国安邦所需遵循的基本道德规范。

第二节　会计账簿的内容、启用与记账规则

一、会计账簿的基本内容

各种会计账簿所记录的经济业务不同，账簿的格式也多种多样，但各种账簿均应具备以下基本内容：

（一）封面

封面应写明账簿名称、记账单位和会计年度。

视频：
账簿的内容

（二）扉页

扉页包括的内容有：账簿启用的日期和截止日期、页数、册次；账簿启用登记表及其签章；会计主管人员姓名和签章；账户目录等。

（三）账页

因反映经济业务内容的不同，账页有不同的格式，但基本内容应包括：①账户名称；②登账日期栏（记录经济业务发生的日期）；③凭证种类和号数栏（记录记账凭证的种类及凭证编号）；④摘要栏（记录经济业务内容的简要说明）；⑤金额栏（记录经济业务的增减变动）；⑥总页次和分户页次。

> 🔶 **想一想**
>
> 你在财务用品专用商店中看到的各类会计账簿的基本内容是否一致？列举出各类账簿的基本内容。

二、会计账簿的启用

账簿是重要的会计档案。为了确保账簿记录的合法性和完整性，明确记账责任，在启用账簿时，应在账簿封面上写明单位名称和账簿名称。在账簿扉页上应附"账簿启用登记表"，详细载明单位名称、账簿名称、账簿编号、账簿页数、启用日期、经管人员和会计主管人员姓名，并加盖有关人员的签章和单位公章。更换记账人员时，应办理交接手续，在交接记录内填写交接日期和交接人员姓名并签章。"账簿启用登记表"格式如图 6-2 所示。

> 🔶 **想一想**
>
> 请说明单位在启用新账簿时，会计人员应该注意哪些事项。

会计基础

账簿启用登记表

账簿名称 _____   单位名称 _____

账簿编号 _____   账簿册数 _____

账簿页数 _____   启用日期 _____

会计主管（签章）   记账员（签章）

移交日期			移交人		接管日期			接管人		会计主管	
年	月	日	姓名	盖章	年	月	日	姓名	盖章	姓名	盖章

图 6-2 账簿启用登记表

三、会计账簿的记账规则

账簿是编制会计报表、进行会计分析与检查的重要依据。为了保证账簿资料的真实、可靠，会计人员在登记账簿（或称记账）时，必须严格遵守下列规则：

（1）根据审核无误的会计凭证登记账簿时，应将会计凭证的日期、种类和编号、业务内容摘要和金额逐项记入账内。做到数字准确、摘要清楚、登记及时、字迹工整。

（2）为了防止重记和漏记，便于查阅，账簿登记完毕后，记账人员应在记账凭证上签名或者盖章，并应在记账凭证上注明所记账簿的页数或划"√"符号，表示已经记账。

（3）账簿中书写的文字和数字上面要留有适当空格，不要写满格，一般应占格距的 1/2。

（4）为了使账簿记录清晰，防止涂改，记账时应使用蓝黑墨水或碳素墨水书写，不能使用圆珠笔（银行的复写账簿除外）或铅笔书写。

（5）下列情况，可以用红色墨水记账：

① 按照红字冲账的记账凭证冲销错误记录；

② 在不设借贷等栏的多栏式账页中，登记减少数；

③ 在三栏式账户的余额栏前，如未印明余额方向的，在余额栏内登记负数余额；

④ 根据国家统一会计制度的规定可以用红字登记的其他会计分录。

（6）各种账簿应按页次顺序连续登记，不得跳行、隔页。如果发生跳行、隔页，应将空行、空页处用红色墨水对角线划线注销或注明"此行空白""此页空白"字样，并由记账人员签名盖章。

（7）凡需结出余额的账户，结出余额后，应在"借或贷"栏内写明"借"或"贷"字样。没有余额的账户，应在"借或贷"栏内写"平"字，并在余额栏内用"0"表示。现金日记账和银行存款日记账必须逐日结出余额。

（8）账页记满时，应办理转页手续。每一账页登记完结转下页时，应当结出本页合计数及余额，写在本页最后一行和下页第一行有关栏内，并在摘要栏内注明"过次页"和"承前页"字样；也可以将本页合计数及金额只写在下页第一行有关栏内，并在摘要栏内注明"承前页"字样，以保持记账的衔接性和连续性。对于需要结计本月发生额的账户，结计"过次页"的本页合计数应当为自本月月初起至本页末止的发生额合计数；对于需要结计本年累计发生额的账户，结计"过次页"的本页合计数应当为自本年年初起至本页末止的累计数；对于既不需要结计本月发生额也不需要结计本年累计发生额的账户，可以只将每页末的余额结转次页。

（9）实行会计电算化的单位，应当定期打印总账和明细账。发生收款和付款业务的，在输入收款凭证和付款凭证的当天必须打印出现金日记账和银行存款日记账，并与库存现金核对无误。

◬ 想一想

请举例说明应该如何理解会计账簿的登记规则。

丰 相关链接

会计账簿设置的原则

各企业均应当按照会计核算的基本要求和会计规范的有关规定，结合本企业的经济业务特点和经营管理的需要，设置必要的账簿，并且认真做好记账工作。在进行账簿设置的时候，一般应当遵循以下原则：

（1）要确保全面、连续、系统地核算和监督所发生的各项经济业务，为企业经营管理和编制会计报表提供完整、系统的会计信息和资料。

（2）在保证满足核算和监督经济业务的前提下，尽量考虑人力、物力的节约，注意防止重复记账。

（3）在格式设计上，要从所要核算的经济业务的内容和需要提供的核算指标出发，力求简明实用，避免繁琐复杂，以便提高会计工作效率。

第三节　会计账簿的格式与登记方法

一、日记账的格式与登记方法

日记账可以用来连续记录全部经济业务的完成情况，也可以用来连续记录某一类经济业务的完成情况。各单位一般应设置特种日记账，常见的特种日记账有现金日记账、银行存款日记账和转账日记账。在我国，大多数单位一般只设置现金日记账和银行存款日记账，不设置转账日记账。现金日记账与银行存款日记账可采用三栏式或多栏式格式，以下主要介绍实务中常见的三栏式日记账。

（一）现金日记账的格式与登记方法

现金日记账是出纳人员根据现金收款凭证、现金付款凭证和银行付款凭证（记录从银行提取现金业务），按经济业务发生的先后顺序，逐日逐笔进行登记的会计账簿。现金日记账的格式与内容如图 6-3 所示。

现金日记账

2024年 月	2024年 日	凭证 类	凭证 号数	摘　要	对应科目	借　方 百十万千百十元角分	✓	贷　方 百十万千百十元角分	✓	余　额 百十万千百十元角分
3	1			期初余额						1 5 0 0 0 0
	1	现付	1	付购入材料运费	原材料			5 0 0 0 0		1 0 0 0 0 0
	1	银付	2	从银行提现	银行存款	2 8 0 0 0 0 0				2 9 0 0 0 0 0
	...			......						
	1			本日合计		9 8 3 2 0 0 0		9 7 2 2 0 0 0		2 6 0 0 0 0

图 6-3　现金日记账

现金日记账的登记方法如下：

日期栏：记账凭证的日期应与现金实际收付日期一致。

凭证号数栏：登记入账的收付款凭证的种类和编号，如："现金收（付）款凭证"，简写为"现收（付）"；"银行存款收（付）款凭证"，简写为"银收（付）"。凭证号数栏还应登记凭证的编号数，以便查账和核对。

摘要栏：简要说明登记入账经济业务的内容。文字要简练，但要能说明问题。

对应科目栏：现金收入的来源科目或支出的用途科目。如从银行提取现金，其来源科目（即对方科目）为"银行存款"。其作用在于了解经济业务的来龙去脉。

借方、贷方栏：即现金实际收付的金额。每日终了，应分别计算现金收入和付出的合计数，结出余额，同时将余额与出纳人员的库存现金核对，通常称为"日清"。如账款不符应查明原因，并记录备案。月终同样要计算现金收、付和结存的合计数，通常称为"月结"。

（二）银行存款日记账的格式与登记方法

银行存款日记账是用来核算和监督银行存款每日的收入、支出和结余情况的账簿。银行存款日记账应按企业在银行开立的账户和币种分别设置，每个银行账户设置一本日记账。银行存款日记账是由出纳人员根据银行存款收款凭证、银行存款付款凭证和现金付款凭证（记录将现金存入银行业务）按经济业务发生时间的先后顺序，逐日逐笔进行登记的账簿。其格式与内容如图6-4所示。

银行存款日记账

开户银行： 　　　　　　　　　　　　　　　　　　　　　　银行账号：

2024年		凭证号数		摘要	结算凭证		借方	✓	贷方	✓	余额
月	日	类	号		类	号	百十万千百十元角分		百十万千百十元角分		百十万千百十元角分
4	1			期初余额							2 8 0 0 0 0 0 0
	1	银付	1	提取现金	现支	325			5 0 0 0 0		2 7 9 5 0 0 0 0
	1	银付	2	支付购料款	转支	432			3 3 5 0 0 0		2 7 6 1 5 0 0 0
	1	银收	1	收到货款	委收	256	4 6 8 0 0 0				2 8 0 8 3 0 0 0
	...			......							
	1			本日合计			2 3 6 0 5 0 0		1 7 0 2 6 0 0		2 8 6 5 7 9 0 0

图6-4　银行存款日记账

银行存款日记账的登记方法如下：

日期栏：记账凭证的日期。

凭证号数栏：登记入账的收付款凭证的种类和编号（与现金日记账的登记方法一致）。

摘要栏：简要说明登记入账的经济业务的内容。文字要简练，但能概括说明业务内容。

结算凭证类别、号数栏：记录经济业务是以何种方式结算的，应在这两栏内填写相应的结算方式和号数，以便与开户银行对账。

借方、贷方栏：银行存款实际收付的金额。每日终了，应分别计算银行存款的收入和支出的合计数额，结算出余额，做到日清；月终应计算出银行存款全月收入、支出的合计数额，做到月结。

⬡ **想一想**

请说一说现金日记账和银行存款日记账的格式与登记依据有何不同。

二、总分类账的格式与登记方法

总分类账是按照总分类账户登记以提供总括会计信息的账簿。总账中的账页是按总账账户（一级账户）开设的总分类账户。应用总分类账，可以全面、系统、综合地反映企业所有的经济活动情况和财务收支情况，可以为编制会计报表提供所需的资料。总分类账簿最常用的格式为三栏式账簿，设置借方、贷方和余额三个基本金额栏，如图6-5所示。

总分类账的登记方法是：可以根据各种记账凭证逐笔进行登记；也可以将一定时期的各种记账凭证先汇总编制科目汇总表或汇总记账凭证，再据以登记总账。总分类账的登记方法，取决于所采用的会计核算形式，这部分内容将在第七章作具体介绍。

每月企业应将当月已完成的经济业务全部登记入账，并于月终结出总分类账簿中各账户的本期发生额和期末余额，与明细账余额核对相符后，作为编制会计报表的主要依据。

应收账款　总分类账

2024年		凭证号数	摘　要	借　方	贷　方	借或贷	余　额
月	日			百十万千百十元角分	百十万千百十元角分		百十万千百十元角分
6	1		期初余额			借	5 3 5 0 0 0 0 0
	2	银收1	收到货款		5 0 0 0 0 0 0 0	借	3 5 0 0 0 0 0
			……				
	30		本月合计	9 6 0 0 0 0 0 0	8 7 5 0 0 0 0 0	借	6 2 0 0 0 0 0 0

图6-5　总分类账（三栏式）

> **◈ 想一想**
>
> 请说一说总分类账的记账依据有哪些。

三、明细分类账的格式与登记方法

根据经济管理的要求和各明细账记录内容的不同，明细分类账分别采用三栏式明细分类账、数量金额式明细分类账和多栏式明细分类账三种格式。

（一）三栏式明细分类账

三栏式明细分类账是设有借方、贷方和余额三个栏目，用以分类核算各项经济业务，提供详细核算资料的账簿，其格式与三栏式总账相同。它适用于只需要进行金额核算的账户，如"应收账款""应付账款""应交税费"等往来结算账户。

三栏式明细分类账由会计人员根据审核无误的记账凭证或原始凭证，按经济业务发生的时间先后顺序逐日逐笔进行登记。其账页格式和内容如图6-6所示。

（二）多栏式明细分类账

多栏式明细分类账是将属于同一个总分类账账户的各个明细账户合并在一张账页上进行登记，即在这种格式账页的借方或贷方金额栏内按照明细项目设若干专栏。多栏

应收账款 明细账

二级 科目 编号及名称: A公司

2024年 月	日	凭证号数	摘要	借方 千百十万千百十元角分	贷方 千百十万千百十元角分	借或贷	余额 千百十万千百十元角分
6	1		期初余额			借	1 0 5 0 0 0 0 0
	10	银收20	收回A公司购货款		8 3 0 0 0 0 0	借	2 2 0 0 0 0 0
			……				
	30		本月合计	2 1 0 0 0 0 0 0	1 6 5 0 0 0 0 0	借	1 5 0 0 0 0 0 0

图 6-6　三栏式明细分类账

式明细分类账一般适用于成本费用明细类账户。如"材料采购""生产成本""制造费用""管理费用"和"营业外支出"等账户的明细分类核算。

在实际工作中，成本费用类账户的明细账，可以只按借方发生额设置专栏，贷方发生额由于每月发生的笔数很少，可以在借方直接用红字冲销。这类明细账也可以在借方设专栏的情况下，贷方设一个总的金额栏，再设一个余额栏。这两种多栏式明细账的格式与内容如图 6-7 和图 6-8 所示。

管理费用 明细账

2024年 月	日	凭证号数	摘要	发生额合计 千百十万千百十元角分	工资 千百十万千百十元角分	办公费 千百十万千百十元角分	差旅费 千百十万千百十元角分	折旧费 千百十万千百十元角分	其他 千百十万千百十元角分
6	3	现付4	用现金购买办公用品	8 0 0 0 0		8 0 0 0 0			
	5	转账8	计算职工工资	6 8 4 0 0 0 0	6 8 4 0 0 0 0				
	5	转账9	计提本月折旧费	2 3 0 0 0 0				2 3 0 0 0 0	
			……						
	30	转账45	结转管理费用	3 8 5 4 0 0 0					

图 6-7　管理费用明细分类账（一）

管理费用　明细账

2024年 月	日	凭证号数	摘要	发生额合计	工资	办公费	差旅费	折旧费	贷方	余额
6	3	现付4	用现金购买办公用品	800 00		800 00				800 00
	5	转账8	计算职工工资	68400 00	68400 00					69200 00
	5	转账9	计提本月折旧费	2300 00				2300 00		71500 00
			……							
	30	转账45	结转管理费用						38540 00	0

图6-8　管理费用明细分类账（二）

（三）数量金额式明细分类账

数量金额式明细分类账的账页，分别设有收入、发出和结存的数量、单价和金额栏。这种格式适用于既要进行金额核算，又要进行实物数量核算的各种财产物资账户，如"原材料""库存商品"等账户的明细分类核算。

数量金额式明细分类账是由会计人员根据审核无误的记账凭证和原始凭证，按经济业务发生的时间先后顺序逐日逐笔进行登记的。其账页格式如图6-9所示。

最高储存量　10 000
最低储存量
编号　3001　规格

本账页数	
本户页数	

原材料　明细账

单位　千克　名称　甲材料

2024年 月	日	凭证 种类	号数	摘要	借方 数量	单价	金额	贷方 数量	单价	金额	结存 数量	单价	金额
1	1			上年结转							2 000	10	20000 00
	5	转账	5	购入材料	5 000	10	50000 00				7 000	10	70000 00
	5	转账	10	一车间领用				4 000	10	40000 00	3 000	10	30000 00
…				……									
	31			本月合计	10 000	10	100000 00	8 000	10	80000 00	4 000	10	40000 00

图6-9　原材料明细分类账

请举例说明三栏式、数量金额式和多栏式三种格式的明细账分别适用于什么样的账户。

四、备查账簿的格式与登记方法

备查账是对某些在序时账簿和分类账簿等主要账簿中未能登记或记载不全的经济业务进行补充登记的账簿。在登记依据上，可以不需要记账凭证，甚至不需要一般意义上的原始凭证；在格式和登记方法上，备查账的主要栏目不记金额，它更注重用文字来表述某项经济业务的发生情况。例如：登记租入固定资产备查簿，也不需要编制记账凭证，该备查簿记录的内容主要有出租单位、设备名称、规格、编号、设备原值、净值、租用时间、月份或年度、租金数额、租金支付方式、租用期间修理或改造的有关规定和损坏赔偿规定、期满退租方式及退租时间等。

◉ **课堂能力训练**

浙江钱塘股份有限责任公司 2024 年 6 月初 "应收账款" 总账下按各债务人单位分设的明细账余额情况如表 6-1 所示。

表 6-1 明细账余额

单位名称	金额 / 元
宏远公司	85 000
绿源公司	320 000
合　计	405 000

公司 6 月份发生下列经济业务：

（1）6 月 1 日，厂部张英因出差赴北京联系业务，向财务部借款 18 000 元，公司开出一张现金支票。

（2）6 月 4 日，收到宏远公司偿还的货款 85 000 元存入银行。

（3）6 月 8 日，公司销售甲产品一批给江苏绿源公司，售价为 300 000 元，增值税销项税额为 39 000 元，款项已收存银行。

（4）6 月 9 日，厂部张英报销差旅费 17 500 元，并交回多余现金 500 元。

（5）6 月 10 日，结算本月应付职工工资 68 000 元，其中：一车间生产工人工资为 25 000 元，二车间生产工人工资为 15 000 元，一车间管理人员工资为 8 000 元，二车间管理人员工资为 5 000 元，公司管理人员工资为 15 000 元。

（6）6 月 15 日，用银行存款 68 000 元发放职工工资。

（7）6 月 20 日，一车间生产甲产品领用 A 材料 48 600 元，二车间生产乙产品领用 B 材料 28 400 元。

（8）6 月 22 日，公司销售给宏远公司乙产品一批，售价为 500 000 元，增值税销项税额为 65 000 元，款项未收。

要求：根据以上经济业务，登记现金日记账、银行存款日记账，并登记相关总账和明细账。

第四节　对账

对账，就是核对账目，是指对账簿、账户记录所进行的核对工作。通过对账，应当做到账证相符、账账相符、账实相符。

在日常记账、过账、算账、结账的过程中，难免会发生差错，出现账款、账物不符的情况。因此，在结账前后，要通过对账，将有关账簿记录进行核对，确保会计核算资料的正确性和完整性，为编制会计报表提供真实可靠的数字资料。对账的内容包括账证核对、账账核对、账实核对。

一、账证核对

账证核对是指账簿记录与记账凭证及其所附原始凭证的核对。它主要是账簿记录与原始凭证、记账凭证的时间、凭证字号、记账内容、记账金额及记账方向等的核对。

一般来说，日记账应与收款凭证、付款凭证相核对，总账应与记账凭证相核对，明细账应与记账凭证或原始凭证相核对。通常这些核对工作是在日常制证和记账工作中进行的。

二、账账核对

账账核对是指核对不同会计账簿之间的账簿记录是否相符。为了保证账账相符，必须将各种账簿之间的有关数据相核对。具体核对内容包括：

（一）总分类账簿有关账户的余额核对

资产类账户的余额应等于权益类账户的余额，或总账账户的期末借方余额合计数应与贷方余额合计数核对相符。

（二）总分类账簿与所属明细分类账簿核对

总分类账户的期末余额应与其所属的各明细分类账户的余额之和核对相符。

（三）总分类账簿与序时账簿核对

我国企事业单位必须设置现金日记账和银行存款日记账。现金日记账必须每天与库存现金核对相符，银行存款也必须定期与银行对账。在此基础上，还应检查现金总账和银行存款总账的期末余额、与现金日记账和银行存款日记账的期末余额是否相等。

（四）明细分类账簿之间的核对

会计部门有关实物资产的明细账与财产物资保管部门或使用部门的明细账定期核对，以检查其余额是否相符。核对的方法一般是由财产物资保管部门或使用部门定期编制收发结存汇总表报会计部门核对。

三、账实核对

账实核对是指各项财产物资、债权债务等账面余额与实有数额之间的核对。账实核对的内容主要有：

（1）现金日记账账面余额与库存现金数额是否相符；

（2）银行存款日记账账面余额与银行对账单的余额是否相符；

（3）各项财产物资明细账余额与财产物资的实有数额是否相符；

（4）有关债权债务明细账账面余额与对方单位的账面记录是否相符等。

◈ 想一想

账实核对结果可能相符，也可能不符。请说明造成账实不符的原因有哪些。

账实核对的结果可能相符，也可能不符。造成账实不符的原因是多方面的，如：财产物资保管过程中发生的自然损耗；财产收发过程中由于计量或检验不准，造成多收或少收的差错；由于管理不善、制度不严造成的财产损坏、丢失、被盗；在账簿记录中发生的重记、漏记、错记；由于有关凭证未到，形成未达账项，造成结算双方账实不符以及发生意外灾害等。因此，需要通过财产清查促进企业加强管理，弥补漏洞，保证会计信息真实可靠。

第五节　错账更正方法

视频：
错账的更正
方法

会计数据的分类与记录过程中，由于种种原因，可能会发生各种各样的错误。账簿记录应保持清洁，记账时应力求正确和清楚，避免差错。如果账簿记录发生错误，必须按照规定的方法予以更正，不能涂改、刮擦、挖补或用化学药水消除字迹。错账的更正方法通常有：划线更正法、红字更正法和补充登记法。

一、划线更正法

划线更正法又称红线更正法。在结账之前，如果发现账簿记录有错误，而记账凭证无错误，即属于记账时文字或数字的笔误，可采用划线更正法予以更正。结账后严禁采用此法更正错误。

更正时，在错误的文字或数字上划一条红线注销。对于错误的文字，可以只划销其中写错的个别文字；对于错误的数字，应当全部划销，不得只划销其中写错的个别数字。无论是文字还是数字，在划线时都要使原有字迹仍可辨认，以备查考；然后，将正确的文字或数字用蓝字或黑字写在被注销的文字或数字上方，并由记账人员在更正处盖章，以明确责任。

例 6-1

2024 年 6 月 18 日，浙江东方股份有限公司会计王杰根据记账凭证登记总账时，将金额 8 675 元误记为 8 765 元。

更正方法为：

将"8 765"全部用红线划去，并在其上方用蓝字或黑字写上"8 675"。即：

8 675

8 765 ~~王 杰~~

二、红字更正法

红字更正法是指用红字冲销原有错误的账户记录或凭证记录，以更正或调整账簿记录的一种方法。红字更正法一般适用于以下两种情况：

（1）记账后在当年内发现记账凭证所记的会计科目错误，从而引起记账错误，应采用红字更正法。更正方法如下：

① 用红字金额编制一张与原错误记账凭证内容一致的记账凭证，在摘要栏中注明"注销某月某日第 × 号记账凭证的错账"，填制日期为错账的更正日期，凭证编号按本日已编制凭证顺序编写；

② 用红字金额记入有关账户，以冲销原来的错账；

③ 用蓝字或黑字编制一张正确的记账凭证，在摘要栏中注明"订正某月某日第 × 号凭证"；

④ 用蓝字或黑字登记有关账户，以更正错账。

例 6-2

2024 年 6 月 18 日，浙江东方股份有限公司管理部门领用原材料 1 320 元。会计人员在填制记账凭证时发生错误，并根据错误的记账凭证登记了账簿。错误的会计分录如下：

借：制造费用   1 320

| | 贷：原材料 | 1 320 |

更正方法为：

首先，用红字更正法进行更正，应先编制一张与原错误记账凭证内容完全相同而金额为红字的记账凭证：

| | 借：制造费用 | 1 320 |
| | 贷：原材料 | 1 320 |

然后再用蓝字（或黑字）编制一张正确的记账凭证：

| | 借：管理费用 | 1 320 |
| | 贷：原材料 | 1 320 |

最后根据上述红字记账凭证和正确的记账凭证登记相关账簿。

（2）记账后在当年内发现记账凭证所记的会计科目无误而所记金额大于应记金额，从而引起记账错误，应采用红字更正法。更正方法如下：

① 填制一张红字金额是正确金额与错误金额的差额的记账凭证（账户及对应关系均与原记账凭证相同），在摘要栏中注明"冲销某月某日第 × 号记账凭证多记金额"。

② 用红字金额登记有关账户，冲销多记金额。

例 6-3

2024 年 6 月 18 日，浙江东方股份有限公司接受投资者货币资金投资 780 000 元，已存入银行。误做下列记账凭证，并已登记入账。会计分录如下：

| | 借：银行存款 | 870 000 |
| | 贷：实收资本 | 870 000 |

更正方法为：将多记的金额用红字作与上述科目相同的会计分录。会计分录如下：

| | 借：银行存款 | 90 000 |
| | 贷：实收资本 | 90 000 |

然后，根据这张更正错误的记账凭证登记账簿。

想一想

红字更正法与划线更正法各自的适用范围有何不同？

会计基础

三、补充登记法

记账后发现记账凭证填写的会计科目无误，只是所记金额小于应记金额时，应采用补充登记法。其更正方法如下：

（1）填制一张蓝字或黑字金额为正确金额与错误金额的差额的记账凭证（账户及对应关系均与原记账凭证相同），在摘要栏中注明"补记某月某日第 × 号记账凭证少记金额"。

（2）用蓝字或黑字登记有关账户，补记少记金额。

例 6-4

2024 年 6 月 18 日，浙江东方股份有限公司通过开户银行收到购货单位大华公司偿还前欠货款 380 000 元，误将其金额记为 360 000 元，填制如下记账凭证，并已登记入账。

借：银行存款 　　　　　　　　　　　　　　　　　360 000

　　贷：应收账款 　　　　　　　　　　　　　　　　360 000

更正方法为：将少记金额用蓝字或黑字填制一张记账凭证，并登记入账。

借：银行存款 　　　　　　　　　　　　　　　　　20 000

　　贷：应收账款 　　　　　　　　　　　　　　　　20 000

相关链接

查找错账的方法

在记账过程中，可能发生各种各样的差错，产生错账，如重记、漏记、数字颠倒、数字错位、数字记错、科目记错、借贷方向记反（反向）等，从而影响会计信息的正确性，应及时找出差错，并予以更正。错账查找的方法，通常有全面检查和局部抽查两种。

1. 全面检查

全面检查按照查错的顺序是否与记账方向相同，可分为顺查法和逆查法两种。

顺查法是按照记账程序的顺序，从原始凭证到记账凭证，再到账簿、报表顺序查找。顺查法按照记账先后顺序查找，有利于全面检查账簿记录的正确性，但查错的工作量大，费时费力。因此，这种方法适用于错账较多，难以确定查找方向与重点范围的情况。

逆查法是从发现错账的位置逆记账程序的方向，直到查到错误的原因为止。逆查法重点放在发现错账的部位，通过分析，与记账顺序反向查找，能减少查找的工作量，也符合错误的原因是在其结果之前的客观规律。

2. 局部抽查

局部抽查常用的方法有差数法、尾数法、除2法、除9法等。

（1）差数法。差数法是指按照错账的差数查找错账的方法。例如，在记账过程中只登记了会计分录的借方或贷方，漏记了另一方，从而形成试算平衡中的借方合计与贷方合计不等。其表现形式是：借方金额遗漏，会使该金额在贷方超出；贷方金额遗漏，会使该金额在借方超出。对于这样的差错，可由会计人员通过回忆，与相关金额的记账核对。

（2）尾数法。对于发生的角、分的差错可以只查找小数部分，以提高查错的效率。

（3）除2法。除2法是指以差数除以2来查找错账的方法。当某个借方金额记入贷方（或相反）时，出现错账的差数表现为错误的2倍，将此差数用2去除，得出的商即反向的金额。例如，将应记入"原材料——甲材料"账户借方的4 000元误记入贷方，则该明细账户的期末余额将小于其总分类账户期末余额8 000元，被2除的商是4 000元即为借贷方向反向的金额。同理，如果借方总额大于贷方600元，即应查找有无300元的贷方金额误记入借方。如非此类错误，则应另寻差错的原因。

（4）除9法。除9法是指以差数除以9来查找错数的方法。适用以下三种情况：

① 将数字写小。如将400写为40，错误数字小于正确数字9倍。查找的方法是：以差数除以9后得出的商即为写错的数字，商乘以10即为正确的数字。上例差数360（即400-40）除以9，商40即为错数，扩大10倍后即可得出正确的数字400。

② 将数字写大。如将50写为500，错误数字大于正确数字9倍。查找的方法是：以差数除以9后得出的商即为正确的数字，商乘以10后所得的积为错误的数字。上例差数450（即500-50）除以9后，所得的商50即为正确数字，50乘以10（即500）为错误数字。

③ 邻数颠倒。如将78写为87，将96写为69，将36写为63等。颠倒的两个数字之差最小为1，最大为8（即9-1）。查找的方法是：将差数除以9，得出的商连续加11，直到找出颠倒的数字为止。如将78记为87，其差数为9。查找此错误的

方法，是将差数除以9得1，连加11后可能的结果为12、23、34、45、56、67、78、89。当发现账簿中出现上述数字（本例为78）时，则有可能正是颠倒的数字。

查找错账是一项耗费时间和精力的工作，有经验的会计人员查找错账不限于上述方法。会计人员应力求认真记账，做好对账和复核工作，尽量做到不出错账。一旦出现错账，查找后应按正确的方法予以更正。

◉ **课堂能力训练**

2024年7月30日，浙江东方股份有限公司会计王杰将账簿记录与会计凭证核对时，发现下列经济业务的账簿记录有误：

（1）开出现金支票3 800元，支付销售部门购买的办公用品费。原来编制记账凭证的会计分录为：

借：管理费用　　　　　　　　　　　　　　　　　3 800
　　贷：银行存款　　　　　　　　　　　　　　　　　3 800

（2）用银行存款支付公司广告费8 000元。原来编制记账凭证的会计分录为：

借：销售费用　　　　　　　　　　　　　　　　　9 000
　　贷：银行存款　　　　　　　　　　　　　　　　　9 000

（3）公司通过开户银行支付前欠钱塘公司购货款470 000元。原来编制记账凭证的会计分录为：

借：应付账款　　　　　　　　　　　　　　　　　410 000
　　贷：银行存款　　　　　　　　　　　　　　　　　410 000

要求：用正确的方法更正以上错账。

第六节　结账

结账就是在会计期末（如月末、季末、年末）将本期内所有发生的经济业务事项全部登记入账后，计算出本期发生额和期末余额。为了解某一会计期间（月份、季度、半年度、年度）的经济活动情况，考核经营成果，必须在每一会计期间终结时进行结账。同时，结账工作也是编制会计报表的先决条件。

结账的内容通常包括两个方面：一是结清各种损益类账户，并据以计算确定本期利润；二是结清各资产、负债和所有者权益类账户，分别结出本期发生额合计和余额。

一、结账程序

结账程序包括四个步骤：

（1）将本期内发生的经济业务全部记入有关账簿。若发生漏账、错账，应及时补记、更正，既不能提前结账，又不能将本期发生的经济业务推至下期登账。

（2）根据权责发生制的要求，调整有关账项，合理确定本期应计的收入和应计的费用。

（3）将损益类账户转入"本年利润"账户，结平所有损益类账户。

（4）结算出资产、负债和所有者权益账户的本期发生额和余额，并结转下期。

二、结账方法

（1）对不需按月结计本期发生额的账户，每次记账以后，都要随时结出余额，每月最后一笔余额即为月末余额。月末结账时，只需要在最后一笔经济业务事项记录之下通栏划单红线，不需要再结计一次余额。

（2）现金、银行存款日记账和需要按月结计发生额的收入、费用等明细账，每月结账时，要结出本月发生额和余额，在摘要栏内注明"本月合计"字样，并在下面通栏划单红线。

（3）需要结计本年累计发生额的某些明细账户，每月结账时，应在"本月合计"行下结出自年初起至本月末止的累计发生额，登记在月份发生额下面，在摘要栏内注明"本年合计"字样，并在下面通栏划单红线。12月末的"本年合计"就是全年累计发生额，全年累计发生额下通栏划双红线。

（4）总账账户平时只需结出月末余额。年终结账时，将所有总账账户结出全年发生额和年末余额，在摘要栏内注明"本年合计"字样，并在合计数下通栏划双红线。

（5）年度终了结账时，有余额的账户，要将其余额结转下年，并在摘要栏注明"结转下年"字样；在下一年度新建有关会计账户的第一行余额栏内填写上年结转的余额，并在摘要栏注明"上年结转"字样。其格式如图6-10所示。

应收账款　总分类账

2024年		凭证号数	摘　要	借　方									贷　方									借或贷	余　额								
月	日			百	十	万	千	百	十	元	角	分	百	十	万	千	百	十	元	角	分		百	十	万	千	百	十	元	角	分
1	1		上年结转																			借		3	0	0	0	0	0	0	0
			……																												
12	31		本月合计		8	4	0	0	0	0	0	0		3	9	0	0	0	0	0	0	借		4	5	0	0	0	0	0	0
12	31		本季度合计		9	3	3	0	0	0	0	0		4	8	3	0	0	0	0	0	借		4	5	0	0	0	0	0	0
12	31		本年合计	1	2	6	0	0	0	0	0	0		8	1	0	0	0	0	0	0	借		7	5	0	0	0	0	0	0
			结转下年																												

图6-10　总分类账

◇ 想一想

请说明在结账时，什么时候应该通栏划单红线，什么时候应该通栏划双红线？

丰 相关链接

会计账簿的更换与保管

账簿是企业重要的会计档案和历史资料。在每个会计年度开始，都要及时更换旧账，启用新账，并将上年度的会计账簿归档、保管。

1. 账簿的更换

日记账、总分类账和大部分明细分类账都要在每年更换新账。只有变动较小的部分明细账，如固定资产明细账或固定资产卡片，可以继续使用，不必每年更换新账。

需要更换的各种账簿，在进行年终结账时，各账户的年末余额都要以同方向直接记入有关新账的账户中，并在新账第一行摘要栏注明"上年结转"或"年初余额"字样。新旧账簿有关账户之间的结转余额，无须编制记账凭证。

2. 账簿的保管

各类账簿与会计凭证、会计报表一样，必须按照会计制度的规定妥善保管，做到既安全完整，又在需用时能及时查到。为此，会计人员在年度终了，应将已更换的各种活页账簿、卡片账簿连同账簿启用登记表一起装订成册，加上封面，统一编号，并由有关人员签章。会计账簿暂由本单位财务会计部门保管一年，期满之后，由财务会计部门编造清册移交本单位的档案部门保管。

❖ 典型案例

情境与背景：

*ST宏图在2023年4月19日发布公告称，收到证监会行政处罚及市场禁入事先告知书。因信息披露存在虚假记载、重大遗漏，证监会拟对*ST宏图、控股股东三胞集团及一众责任人员作出行政处罚、证券市场禁入等措施。

而*ST宏图连续多年虚构交易、虚增收入和利润，并虚减负债。其核心执行者为*ST宏图子公司宏图三胞高科技术有限公司（以下简称宏图三胞）。

根据事先告知书，2017年至2018年，*ST宏图通过宏图三胞及其32家子公司、3家分公司与三胞集团安排设立、借用并控制的，交由宏图三胞管理的南京龙昀电脑有限公司等18家公司虚构购销业务，虚增收入和利润，导致2017年和2018年年度报告存在虚假记载。

2017年，宏图三胞虚构销售业务677笔，虚增收入74.18亿元，虚构采购业务677笔，虚增成本69.03亿元，虚增利润总额5.15亿元；2018年，*ST宏图虚构销售业务416笔，虚增收入45.82亿元，虚构采购业务416笔，虚增成本42.89亿元，虚增利润总额2.93亿元。

2017年至2018年，*ST宏图以自己名义与银行、信托等金融机构发生未进行账务处理融资共计33笔，以第三方名义通过商业保理和票据贴现等发生未进行账务处理的融资共计25笔，截至2021年12月31日尚未完全偿还。上述行为导致*ST宏图5年累计虚减债务近482亿元。

2017年至2021年财务报表虚减负债金额分别为90.63亿元、98.20亿元、98亿元、97.48亿元、97.48亿元，占当期披露负债的比例为81.28%、104.73%、106.40%、103.34%、101.75%，存在虚假记载。另外，*ST宏图未在2017年至2021年年度报告中披露对关联方担保事项，导致2017年至2021年年度报告存在重大遗漏。

证监会指出，三胞集团作为宏图高科控股股东，授意、指挥*ST宏图进行虚构交易、虚增收入和利润以及表外融资少计负债。三胞集团上述行为已构成"指使"从事信息披露违法行为。控股股东三胞集团的董事长、上市公司实际控制人，在

*ST 宏图信息披露违法行为中居于核心地位，组织、领导、策划涉案违法行为。

2023 年 5 月 26 日，*ST 宏图收到《上交所拟终止公司股票上市事先告知书的公告》，因上市公司已连续 20 个交易日的每日股票收盘价均低于人民币 1 元，公司股票已经触及终止上市条件。上交所对 *ST 宏图股票作出终止上市的决定。

问题：

（1）*ST 宏图是利用什么方式进行会计信息造假的？

（2）*ST 宏图利用的会计造假方式，在会计账簿上是如何体现的？

（3）请你根据《会计人员职业道德规范》对 *ST 宏图相关会计人员在公司这场持续 5 年之久的会计造假中的行为进行评价。

❖ 本章主要概念

会计账簿　　序时账簿　　总分类账　　明细分类账　　备查账簿

两栏式账簿　　三栏式账簿　　多栏式账簿　　数量金额式账簿

❖ 同步测试

一、单项选择题

1. 账簿按（　　　）的不同，可分为序时账簿、分类账簿、备查账簿。

　　A. 用途　　　　　　B. 外表形式　　　　　C. 格式　　　　　　D. 启用时间

2. 按经济业务发生的时间先后顺序，逐日逐笔进行登记的账簿是（　　　）。

　　A. 明细分类账　　　B. 总分类账　　　　　C. 序时账簿　　　　D. 备查账簿

3. "原材料""库存商品"等存货类明细账，一般采用（　　　）账簿。

　　A. 三栏式　　　　　B. 多栏式　　　　　　C. 数量金额　　　　D. 横线登记式

4. "生产成本""制造费用"等成本费用类明细账一般采用（　　　）账簿。

　　A. 三栏式　　　　　B. 借方多栏式　　　　C. 数量金额式　　　D. 贷方多栏式

5. 年终结账，将余额结转下年时，（　　　）。

　　A. 不需要编制记账凭证，但应将上年账户的余额反向结平才能结转至下年

B. 应编制记账凭证，并将上年账户的余额反向结平

C. 不需要编制记账凭证，也不需要将上年账户的余额结平，直接注明"结转下年"即可

D. 应编制记账凭证予以结转，但不需要将上年账户的余额反向结平

6. 凡在结账前发现记账凭证正确而登记账簿时发生的错误，可用（　　）更正。

    A. 划线更正法　　　　B. 补充登记法　　　　C. 红字更正法　　　　D. 涂改法

7. 某会计人员在填制凭证时，误将 50 000 元写成 5 000 元，科目、方向无误，并已入账，月底结账时发现错误，正确的更正方法是（　　）。

    A. 划线更正法　　　　B. 还原更正法　　　　C. 补充登记法　　　　D. 红字更正法

8. 对账即核对账目，其主要内容包括（　　）几个方面的内容。

    A. 账实核对、账表核对、账账核对、账证核对

    B. 账账核对、账证核对、账表核对

    C. 账账核对、账证核对、表表核对

    D. 账账核对、账证核对、账实核对

二、多项选择题

1. 账簿按其经济用途分类，可以分为（　　）。

    A. 序时账簿　　　　B. 分类账簿　　　　C. 订本账簿　　　　D. 备查账簿

2. 账簿按其账页格式的不同，可以分为（　　）。

    A. 分类账簿　　　　　　　　　　　　B. 两栏式账簿和三栏式账簿

    C. 多栏式账簿　　　　　　　　　　　D. 数量金额式账簿

3. 下列账户中，采用数量金额式账簿格式的有（　　）账户。

    A. 原材料　　　　B. 材料采购　　　　C. 生产成本　　　　D. 库存商品

4. 账簿的种类繁多，但一般都应具备（　　）等基本内容。

    A. 封面　　　　B. 账夹　　　　C. 扉页　　　　D. 账页

5. 登记账簿的基本要求包括（　　）等内容。

    A. 根据审核无误的会计凭证登记账簿

    B. 用蓝黑墨水或碳素墨水书写，不得用圆珠笔或铅笔书写

    C. 不得用红色墨水记账

    D. 按顺序连续登记，不得跳行、隔页

6. 账账核对包括（　　）的核对是否相符。

    A. 所有总账的借方发生额合计和贷方发生额合计

    B. 总账余额和所属明细账余额合计数

C. 现金日记账和银行存款日记账余额与其总账余额

D. 银行存款日记账和银行对账单

7. 账实核对是指账簿记录与财产物资实有数额是否相符，具体包括（　　　　　）核对。

A. 现金日记账余额与实际库存数

B. 银行存款日记账余额与银行对账单余额

C. 各种财物明细账余额与实存额

D. 债权、债务明细账余额与对方单位或个人的记录（往来对账单）

8. 错账更正的方法主要有（　　　　　）。

A. 涂改法　　　　　B. 划线更正法　　　　C. 红字更正法　　　　D. 补充登记法

9. 下列错误，应当用红字更正法予以更正的是（　　　　　）。

A. 在登记账簿时将 256 元误记为 265 元，记账凭证正确无误

B. 在填制记账凭证时，误将"应收账款"科目填为"应付账款"科目，并已登记入账

C. 在填制记账凭证时，误将 3 000 元填作 300 元，尚未入账

D. 记账凭证中的借贷方向用错，并已入账

10. 下列结账方法中正确的是（　　　　　）。

A. 对于不需要按月结计发生额的账户，每月最后一笔余额即为月末余额。月末结账时，只需要在最后一笔经济业务记录之下通栏划单红线

B. 结账时"全年累计"发生额下通栏划双红线

C. 总账账户在年终结账时，在"本年合计"栏下通栏划双红线

D. 现金、银行存款日记账，每月结账时，在摘要栏注明"本月合计"字样，并在下面通栏划双红线

三、判断题

1. 各单位在更换旧账簿、启用新账簿时，应当填制账簿启用表。（　　　）

2. 现金日记账是由出纳人员根据审核无误的现金收、付款凭证和银行存款收、付款凭证按照经济业务的发生顺序，逐日、逐笔序时登记。（　　　）

3. "原材料"明细账一般采用三栏式账簿格式。（　　　）

4. 设置和登记账簿是编制会计报表的基础，是连结会计凭证和会计报表的中间环节。（　　　）

5. 总分类账的月末借方余额合计数应当同月末贷方余额合计数核对相符。（　　　）

6. 凡需要结出余额的账户，结出余额后，应在"借或贷"栏内写明"借"或"贷"字样。没有余额的账户，只要在余额栏内用"0"表示即可。（　　）

7. 账簿中的每一账页就是账户的存在形式和载体，没有账簿，账户就无法存在。（　　）

8. 年度终了，日记账、总账和所有的明细账必须更换新账，不能延续使用旧账。（　　）

9. 采用补充登记法更正错账时，按正确的金额与错误金额的差额，用蓝字编制一张账户对应关系与原错误凭证相同的记账凭证，并用蓝字登记入账，以补记少记的金额。（　　）

10. 在审查当年的记账凭证时，发现某记账凭证应借应贷的账户正确，但所记的金额大于实际金额，并已入账，可用红字更正法更正。（　　）

❖ 综合实训

实训一

【实训目标】训练现金日记账和银行存款日记账的登记方法。

【实训资料】浙江红叶花木有限公司2024年6月30日银行存款日记账余额为560 000元；现金日记账余额为13 000元。7月份发生下列银行存款和现金收付业务：

（1）1日，投资者投入货币资金530 000元，存入银行（银收1号）。

（2）1日，以银行存款250 000元归还短期借款（银付1号）。

（3）5日，从银行提取现金30 000元备用（银付3号）。

（4）7日，用银行存款上缴销售税金14 500元（银付2号）。

（5）8日，将现金21 000元存入银行（现付1号）。

（6）11日，收到应收账款360 000元，存入银行（银收2号）。

（7）12日，以银行存款50 000元支付购买材料款（银付4号）。

（8）12日，用银行存款3 000元支付购买材料运输费（银付5号）。

（9）用银行存款65 000元发放职工工资（银付6号）。

（10）18日，以银行存款支付本月电费4 500元（银付7号）。

（11）20日，销售产品一批，货款116 000元存入银行（银收3号）。

（12）25日，用银行存款支付销售费用12 700元（银付8号）。

（13）30 日，以银行存款 68 000 元偿付应付账款（银付 9 号）。

【实训要求】

（1）开设现金日记账和银行存款日记账。

（2）编制记账凭证，并据以登记现金日记账与银行存款日记账。

（3）月末结出现金日记账与银行存款日记账的本期发生额和期末余额。

实训二

【实训目标】训练错账的更正方法。

【实训资料】浙江红叶花木有限公司 2024 年 8 月底在对账过程中，发现以下经济
业务往来中记账出现了错误。

（1）从银行取得借款 540 000 元，借款期限为 10 个月，已经存入银行。

（2）生产车间为生产 A 产品领用原材料 85 000 元。

（3）以现金 780 元支付了行政管理部门的办公用品费。

（4）东方股份有限公司向本公司投资新机器一台，价值 213 000 元。

（5）经计算本月应缴企业所得税为 21 000 元。

根据上述经济业务在记账凭证中编制会计分录如下：

（1）借：银行存款　　　　　　　　　　　450 000

　　　　贷：短期借款　　　　　　　　　　　　　450 000

（2）借：制造费用　　　　　　　　　　　85 000

　　　　贷：原材料　　　　　　　　　　　　　　85 000

（3）借：管理费用　　　　　　　　　　　870

　　　　贷：库存现金　　　　　　　　　　　　　870

（4）借：固定资产　　　　　　　　　　　231 000

　　　　贷：实收资本　　　　　　　　　　　　　231 000

（5）借：应交税费——应交所得税　　　　21 000

　　　　贷：银行存款　　　　　　　　　　　　　21 000

根据上述会计分录登记 T 形账如下：

借　　银行存款　　贷		借　　制造费用　　贷	
期初 310 000		（2）85 000	
（1）450 000	（5）21 000		

借 原材料 贷	借 短期借款 贷
期初 40 000	期初 200 000
（2）85 000	（1）450 000

借 管理费用 贷	借 库存现金 贷
（3）870	期初 800
	（3）870

借 固定资产 贷	借 实收资本 贷
期初 15 000	期初 1 000 000
（4）231 000	（4）231 000

借 应交税费 贷
（5）21 000　期初 3 100

【实训要求】

（1）说明每笔经济业务错误的性质与更正方法。

（2）编制错账更正的会计分录。

（3）根据更正后的会计分录登账。

◈ 学习评价

▲专业能力测评表

（在□中打√，A 掌握，B 基本掌握，C 未掌握）

业务能力	评价指标	自测结果	备注
会计账簿的概念与种类	1. 会计账簿的概念 2. 会计账簿与账户的关系 3. 会计账簿的种类	□A　□B　□C □A　□B　□C □A　□B　□C	
会计账簿的内容、启用与记账规则	1. 会计账簿的基本内容 2. 会计账簿的启用 3. 会计账簿的记账规则	□A　□B　□C □A　□B　□C □A　□B　□C	
会计账簿的格式与登记方法	1. 日记账的格式与登记方法 2. 总分类账的格式与登记方法 3. 明细分类账的格式与登记方法 4. 备查账簿的格式与登记方法	□A　□B　□C □A　□B　□C □A　□B　□C □A　□B　□C	

会计基础

业务能力	评价指标	自测结果	备注
对账	1. 账证核对 2. 账账核对 3. 账实核对	□A □B □C □A □B □C □A □B □C	
错账更正方法	1. 划线更正法 2. 红字更正法 3. 补充登记法	□A □B □C □A □B □C □A □B □C	
结账	1. 结账程序 2. 结账方法	□A □B □C □A □B □C	
其他			
教师评语:			
成绩		教师签字	

账务处理程序

学习目标

✤ 素养目标

- 通过记账凭证账务处理程序的学习，培养耐心细致、精益求精的工匠精神
- 通过科目汇总表账务处理程序和汇总记账凭证账务处理程序的学习，培养始终秉持会计职业精神，勤于学习、锐意进取，与时俱进、开拓创新

✤ 知识目标

- 掌握账务处理程序的概念、意义、种类与设计要求
- 掌握记账凭证账务处理程序的一般步骤、特点、优缺点和适用范围
- 掌握科目汇总表账务处理程序的一般步骤、特点、优缺点和适用范围
- 掌握汇总记账凭证账务处理程序的一般步骤、特点、优缺点和适用范围

✤ 能力目标

- 能够运用记账凭证账务处理程序进行企业经济业务的确认、计量和披露
- 能够运用科目汇总表账务处理程序进行企业经济业务的确认、计量和披露
- 能够运用汇总记账凭证账务处理程序进行企业经济业务的确认、计量和披露

素养之窗：
账务处理
程序

思维导图

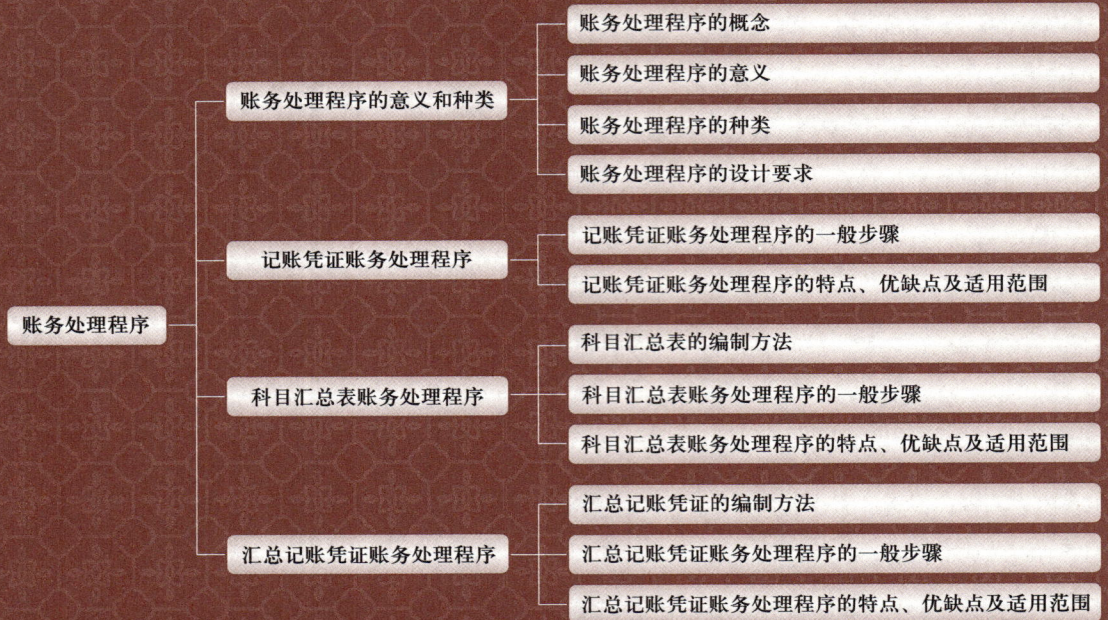

		账务处理程序的概念
	账务处理程序的意义和种类	账务处理程序的意义
		账务处理程序的种类
		账务处理程序的设计要求
账务处理程序	记账凭证账务处理程序	记账凭证账务处理程序的一般步骤
		记账凭证账务处理程序的特点、优缺点及适用范围
	科目汇总表账务处理程序	科目汇总表的编制方法
		科目汇总表账务处理程序的一般步骤
		科目汇总表账务处理程序的特点、优缺点及适用范围
	汇总记账凭证账务处理程序	汇总记账凭证的编制方法
		汇总记账凭证账务处理程序的一般步骤
		汇总记账凭证账务处理程序的特点、优缺点及适用范围

学习计划

- 素养提升计划

  _____
  _____
  _____

- 知识学习计划

  _____
  _____
  _____

- 技能训练计划

  _____
  _____
  _____

经营离不开会计

张美经过两年的打拼后，出资创办了学子书城，主要经营图书、杂志、计算器、学习机、学习用品等商品的批发兼零售业务。2024 年 9 月 1 日，张美以公司名义在银行开立账户，存入 100 000 元作为资本，用于经营。由于张美没有学过会计，只是将所有的发票、单据等业务资料进行收集、保存，没有做任何会计记录。月底，张美发现公司的银行存款只剩下 58 987 元及 643 元现金。尽管客户赊欠的 13 300 元尚未收到，但公司也有 10 560 元货款尚未支付。除此之外，实地盘点存货的价值为 25 800 元。为了进一步了解书城的财务、经营情况，张美特招聘了会计人员刘婷，负责书城的经济业务核算。

张美将保存的所有单据进行检查分析，汇总了书城一个月的经济业务情况。张美请会计刘婷设计一套合理的账务处理程序。刘婷给出建议如下，在选择账务处理程序时，需要考虑以下 4 个因素：以最低成本有效处理会计信息；较快地获取财务报告信息；确保数字准确、及时；把财务欺诈的可能性降至最低。而学子书城是新成立的小企业，所用会计科目不多，适用于记账凭证核算处理程序。

第一节　账务处理程序的意义和种类

一、账务处理程序的概念

账务处理程序，也称会计核算组织程序或会计核算形式，是指会计凭证、会计账簿、财务报表相结合的方式。它包括会计凭证和账簿的种类、格式，会计凭证与账簿之间的联系方式，由原始凭证到编制记账凭证、登记明细分类账和总分类账、编制财务报表的工作程序和方法等。

会计凭证、会计账簿、财务报表之间的结合方式不同，形成不同的账务处理程序，不同的账务处理程序又有不同的方法、特点和适用范围。账务处理程序的建立受到经济活动和财务收支的实际情况、经营管理的需要、会计核算手续等因素的影响，进而导致会计凭证系统组织、会计账簿系统组织、财务报表系统组织以及核算程序和方法也在不断发生变化，由此形成了不同的账务处理程序。

二、账务处理程序的意义

账务处理程序是否科学合理，会对整个会计核算工作产生诸多方面的影响。确定科学合理的账务处理程序，对于保证能够准确、及时提供系统而完整的会计信息，具有十分重要的意义，也是会计部门和会计人员的一项重要工作。

（1）有利于规范会计核算的组织工作。会计核算工作需要会计部门和会计人员之间的密切配合，有了科学合理的账务处理程序，会计机构和会计人员在进行会计核算的过程中就能够做到有序可循，按照不同的责任分工，有条不紊地处理好各个环节上的会计核算工作。

（2）有利于保证会计核算的工作质量。在进行会计核算的过程中，保证会计核算工作的质量是对会计工作的基本要求。建立起科学合理的账务处理程序，形成加工和整理会计信息的正常机制，是提高会计核算工作质量的重要保障。

（3）有利于提高会计核算的工作效率。会计核算工作效率的高低，直接关系到会计信息的及时性和有用性。按照既定的账务处理程序进行会计信息的处理，将会大大提高会计核算工作效率。

（4）有利于节约会计核算的工作成本。组织会计核算的过程也是对人力、物力和财力的消耗过程，因此，要求会计核算本身也要讲求经济效益。账务处理程序安排得科学合理，选用的会计凭证、会计账簿和财务报表种类适当，格式适用，数量适中，在一定程度上也能够节约会计核算工作成本。

三、账务处理程序的种类

目前，我国企业、机关、事业等单位会计核算常用的账务处理程序主要有：记账凭证账务处理程序、科目汇总表账务处理程序、汇总记账凭证账务处理程序等。各类账务处理程序的不同之处在于登记总账的依据和程序不同。

⬡ **想一想**

除上述常用的账务处理程序外，企业还可以采用其他何种账务处理程序进行经济业务的确认、计量与披露？

四、账务处理程序的设计要求

设计账务处理程序的要求主要包括以下几点：

（1）要适合本单位所属行业的特点，充分考虑本会计主体经济活动的性质、经济管理的特点、规模的大小、经济业务的繁简程度，并且有利于会计工作的分工协作和内部控制。

（2）要能够准确、及时、完整和系统地提供本单位会计信息，以满足会计信息使用者了解会计信息并据以做出经济决策的需要。

（3）在保证会计核算工作质量的前提下，尽可能地提高会计核算工作效率，力求简化会计核算手续，节省会计核算时间，节约会计核算的成本和费用。

（4）应有利于会计部门和会计人员的分工与合作，有利于明确各会计人员工作岗位职责，并且有利于不同程序之间的相互控制，使各个处理环节分工明确，责任清楚，约束力强。

✦ **相关链接**

会计信息化工作面临的新形势

我国"十四五"时期会计信息化工作面临的形势与挑战主要体现在以下方面：

（1）经济社会数字化转型全面开启。随着大数据、人工智能等新技术创新迭代速度加快，经济社会数字化转型全面开启，对会计信息化实务和理论提出了新挑战，也提供了新机遇。运用新技术推动会计工作数字化转型，需要加快解决标准缺失、制度缺位、人才缺乏等问题。

（2）单位业财融合需求更加迫切。一方面，业务创新发展和新技术创新迭代不断提出新的业财融合需求；另一方面，多数单位业财融合仍处于起步或局部应用阶段，推动业财深度融合的需求较为迫切。

（3）会计数据要素日益重要。随着数字经济和数字社会发展，数据已经成为五大生产要素之一。会计数据要素是单位经营管理的重要资源。通过将零散的、非结构化的会计数据转变为聚合的、结构化的会计数据要素，发挥其服务单位价值创造功能，是会计工作实现数字化转型的重要途径。进一步提升会计数据要素服务单位价值创造的能力是会计数字化转型面临的主要挑战。

（4）会计数据安全风险不容忽视。随着基于网络环境的会计信息系统的广泛应用，会计数据在单位内部、各单位之间共享和使用，会计数据传输、存储等环节存在数据泄露、篡改及损毁的风险，会计信息系统和会计数据安全风险不断上升，需要采取有效的防范措施。

第二节　记账凭证账务处理程序

一、记账凭证账务处理程序的一般步骤

（1）根据原始凭证编制汇总原始凭证；

（2）根据审核无误的原始凭证或者汇总原始凭证，编制记账凭证（或收款凭证、付款凭证和转账凭证）；

（3）根据收、付款凭证逐日逐笔登记现金日记账和银行存款日记账；

（4）根据原始凭证、汇总原始凭证和记账凭证登记有关的明细分类账；

（5）根据记账凭证逐笔登记总分类账；

（6）月末，将现金日记账和银行存款日记账的余额以及各种明细账的余额合计数，分别与总账中有关账户的余额进行核对；

（7）月末，根据经核对无误的总账和有关明细账的记录，编制财务报表。

记账凭证账务处理程序图如图 7-1 所示。

图 7-1 记账凭证账务处理程序图

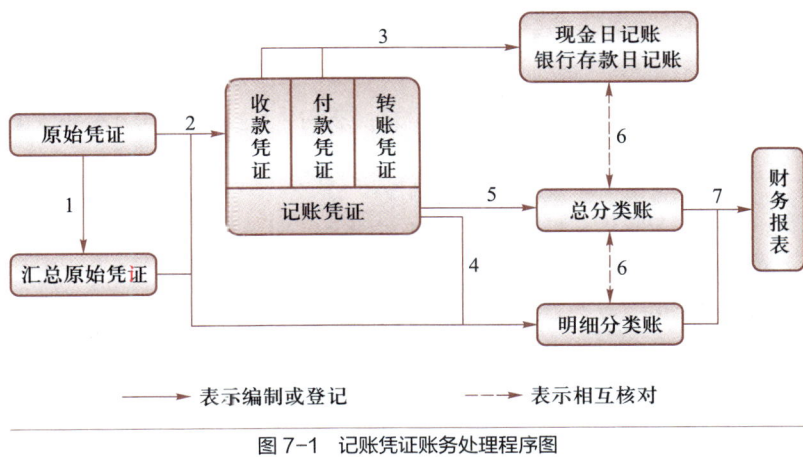

二、记账凭证账务处理程序的特点、优缺点及适用范围

(一) 记账凭证账务处理程序的特点

记账凭证账务处理程序的主要特点是：对发生的经济业务事项，都要根据原始凭证或汇总原始凭证编制记账凭证，然后直接根据记账凭证逐笔登记总分类账。这种账务处理程序是会计核算中最基本的账务处理程序形式，其他几种账务处理程序都是以它为基础、根据经济管理的需要发展而成的。

在记账凭证账务处理程序下，记账凭证可以采用通用记账凭证格式，也可以采用收款凭证、付款凭证和转账凭证等专用记账凭证格式。

在记账凭证账务处理程序下，需要设置库存现金日记账、银行存款日记账、总分类账和明细分类账。库存现金日记账、银行存款日记账、总分类账一般采用三栏式账页，明细分类账则可以根据管理的需要分别采用三栏式、数量金额式和多栏式账页。

(二) 记账凭证账务处理程序的优缺点及适用范围

记账凭证账务处理程序的优点是：直接根据记账凭证登记总账，简单明了、易于理解，总分类账可以较详细地反映经济业务的发生情况。其缺点是：登记总分类账的工作量较大。对于经济业务较多、经营规模较大的企业，总分类账的登记工作过于繁重，因此，记账凭证账务处理程序适用于规模较小、经济业务量较少的单位。

视频：
记账凭证账
务处理程序

浙江众诚股份有限公司（以下简称"众诚公司"）2024 年 9 月份有关账户余额如表 7-1 所示。

表7-1 账 户 余 额

会计科目	账户	
	借方余额	贷方余额
库存现金	1 000	
银行存款	95 000	
应收账款	5 000	
原材料	75 000	
生产成本	19 000	
库存商品	75 000	
固定资产	440 000	
应付账款		15 000
应交税费		5 000
长期借款		160 000
实收资本		520 000
盈余公积		10 000
合计	710 000	710 000

其中：甲材料 300 千克，单价为 150 元／千克，金额为 45 000 元；乙材料 1 000 千克，单价为 30 元／千克，金额为 30 000 元；应付账款——南方工厂，金额为 6 500 元；应付账款——北方工厂，金额为 8 500 元。

众诚公司 2024 年 10 月份发生的经济业务如下（假设本例除考虑增值税和企业所得税外，其他税种不予考虑，增值税适用税率为 13%）：

（1）3 日，购入的甲材料 50 千克，单价为 150 元／千克，增值税进项税额为 975 元，材料已验收入库，货款和税款用银行存款支付。

（2）4 日，生产领用甲材料 100 千克，合计金额为 15 000 元；乙材料 400 千克，合计金额为 12 000 元。

（3）6 日，用银行存款上交上月税款为 5 000 元。

（4）10 日，收到东方工厂归还前欠货款 5 000 元，存入银行。

（5）12 日，从银行提取现金 1 000 元备用。

（6）13日，用现金50□元购买办公用品。

（7）15日，计提本月应付职工工资30 000元，其中：生产工人工资为21 000元，车间管理人员工资为3 000元，公司行政管理人员工资为6 000元。

（8）16日，收到投资者投入新车床一台，价值为25 000元。

（9）20日，用银行存款30 000元归还长期借款。

（10）21日，用银行存款发放本月职工工资30 000元。

（11）22日，出售产品100件，单价为800元，增值税销项税额为10 400元，款项均已收到并存入银行。

（12）29日，结转本月制造费用至生产成本账户。

（13）31日，本月完工产品40件，单位生产成本为650元，已验收入库。

（14）31日，结转本月产品的销售成本为65 000元。

（15）31日，用银行存款付给南方工厂货款3 000元，付给北方工厂货款3 500元。

（16）31日，将本月损益类账户结转至本年利润。

（17）31日，按25%的税率计算本月应交所得税。

（18）31日，将所得税费用转入本年利润。

（19）31日，结转本年利润账户。

要求：根据上述资料，采用记账凭证账务处理程序对本月经济业务进行核算。

（1）填制收款凭证、付款凭证和转账凭证。凭证格式和内容如图7-2至图7-21所示。

图7-2　付款凭证

转 账 凭 证

2024 年 10 月 4 日

总字第 ____ 号
转字第 1 号

摘 要	总账科目	明细科目	借方金额									贷方金额									✓
			百	十	万	千	百	十	元	角	分	百	十	万	千	百	十	元	角	分	
生产领用材料	生产成本	基本生产成本			2	7	0	0	0	0	0										
	原材料	甲材料												1	5	0	0	0	0	0	
		乙材料												1	2	0	0	0	0	0	
合 计				¥	2	7	0	0	0	0	0		¥	2	7	0	0	0	0	0	

财务主管: 　　记账: 黄小明 　　复核: 程 红 　　制单: 李 刚

附单据 1 张

图 7-3　转账凭证

付 款 凭 证

贷方科目: 银行存款

2024 年 10 月 6 日

总字第 ____ 号
银付字第 2 号

摘 要	借 方 科 目		✓	金 额								
	总账科目	明细科目		千	百	十	万	千	百	十	元	角	分
上交上月税款	应交税费							5	0	0	0	0	0
人民币（大写）　伍仟元整							¥	5	0	0	0	0	0

财务主管: 　记账: 黄小明 　出纳: 张丽莉 　复核: 程 红 　制单: 李 刚

附单据 1 张

图 7-4　付款凭证

收 款 凭 证

借方科目: 银行存款

2024 年 10 月 10 日

总字第 ____ 号
银收字第 1 号

摘 要	贷 方 科 目		✓	金 额								
	总账科目	明细科目		千	百	十	万	千	百	十	元	角	分
收到东方工厂前欠货款	应收账款	东方工厂						5	0	0	0	0	0
人民币（大写）　伍仟元整							¥	5	0	0	0	0	0

财务主管: 　记账: 黄小明 　出纳: 张丽莉 　复核: 程 红 　制单: 李 刚

附单据 1 张

图 7-5　收款凭证

会计基础

付 款 凭 证

总字第____号

银付字第 3 号

贷方科目：银行存款

2024 年 10 月 12 日

摘 要	借 方 科 目		✓	金 额									
	总账科目	明细科目		千	百	十	万	千	百	十	元	角	分
提取现金备用	库存现金							1	0	0	0	0	0
人民币（大写）壹仟元整								¥	1	0	0	0	0	0

附单据 1 张

财务主管：　　记账：黄小明　　出纳：张丽莉　　复核：程 红　　制单：李 刚

图 7-6　付款凭证

付 款 凭 证

总字第____号

现付字第 1 号

贷方科目：库存现金

2024 年 10 月 13 日

摘 要	借 方 科 目		✓	金 额									
	总账科目	明细科目		千	百	十	万	千	百	十	元	角	分
用现金购买办公用品	管理费用								5	0	0	0	0
人民币（大写）伍佰元整									¥	5	0	0	0	0

附单据 1 张

财务主管：　　记账：黄小明　　出纳：张丽莉　　复核：程 红　　制单：李 刚

图 7-7　付款凭证

转 账 凭 证

总字第____号

转字第 2 号

2024 年 10 月 15 日

摘 要	总账科目	明细科目	借 方 金 额									贷 方 金 额									✓
			百	十	万	千	百	十	元	角	分	百	十	万	千	百	十	元	角	分	
计提本月职工工资	生产成本	基本生产成本			2	1	0	0	0	0	0										
	制造费用					3	0	0	0	0	0										
	管理费用					6	0	0	0	0	0										
	应付职工薪酬	职工工资												3	0	0	0	0	0	0	
合 计				¥	3	0	0	0	0	0	0		¥	3	0	0	0	0	0	0	

附单据 1 张

财务主管：　　记账：黄小明　　复核：程 红　　制单：李 刚

图 7-8　转账凭证

　　　　　　　　　　　　　　　　　　　　第七章　账务处理程序

转 账 凭 证

2024 年 10 月 16 日

总字第＿＿＿号
转字第 3 号

摘要	总账科目	明细科目	借 方 金 额										贷 方 金 额										√
			百	十	万	千	百	十	元	角	分	百	十	万	千	百	十	元	角	分	
投资者投入车床	固定资产			2	5	0	0	0	0	0	0										
	实收资本												2	5	0	0	0	0	0	0	
合　　　计			¥	2	5	0	0	0	0	0	0	¥	2	5	0	0	0	0	0	0	

财务主管：　　　记账： 黄小明 　　复核： 程 红 　　制单： 李 刚

附单据 1 张

图 7-9　转账凭证

付 款 凭 证

2024 年 10 月 20 日

总字第＿＿＿号
银付字第 4 号

贷方科目：银行存款

摘　要	借 方 科 目		√	金 额									
	总账科目	明细科目		千	百	十	万	千	百	十	元	角	分
归还长期借款	长期借款					3	0	0	0	0	0	0	0
人民币（大写）叁万元整						¥	3	0	0	0	0	0	0

财务主管：　　记账： 黄小明 　出纳： 张丽莉 　复核： 程 红 　制单： 李 刚

附单据 1 张

图 7-10　付款凭证

付 款 凭 证

2024 年 10 月 21 日

总字第＿＿＿号
银付字第 5 号

贷方科目：银行存款

摘　要	借 方 科 目		√	金 额									
	总账科目	明细科目		千	百	十	万	千	百	十	元	角	分
发放本月工资	应付职工薪酬	职工工资				3	0	0	0	0	0	0	0
人民币（大写）叁万元整						¥	3	0	0	0	0	0	0

财务主管：　　记账： 黄小明 　出纳： 张丽莉 　复核： 程 红 　制单： 李 刚

附单据 1 张

图 7-11　付款凭证

会计基础

收 款 凭 证

总字第＿＿＿号

银收字第 2 号

借方科目：银行存款

2024 年 10 月 22 日

摘 要	贷 方 科 目		√	金 额									
	总账科目	明细科目		千	百	十	万	千	百	十	元	角	分
销售商品	主营业务收入						8	0	0	0	0	0	0
	应交税费	应交增值税（销项税额）					1	0	4	0	0	0	0
人民币（大写）玖万零肆佰元整						¥	9	0	4	0	0	0	0

附单据 2 张

财务主管：　　　记账：黄小明　　　出纳：张丽莉　　　复核：程 红　　　制单：李 刚

图 7-12　收款凭证

转 账 凭 证

总字第＿＿＿号

转字第 4 号

2024 年 10 月 29 日

摘 要	总账科目	明细科目	借 方 金 额									贷 方 金 额									√
			百	十	万	千	百	十	元	角	分	百	十	万	千	百	十	元	角	分	
结转制造费用	生产成本	基本生产成本				3	0	0	0	0	0										
		制造费用													3	0	0	0	0	0	
合　　计					¥	3	0	0	0	0	0			¥	3	0	0	0	0	0	

附单据 1 张

财务主管：　　　记账：黄小明　　　复核：程 红　　　制单：李 刚

图 7-13　转账凭证

转 账 凭 证

总字第＿＿＿号

转字第 5 号

2024 年 10 月 31 日

摘 要	总账科目	明细科目	借 方 金 额									贷 方 金 额									√
			百	十	万	千	百	十	元	角	分	百	十	万	千	百	十	元	角	分	
产品完工入库	库存商品				2	6	0	0	0	0	0										
	生产成本	基本生产成本												2	6	0	0	0	0	0	
合　　计					¥	2	6	0	0	0	0			¥	2	6	0	0	0	0	

附单据 1 张

财务主管：　　　记账：黄小明　　　复核：程 红　　　制单：李 刚

图 7-14　转账凭证

转 账 凭 证

2024 年 10 月 31 日

总字第＿＿号

转字第 6 号

摘要	总账科目	明细科目	借方金额										贷方金额										✓
			百	十	万	千	百	十	元	角	分	百	十	万	千	百	十	元	角	分	
结转产品销售成本	主营业务成本			6	5	0	0	0	0	0	0										
	库存商品												6	5	0	0	0	0	0	0	
合　　计			¥	6	5	0	0	0	0	0	0	¥	6	5	0	0	0	0	0	0	

附单据 1 张

财务主管：　　　记账：黄小明　　　复核：程红　　　制单：李刚

图 7-15　转账凭证

付 款 凭 证

贷方科目：银行存款

2024 年 10 月 31 日

总字第＿＿号

银付字第 6 号

摘　要	借　方　科　目		✓	金　额								
	总账科目	明细科目		千	百	十	万	千	百	十	元	角	分
归还前欠货款	应付账款	南方工厂						3	0	0	0	0	0
		北方工厂						3	5	0	0	0	0
人民币（大写）陆仟伍佰元整								¥	6	5	0	0	0	0

附单据 1 张

财务主管：　　记账：黄小明　　出纳：张丽莉　　复核：程红　　制单：李刚

图 7-16　付款凭证

转 账 凭 证

2024 年 10 月 31 日

总字第＿＿号

转字第 7 号

摘要	总账科目	明细科目	借方金额										贷方金额										✓
			百	十	万	千	百	十	元	角	分	百	十	万	千	百	十	元	角	分	
结转收入类账户	主营业务收入			8	0	0	0	0	0	0	0										
	本年利润												8	0	0	0	0	0	0	0	
合　　计			¥	8	0	0	0	0	0	0	0	¥	8	0	0	0	0	0	0	0	

附单据 1 张

财务主管：　　　记账：黄小明　　　复核：程红　　　制单：李刚

图 7-17　转账凭证

转 账 凭 证

2024 年 10 月 31 日

摘要	总账科目	明细科目	借方金额 百	十	万	千	百	十	元	角	分	贷方金额 百	十	万	千	百	十	元	角	分	✓
结转费用类账户	本年利润				7	1	5	0	0	0	0	0										
		主营业务成本						6	5	0	0			0	0	0						
		管理费用							6	5	0				0	0	0					
合　计			¥		7	1	5	0	0	0	0	¥		7	1	5	0	0	0	0		

财务主管：　　记账：[黄小明]　　复核：[程红]　　制单：[李刚]

附单据 1 张

图 7-18　转账凭证

转 账 凭 证

2024 年 10 月 31 日

摘要	总账科目	明细科目	借方金额 百	十	万	千	百	十	元	角	分	贷方金额 百	十	万	千	百	十	元	角	分	✓
计算本月所得税	所得税费用						2	1	2	5	0	0										
	应交税费	应交所得税							2	1	2				5	0	0					
合　计				¥		2	1	2	5	0	0		¥		2	1	2	5	0	0		

财务主管：　　记账：[黄小明]　　复核：[程红]　　制单：[李刚]

附单据 1 张

图 7-19　转账凭证

转 账 凭 证

2024 年 10 月 31 日

摘要	总账科目	明细科目	借方金额 百	十	万	千	百	十	元	角	分	贷方金额 百	十	万	千	百	十	元	角	分	✓
结转所得税费用	本年利润						2	1	2	5	0	0										
	所得税费用								2	1	2				5	0	0					
合　计				¥		2	1	2	5	0	0		¥		2	1	2	5	0	0		

财务主管：　　记账：[黄小明]　　复核：[程红]　　制单：[李刚]

附单据 0 张

图 7-20　转账凭证

第七章　账务处理程序

转 账 凭 证

2024 年 10 月 31 日

总字第 ___ 号

转字第 11 号

摘 要	总账科目	明细科目	借 方 金 额									贷 方 金 额									✓
			百	十	万	千	百	十	元	角	分	百	十	万	千	百	十	元	角	分	
结转本年利润	本年利润					6	3	7	5	0	0										
	利润分配	未分配利润													6	3	7	5	0	0	
合　　计					¥	6	3	7	5	0	0			¥	6	3	7	5	0	0	

财务主管：　　　记账：黄小明　　　复核：程 红　　　制单：李 刚

附单据 0 张

图 7-21　转账凭证

(2) 根据编制的收款凭证、付款凭证逐笔登记现金日记账和银行存款日记账。现金日记账、银行存款日记账的格式与内容具体如图 7-22 和图 7-23 所示。

(3) 根据原始凭证、原始凭证汇总表和记账凭证登记应付账款等明细分类账。明细分类账的格式和内容具体如图 7-24 和图 7-25 所示。

现金日记账

2024 年		凭证编号		摘 要	对应科目	借 方									✓	贷 方									✓	余 额								
月	日	类	号			百	十	万	千	百	十	元	角	分		百	十	万	千	百	十	元	角	分		百	十	万	千	百	十	元	角	分
10	1			期初余额																									1	0	0	0	0	0
10	12	银付	3	提取现金备用	银行存款				1	0	0	0	0	0															2	0	0	0	0	0
10	13	现付	1	用现金购买办公用品	管理费用															5	0	0	0	0					1	5	0	0	0	0
10	31			本月合计					1	0	0	0	0	0						5	0	0	0	0					1	5	0	0	0	0

图 7-22　现金日记账

银行存款日记账

开户行名称：工行庆春东路支行　　　　　　　　　　　　　　　　　　　　　　银行账号：8127221

2024年 月	日	凭证编号 类	号	摘要	结算凭证 类	号	借方 百十万千百十元角分	✓	贷方 百十万千百十元角分	✓	余额 百十万千百十元角分
10	1			期初余额							9 5 0 0 0 0 0
10	3	银付	1	购入甲材料					8 4 7 5 0 0		8 6 5 2 5 0 0
10	6	银付	2	上交上月税款					5 0 0 0 0 0		8 1 5 2 5 0 0
10	10	银收	1	收到东方工厂前欠货款			5 0 0 0 0 0				8 6 5 2 5 0 0
10	12	银付	3	提取现金备用					1 0 0 0 0 0		8 5 5 2 5 0 0
10	20	银付	4	归还长期借款					3 0 0 0 0 0 0		5 5 5 2 5 0 0
10	21	银付	5	发放工资					3 0 0 0 0 0 0		2 5 5 2 5 0 0
10	22	银收	2	销售商品			9 0 4 0 0 0 0				1 1 5 9 2 5 0 0
10	31	银付	6	归还前欠货款					6 5 0 0 0 0		1 0 9 4 2 5 0 0
10	31			本月合计			9 5 4 0 0 0 0		8 0 9 7 5 0 0		1 0 9 4 2 5 0 0

图 7-23　银行存款日记账

应付账款　明细账

二级　科目　南方工厂

2024年 月	日	凭证号数	摘要	对方科目	借方 千百十万千百十元角分	贷方 千百十万千百十元角分	借或贷	余额 千百十万千百十元角分
10	1		期初余额				贷	6 5 0 0 0 0
10	31	银付6	归还前欠货款	银行存款	3 0 0 0 0 0		贷	3 5 0 0 0 0
10	31		本月合计		3 0 0 0 0 0		贷	3 5 0 0 0 0

图 7-24　应付账款明细账

应付账款　　明细账

二级　科目　北方工厂

2024年		凭证号数	摘　要	对方科目	借　方										贷　方										借或贷	余　额									
月	日				千	百	十	万	千	百	十	元	角	分	千	百	十	万	千	百	十	元	角	分		千	百	十	万	千	百	十	元	角	分
10	1		期初余额																						贷				8	5	0	0	0	0	0
10	31	银付6	归还前欠货款	银行存款					3	5	0	0	0	0											贷				5	0	0	0	0	0	0
10	31		本月合计						3	5	0	0	0	0											贷				5	0	0	0	0	0	0

图 7-25　应付账款明细账

由于受篇幅限制，其他明细账的登记方法不在此赘述。

（4）根据记账凭证逐笔登记总分类账。由于现金总分类账与银行存款总分类账的登记方法与日记账相同，不在此赘述。其他总分类账的格式和内容具体见图 7-26 至图 7-43 所示。

应收账款　　总分类账

2024年		凭证号数	摘　要	借　方										贷　方										借或贷	余　额									
月	日			千	百	十	万	千	百	十	元	角	分	千	百	十	万	千	百	十	元	角	分		千	百	十	万	千	百	十	元	角	分
10	1		期初余额																					借				5	0	0	0	0	0
10	10	银收1	收到东方工厂前欠货款															5	0	0	0	0	0	平										0
10	31		本月合计															5	0	0	0	0	0	平										0

图 7-26　应收账款总分类账

原材料　　总分类账

2024年 月	日	凭证号数	摘　要	借方 千百十万千百十元角分	贷方 千百十万千百十元角分	借或贷	余额 千百十万千百十元角分
10	1		期初余额			借	7 5 0 0 0 0 0
10	3	银付1	购入甲材料	7 5 0 0 0 0		借	8 2 5 0 0 0 0
10	4	转1	生产领用材料		2 7 0 0 0 0 0	借	5 5 5 0 0 0 0
10	31		本月合计	7 5 0 0 0 0	2 7 0 0 0 0 0	借	5 5 5 0 0 0 0

图 7-27　原材料总分类账

生产成本　　总分类账

2024年 月	日	凭证号数	摘　要	借方 千百十万千百十元角分	贷方 千百十万千百十元角分	借或贷	余额 千百十万千百十元角分
10	1		期初余额			借	1 9 0 0 0 0 0
10	4	转1	生产领用材料	2 7 0 0 0 0 0		借	4 6 0 0 0 0 0
10	15	转2	计算本月职工工资	2 1 0 0 0 0 0		借	6 7 0 0 0 0 0
10	29	转4	结转制造费用	3 0 0 0 0 0		借	7 0 0 0 0 0 0
10	31	转5	产品完工入库		2 6 0 0 0 0 0	借	4 4 0 0 0 0 0
10	31		本月合计	5 1 0 0 0 0 0	2 6 0 0 0 0 0	借	4 4 0 0 0 0 0

图 7-28　生产成本总分类账

制造费用　　总分类账

2024年 月	日	凭证号数	摘要	借方	贷方	借或贷	余额
10	15	转2	计算本月职工工资	3 0 0 0 0 0		借	3 0 0 0 0 0
10	31	转4	结转制造费用		3 0 0 0 0 0	平	0 0 0
10	31		本月合计	3 0 0 0 0 0	3 0 0 0 0 0	平	0 0 0

图 7-29　制造费用总分类账

库存商品　　总分类账

2024年 月	日	凭证号数	摘要	借方	贷方	借或贷	余额
10	1		期初余额			借	7 5 0 0 0 0 0
10	31	转5	产品完工入库	2 6 0 0 0 0 0		借	1 0 1 0 0 0 0 0
10	31	转6	结转产品销售成本		6 5 0 0 0 0 0	借	3 6 0 0 0 0 0
10	31		本月合计	2 6 0 0 0 0 0	6 5 0 0 0 0 0	借	3 6 0 0 0 0 0

图 7-30　库存商品总分类账

固定资产　　总分类账

2024年 月	日	凭证号数	摘要	借方	贷方	借或贷	余额
10	1		期初余额			借	4 4 0 0 0 0 0 0
10	16	转3	投资者投入车床	2 5 0 0 0 0 0		借	4 6 5 0 0 0 0 0
10	31		本月合计	2 5 0 0 0 0 0		借	4 6 5 0 0 0 0 0

图 7-31　固定资产总分类账

应付账款　　总分类账

2024年 月	日	凭证号数	摘要	借方 千	百	十	万	千	百	十	元	角	分	贷方 千	百	十	万	千	百	十	元	角	分	借或贷	余额 千	百	十	万	千	百	十	元	角	分
10	1		期初余额																					贷			1	5	0	0	0	0	0	0
10	31	银付6	归还前欠货款				6	5	0	0	0	0	0											贷				8	5	0	0	0	0	0
10	31		本月合计				6	5	0	0	0	0	0											贷				8	5	0	0	0	0	0

图 7-32　应付账款总分类账

应交税费　　总分类账

2024年 月	日	凭证号数	摘要	借方 千	百	十	万	千	百	十	元	角	分	贷方 千	百	十	万	千	百	十	元	角	分	借或贷	余额 千	百	十	万	千	百	十	元	角	分
10	1		期初余额																					贷					5	0	0	0	0	0
10	3	银付1	购入甲材料						9	7	5	0	0											贷					4	0	2	5	0	0
10	6	银付2	上交上月税款					5	0	0	0	0	0											借						9	7	5	0	0
10	22	银收2	销售商品														1	0	4	0	0	0	0	贷					9	4	2	5	0	0
10	31	转9	计算本月所得税															2	1	2	5	0	0	贷				1	1	5	5	0	0	0
10	31		本月合计					5	9	7	5	0	0				1	2	5	2	5	0	0	贷				1	1	5	5	0	0	0

图 7-33　应交税费总分类账

应付职工薪酬　　总分类账

2024年 月	日	凭证号数	摘要	借方 千	百	十	万	千	百	十	元	角	分	贷方 千	百	十	万	千	百	十	元	角	分	借或贷	余额 千	百	十	万	千	百	十	元	角	分
10	15	转2	计提本月职工工资														3	0	0	0	0	0	0	贷				3	0	0	0	0	0	0
10	21	银付5	发放本月工资				3	0	0	0	0	0	0											贷							0	0	0	0
10	31		本月合计				3	0	0	0	0	0	0				3	0	0	0	0	0	0	贷							0	0	0	0

图 7-34　应付职工薪酬总分类账

长期借款　　总分类账

2024年 月	日	凭证号数	摘要	借方	贷方	借或贷	余额
10	1		期初余额			贷	1600000.00
10	20	银付4	归还长期借款	300000.00		贷	1300000.00
10	31		本月合计	300000.00		贷	1300000.00

图 7-35　长期借款总分类账

实收资本　　总分类账

2024年 月	日	凭证号数	摘要	借方	贷方	借或贷	余额
10	1		期初余额			贷	5200000.00
10	16	转3	投资者投入车床		250000.00	贷	5450000.00
10	31		本月合计		250000.00	贷	5450000.00

图 7-36　实收资本总分类账

盈余公积　　总分类账

2024年 月	日	凭证号数	摘要	借方	贷方	借或贷	余额
10	1		期初余额			贷	100000.00
10	31		本月合计			贷	100000.00

图 7-37　盈余公积总分类账

本年利润　　总分类账

2024年		凭证号数	摘要	借方										贷方										借或贷	余额									
月	日			千	百	十	万	千	百	十	元	角	分	千	百	十	万	千	百	十	元	角	分		千	百	十	万	千	百	十	元	角	分
10	31	转7	结转收入类账户													8	0	0	0	0	0	0	0	贷			8	0	0	0	0	0	0	0
10	31	转8	结转费用类账户			7	1	5	0	0	0	0	0											贷				8	5	0	0	0	0	0
10	31	转10	结转所得税费用				2	1	2	5	0	0	0											贷				6	3	7	5	0	0	0
10	31	转11	结转本年利润				6	3	7	5	0	0	0											平								0	0	0
10	31		本月合计			8	0	0	0	0	0	0	0			8	0	0	0	0	0	0	0	平								0	0	0

图 7-38　本年利润总分类账

利润分配　　总分类账

2024年		凭证号数	摘要	借方										贷方										借或贷	余额									
月	日			千	百	十	万	千	百	十	元	角	分	千	百	十	万	千	百	十	元	角	分		千	百	十	万	千	百	十	元	角	分
10	31	转11	结转本年利润														6	3	7	5	0	0	0	贷				6	3	7	5	0	0	0
10	31		本月合计														6	3	7	5	0	0	0	贷				6	3	7	5	0	0	0

图 7-39　利润分配总分类账

主营业务收入　　总分类账

2024年		凭证号数	摘要	借方										贷方										借或贷	余额									
月	日			千	百	十	万	千	百	十	元	角	分	千	百	十	万	千	百	十	元	角	分		千	百	十	万	千	百	十	元	角	分
10	22	银收2	销售商品													8	0	0	0	0	0	0	0	贷			8	0	0	0	0	0	0	0
10	31	转7	结转收入类账户			8	0	0	0	0	0	0	0											平								0	0	0
10	31		本月合计			8	0	0	0	0	0	0	0			8	0	0	0	0	0	0	0	平								0	0	0

图 7-40　主营业务收入总分类账

主营业务成本　　　总分类账

2024年 月	日	凭证号数	摘要	借方 千百十万千百十元角分	贷方 千百十万千百十元角分	借或贷	余额 千百十万千百十元角分
10	31	转6	结转产品销售成本	6 5 0 0 0 0 0		借	6 5 0 0 0 0 0
10	31	转8	结转费用类账户		6 5 0 0 0 0 0	平	0 0 0
10	31		本月合计	6 5 0 0 0 0 0	6 5 0 0 0 0 0	平	0 0 0

图 7-41　主营业务成本总分类账

管理费用　　　总分类账

2024年 月	日	凭证号数	摘要	借方 千百十万千百十元角分	贷方 千百十万千百十元角分	借或贷	余额 千百十万千百十元角分
10	13	现付1	用现金购买办公用品	5 0 0 0 0		借	5 0 0 0 0
10	15	转2	计算本月职工工资	6 0 0 0 0 0		借	6 5 0 0 0 0
10	31	转9	结转费用类账户		6 5 0 0 0 0	平	0 0 0
10	31		本月合计	6 5 0 0 0 0	6 5 0 0 0 0	平	0 0 0

图 7-42　管理费用总分类账

所得税费用　　　总分类账

2024年 月	日	凭证号数	摘要	借方 千百十万千百十元角分	贷方 千百十万千百十元角分	借或贷	余额 千百十万千百十元角分
10	31	转9	计提本月所得税	2 1 2 5 0 0		借	2 1 2 5 0 0
10	31	转10	结转所得税费用		2 1 2 5 0 0	平	0 0 0
10	31		本月合计	2 1 2 5 0 0	2 1 2 5 0 0	平	0 0 0

图 7-43　所得税费用总分类账

（5）将现金日记账和银行存款日记账的余额以及各种明细账的余额合计数，分别与总账中有关账户的余额进行核对。

（6）根据总分类账编制试算平衡表，检查账户记录是否正确。试算平衡表的格式和内容具体如表7-2所示。

表7-2　试算平衡表

2024年10月

会计科目	期初余额		本期发生额		期末余额	
	借方	贷方	借方	贷方	借方	贷方
库存现金	1 000		1 000	500	1 500	
银行存款	95 000		95 400	80 975	109 425	
应收账款	5 000			5 000	0	
原材料	75 000		7 500	27 000	55 500	
生产成本	19 000		51 000	26 000	44 000	
制造费用			3 000	3 000	0	
库存商品	75 000		26 000	65 000	36 000	
固定资产	440 000		25 000		465 000	
应付账款		15 000	6 500			3 500
应交税费		5 000	5 975	12 525		11 550
应付职工薪酬			30 000	30 000		0
长期借款		160 000	30 000			130 000
实收资本		520 000		25 000		545 000
盈余公积		10 000				10 000
主营业务收入			80 000	80 000		0
主营业务成本			65 000	65 000	0	
管理费用			6 500	6 500	0	
所得税费用			2 125	2 125	0	
本年利润			80 000	80 000		0
利润分配				6 375		6 375
合计	710 000	710 000	515 000	515 000	711 425	711 425

（7）根据各总分类账及有关明细账资料编制资产负债表、利润表等会计报告。财务会计报告将在第九章论述，此处暂略。

第三节　科目汇总表账务处理程序

一、科目汇总表的编制方法

科目汇总表是根据一定时期（月、旬、天等）内的全部记账凭证，按相同科目归类，定期汇总每一个会计科目的借方本期发生额和贷方本期发生额的一种汇总表。

编制科目汇总表时，要将一定时间内的全部记账凭证，分别每一账户计算借方发生额合计数和贷方发生额合计数，填入科目汇总表的相应栏内，然后分别加总科目汇总表的借方、贷方金额栏。

为了便于登记总账，科目汇总表上的科目排列应按总分类账上科目排列的顺序来定。科目汇总表的编制时间，应按各单位经济业务量多少而定，可以每日、每三日或每五日编制一张，也可以每十天、半月或一个月编制一张。科目汇总表的一般格式如表7-3、表7-4所示。

表7-3　科目汇总表

年　　月　　日至　　日

会计科目	总账页数	本期发生额		记账凭证起止号数
		借方金额	贷方金额	
合计				

表7-4　科目汇总表

年　　月

会计科目	1—10日		11—20日		21—30日		合计		总账页数
	借方	贷方	借方	贷方	借方	贷方	借方	贷方	
合计									

会计基础

二、科目汇总表账务处理程序的一般步骤

（1）根据原始凭证或原始凭证汇总表编制记账凭证（或收款凭证、付款凭证和转账凭证）；

（2）根据收款凭证、付款凭证登记现金日记账、银行存款日记账；

（3）根据原始凭证、原始凭证汇总表或记账凭证逐笔登记各种明细分类账；

（4）根据记账凭证定期编制科目汇总表；

（5）根据科目汇总表登记总分类账；

（6）月终，将现金日记账、银行存款日记账的余额以及各种明细分类账的余额合计数分别与相应的总分类账户余额核对相符；

（7）月终，根据总分类账、各种明细分类账的有关资料编制财务报表。

科目汇总表账务处理程序图如图7-44所示。

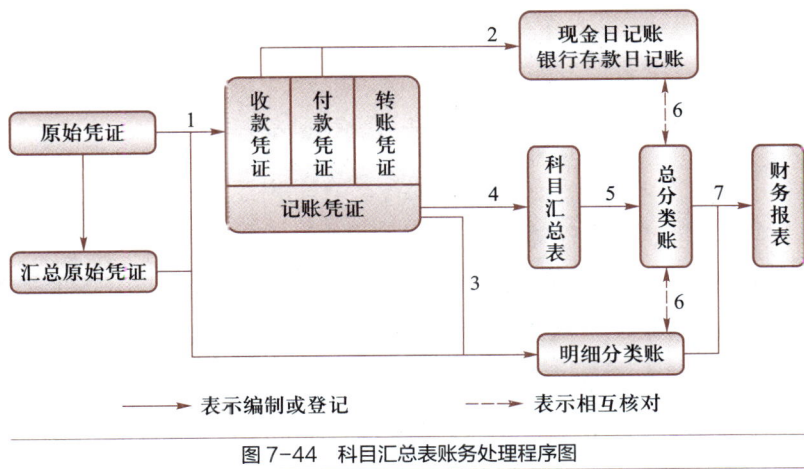

图7-44　科目汇总表账务处理程序图

❁ 课堂能力训练

沿用【例7-1】浙江众诚股份有限公司2024年9月份有关账户余额，以及10月份发生的经济业务资料，要求：编制科目汇总表。

三、科目汇总表账务处理程序的特点、优缺点及适用范围

（一）科目汇总表账务处理程序的特点

科目汇总表账务处理程序的特点是：根据记账凭证定期编制科目汇总表，再根据科目汇总表登记总分类账。由于科目汇总表是根据记账凭证汇总编制而成的，因此，这种账务处理程序亦称为"记账凭证汇总表账务处理程序"。

在科目汇总表账务处理程序下，记账凭证可以采用通用记账凭证格式，也可采用收款凭证、付款凭证、转账凭证等专用记账凭证格式。

（二）科目汇总表账务处理程序的优缺点及适用范围

科目汇总表账务处理程序的优点是：可以简化总分类账的登记工作，减轻了登记总分类账的工作量，并可做到试算平衡、简明易懂、方便易学。其缺点是：科目汇总表不能反映账户对应关系，不便于查对账目。科目汇总表账务处理程序通常适用于经济业务较多的单位。

❖ **典型案例**

情境与背景：

东方公司原本是一家小规模的生产企业，但经过几年的发展，已经成为规模较大、业务繁多的大型企业。随着业务量的增加，公司会计抱怨工作量越来越大，总是加班加点也无法及时完成必要的会计工作。公司增加了会计人员，但仍然无法很好地解决这个问题。于是，公司咨询了某会计师事务所的注册会计师王宏，王宏在实地了解了东方公司的会计工作流程后发现：东方公司会计核算一直以来都是根据原始凭证填制记账凭证，根据记账凭证登记日记账、明细分类账，并逐笔登记总分类账，月末按要求进行对账、编制财务报表。王宏指出，这样的账务处理程序在公司规模不大时是完全适用的，但由于公司规模变化、业务量增多，仍然沿用这种账务处理程序，特别是逐笔登记总分类账，必然会导致记账工作繁杂，无法提高工作效率。

问题：假设你是注册会计师王宏，会建议东方公司采用何种账务处理程序，为什么？

第四节　汇总记账凭证账务处理程序

一、汇总记账凭证的编制方法

汇总记账凭证主要分为汇总收款凭证、汇总付款凭证和汇总转账凭证三种，并分别根据收款、付款、转账三种记账凭证汇总填制。汇总记账凭证要定期填制，间隔天数视业务量多少而定，一般为每隔 5 天或 10 天，每月汇总编制一张，月终结出合计数，据以登记总分类账。

视频：
汇总记账凭
证账务处理
程序

（一）汇总收款凭证的编制

汇总收款凭证是指按"库存现金""银行存款"科目的借方设置，并按与"库存现金""银行存款"账户相对应的贷方账户归类汇总的一种汇总凭证。它是根据一定时期内的现金收款凭证、银行存款收款凭证汇总而成的。它的编制方法是：将需要进行汇总的收款凭证，按其对应的贷方科目进行归类，计算出每一个贷方科目发生额总计数，填入汇总收款凭证中。汇总收款凭证的一般格式如表 7-5 所示。

表 7-5　汇总收款凭证

借方科目：库存现金（或银行存款）　　　　　　　　年　　月　　　　　　　　汇收第　　　号

贷方科目	金额				总账页数	
	1—10 日 凭证 ～ 号	11—20 日 凭证 ～ 号	21—30 日 凭证 ～ 号	合计	借方	贷方
合计						

（二）汇总付款凭证的编制

汇总付款凭证是指按"库存现金""银行存款"科目的贷方设置，并按与"库存现金""银行存款"账户相对应的借方账户归类汇总的一种汇总凭证。它是根据一定时期内现金付款凭证、银行存款付款凭证汇总而成的。汇总付款凭证的一般格式如表 7-6 所示。

表 7-6　汇总付款凭证

贷方科目：库存现金（或银行存款）　　　　　　年　　月　　　　　　　　　　汇付第　　号

借方科目	金额				总账页数	
	1—10 日 凭证 ～ 号	11—20 日 凭证 ～ 号	21—30 日 凭证 ～ 号	合计	借方	贷方
合计						

（三）汇总转账凭证的编制

汇总转账凭证是指按转账凭证中每一贷方科目分别设置，并按与其相对应科目的借方归类汇总的一种汇总凭证。汇总转账凭证的一般格式如表 7-7 所示。

表 7-7　汇总转账凭证

贷方科目：　　　　　　　　　　　　　年　　月　　　　　　　　　　　汇转第　　号

借方科目	金额				总账页数	
	1—10 日 凭证 ～ 号	11—20 日 凭证 ～ 号	21—30 日 凭证 ～ 号	合计	借方	贷方
合计						

⬡ **想一想**

对于一贷多借、一借多贷的会计分录，应如何编制汇总记账凭证？

二、汇总记账凭证账务处理程序的一般步骤

（1）根据原始凭证或汇总原始凭证编制收款凭证、付款凭证和转账凭证；

（2）根据收款凭证、付款凭证登记现金日记账、银行存款日记账；

（3）根据汇总原始凭证或收款凭证、付款凭证和转账凭证登记各种明细分类账；

（4）根据收款凭证、付款凭证和转账凭证定期编制汇总收款凭证、汇总付款凭证和汇总转账凭证；

（5）月终，根据汇总收款凭证、汇总付款凭证和汇总转账凭证登记总分类账；

（6）月终，将现金日记账、银行存款日记账余额及各种明细分类账余额合计数与总分类账相应科目的余额核对相符；

（7）月终，根据总分类账和明细分类账的有关资料编制财务报表。

汇总记账凭证账务处理程序图如图 7-45 所示。

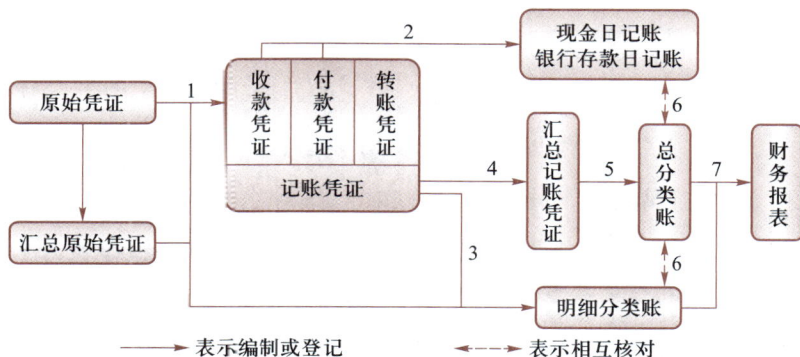

图 7-45　汇总记账凭证账务处理程序图

◈ **课堂能力训练**

沿用【例 7-1】浙江众诚股份有限公司 2024 年 9 月份有关账户余额，以及该公司 10 月份发生的经济业务资料，要求：编制汇总记账凭证。

三、汇总记账凭证账务处理程序的特点、优缺点及适用范围

（一）汇总记账凭证账务处理程序的特点

汇总记账凭证账务处理程序的特点是：根据原始凭证或汇总原始凭证编制记账凭证，根据记账凭证分类定期编制汇总收款凭证、汇总付款凭证和汇总转账凭证，再根据汇总记账凭证登记总分类账。

除设置收款凭证、付款凭证和转账凭证以外，还应设置汇总收款凭证、汇总付款凭证和汇总转账凭证，作为登记总分类账的依据。

在汇总记账凭证账务处理程序下，需要设置库存现金日记账、银行存款日记账、总分类账和明细分类账。账簿的设置与记账凭证账务处理程序基本相同。

（二）汇总记账凭证账务处理程序的优缺点及适用范围

汇总记账凭证账务处理程序的优点是：减轻了登记总分类账的工作量，便于了解账户之间的对应关系。其缺点是：按每一个贷方科目编制汇总转账凭证，不利于会计核算的日常分工，当转账凭证较多时，编制汇总转账凭证的工作量较大。汇总记账凭证账务处理程序适用于规模较大、经济业务较多的单位。

❖ 相关链接

RPA 财务机器人与财务转型

企业财务智能化转型发展的历史潮流不可阻挡。2023 年 6 月 18 日，由上海国家会计学院主办的"会计数字化转型的中国经验"论坛上发布了 2023 年影响中国会计行业的十大信息技术评选结果。2023 年影响中国会计行业的 10 大信息技术分别是：数电发票（包括电子发票 / 区块链电子发票）、会计大数据分析与处理技术、财务云、流程自动化〔包括机器人流程自动化（RPA）和智能流程自动化（IPA）〕、电子会计档案、中台技术、新一代 ERP、数据治理技术、商业智能（BI）、数据挖掘；五大潜在影响技术排名分别是：生成式人工智能（AIGC），大数据多维引擎与增强分析，AI 信任、风险和安全管理，多模态预训练大模型，自适应人工智能。其中 5 个潜在影响技术都与 AI 相关，RPA 以其在财务领域持续的影响力连续四年蝉联十大信息技术榜单。

RPA 财务机器人是机器人流程自动化在会计领域具体应用的一套财务数字化应用技术，其应用场景主要包括：

（1）财务自动化。①大量高度重复、简单、繁琐的工作可以通过 RPA 去完成。②有逻辑的工作内容，通过让 RPA 智能分析和学习各类业务的特征，待类似业务或者科目再发生时，自动触发业务模板生成各类结果。③将现有的软件和现有的 IT 系统进行整合，跨平台和跨系统进行操作，RPA 可以登录不同系统、调用不同的工具、使用不同的应用程序访问网页，包括在不同的终端进行操作。

（2）账单处理自动化。日常收付款业务交易量比较大，笔数比较多时，通过手工下载银行对账单并进行人工对账的效率会比较低，并且准确率也不高。而对账机器人能够按照规则自动从银行下载交易明细并自动与企业信息系统中的收款单、付款单自动核对，大大减少对账出错率及提升工作效率。

（3）税务自动化。税务机器人可以进行销项发票的一键开票，进项发票智能识别与处理，专票签收与在线认证、税务智能申报等。

（4）报表统计自动化。报表机器人可根据系统设置的报表编报方式，在固定的时点按设置要求自动批量编制报表，计算报表，上报报表和汇总报表。帮助企业财务人员提高了信息报送的效率，提升了报送的质量。从而在保证了合规的同时，大幅提高企业的整理风险管控工作效率及管理能力。

（5）发票查验自动化。通过 RPA 财务机器人自主登录增值税查验平台，轮番查询增值税发票，自动判断发票真伪，减少原先需要的大量人力以及时间，极大地提高了业务部分门的办事效率。

（6）月结自动化。在 RPA 财务机器人月结工作台内定义月结任务并设定月结规则。机器人执行月结任务，随后进行月结检查，自动生成月结报告并发送到对应岗位。

（7）审单自动化。报销单提交后，RPA 财务机器人根据单据类型自动提取检查方案，并根据检查方案比对相应的检查项。

RPA 财务机器人基于 RPA 技术，能够代替人工进行简单重复操作，处理量大简单的会计核算业务，可在银企对账、合并报表、费用审核、财务处理等方面大大提高财务工作效率，让财务人力投入到更具创造性的工作中，促进财务转型。

❖ 本章主要概念

账务处理程序　　记账凭证账务处理程序　　科目汇总表账务处理程序
汇总记账凭证账务处理程序

❖ 同步测试

一、单项选择题

1. 汇总记账凭证账务处理程序与科目汇总表账务处理程序的相同点是（　　）。

    A. 登记总账的依据相同　　　　　　　　B. 记账凭证的汇总方法相同

    C. 保持了账户间的对应关系　　　　　　D. 简化了登记总分类账的工作量

2. 财务报表是根据（　　）资料编制的。

A. 日记账、总账和明细账   B. 日记账和明细分类账

C. 明细账和总分类账   D. 日记账和总分类账

3. 规模较大、经济业务量较多的单位适用的账务处理程序是（   ）。

A. 记账凭证账务处理程序   B. 汇总记账凭证账务处理程序

C. 多栏式日记账账务处理程序   D. 日记账账务处理程序

4. 科目汇总表账务处理程序的缺点是（   ）。

A. 科目汇总表的编制和使用较为简便，易学易做

B. 不能清晰地反映各科目之间的对应关系

C. 可以大大减少登记总分类账的工作量

D. 科目汇总表可以起到试算平衡的作用，保证总账登记的正确性

5. 以下属于汇总记账凭证账务处理程序主要缺点的是（   ）。

A. 登记总账的工作量较大

B. 当转账凭证较多时，编制汇总转账凭证的工作量较大

C. 不便于体现账户间的对应关系

D. 不便于进行账目的核对

6. 下列属于记账凭证账务处理程序优点的是（   ）。

A. 总分类账反映经济业务较详细   B. 减轻了登记总分类账的工作量

C. 有利于会计核算的日常分工   D. 便于核对账目和进行试算平衡

7. 科目汇总表是依据（   ）编制的。

A. 记账凭证   B. 原始凭证   C. 原始凭证汇总表   D. 各种总账

8. 规模较小、业务量较少的单位适用（   ）。

A. 记账凭证账务处理程序   B. 汇总记账凭证账务处理程序

C. 多栏式日记账账务处理程序   D. 科目汇总表账务处理程序

9. 汇总记账凭证是依据（   ）编制的。

A. 记账凭证   B. 原始凭证   C. 原始凭证汇总表   D. 各种总账

10. 下列属于汇总记账凭证账务处理程序主要缺点的是（   ）。

A. 不能体现账户的对应关系   B. 不利于会计核算的日常分工

C. 方法不易掌握   D. 不能详细反映经济业务

二、多项选择题

1. 下列不属于科目汇总表账务处理程序优点的有（   ）。

A. 便于反映各账户间的对应关系   B. 便于进行试算平衡

             会计基础

C. 便于检查核对账目　　　　　　　　D. 简化总分类账的登记工作

2. 对于汇总记账凭证核算方式，下列说法错误的有（　　　　　）。

　A. 登记总账的工作量大

　B. 不能体现账户之间的对应关系

　C. 明细账与总账无法核对

　D. 当转账凭证较多时，编制汇总转账凭证的工作量较大

3. 以下属于记账凭证账务处理程序优点的有（　　　　　）。

　A. 简单明了、易于理解

　B. 总分类账可较详细地记录经济业务发生情况

　C. 便于进行会计科目的试算平衡

　D. 减轻了登记总分类账的工作量

4. 各种账务处理程序下，登记明细账的依据可能有（　　　　　）。

　A. 原始凭证　　　　　　　　　　　B. 汇总原始凭证

　C. 记账凭证　　　　　　　　　　　D. 汇总记账凭证

5. 账务处理程序又称会计核算组织程序，是指（　　　　　）相结合的方式。

　A. 会计凭证　　　　　　　　　　　B. 会计账簿

　C. 会计报表　　　　　　　　　　　D. 会计科目

6. 不同账务处理程序所具有的相同之处有（　　　　　）。

　A. 编制记账凭证的直接依据相同

　B. 编制财务报表的直接依据相同

　C. 登记明细分类账簿的直接依据相同

　D. 登记总分类账簿的直接依据相同

7. 在不同的账务处理程序下，登记总账的依据可以有（　　　　　）。

　A. 记账凭证　　　　B. 汇总记账凭证　　　C. 科目汇总表　　　　D. 汇总原始凭证

8. 在常见的账务处理程序中，共同的账务处理工作有（　　　　　）。

　A. 均应填制和取得原始凭证　　　　B. 均应编制记账凭证

　C. 均应填制汇总记账凭证　　　　　D. 均应设置和登记总账

9. 账务处理程序规定了（　　　　　）。

　A. 账簿组织及登记方法　　　　　　B. 财务报表的编制步骤和方法

　C. 记账程序和方法　　　　　　　　D. 凭证组织及填制方法

10. 以记账凭证为依据，按科目贷方设置，将借方科目归类汇总的凭证编制法有
（　　　　　）。

A. 汇总收款凭证编制法   B. 汇总付款凭证编制法

C. 汇总转账凭证编制法   D. 科目汇总表编制法

三、判断题

1. 科目汇总表账务处理程序能科学地反映账户的对应关系，并且便于账目核对。（　　）

2. 记账凭证账务处理程序的特点是直接根据记账凭证逐笔登记总分类账，是最基本的账务处理程序。（　　）

3. 财务报表是根据总分类账、明细分类账和日记分类账的记录定期编制的。（　　）

4. 汇总记账凭证账务处理程序和科目汇总表账务处理程序都适用于经济业务较多的单位。（　　）

5. 所有的账务处理程序，第一步都是必须将全部原始凭证汇总编制为汇总原始凭证。（　　）

6. 现金日记账和银行存款日记账不论在何种会计核算形式下，都是根据收款凭证和付款凭证逐日逐笔顺序登记的。（　　）

7. 汇总记账凭证账务处理程序的主要特点就是直接根据各种记账凭证登记总账。（　　）

8. 记账凭证账务处理程序既能保持账户的对应关系，又能减轻登记总分类账的工作量。（　　）

9. 科目汇总表不仅可以起到试算平衡的作用，还可以反映账户之间的对应关系。（　　）

10. 在不同的账务处理程序下，登记总账的依据可以是记账凭证、汇总记账凭证、科目汇总表。（　　）

✦ 综合实训

【实训目标】能运用科目汇总表账务处理程序进行会计核算和账务处理工作。

【实训资料】大华工厂 2024 年 10 月初账户余额及当月发生的经济业务资料如下：

大华工厂 9 月 30 日的总分类账余额如表 7-8 所示（单位：元）。

     会计基础

表 7-8　总分类账余额

单位：元

会计科目	借方余额	会计科目	贷方余额
库存现金	3 500	短期借款	570 000
银行存款	650 000	应付账款	550 000
应收账款	200 000	应付职工薪酬	300 000
其他应收款	10 000	应交税费	65 500
原材料	900 000	长期借款	968 000
库存商品	600 000	实收资本	900 000
生产成本	300 000	盈余公积	50 000
固定资产	800 000	利润分配	−31 000
累计折旧	−100 000		
坏账准备	−1 000		
制造费用	10 000		

应收账款、应付账款期初余额如表 7-9 所示。

表 7-9　期 初 余 额

单位：元

应收账款	200 000	应付账款	550 000
其中：古德工厂	12 285	其中：红星工厂	508 500
阳光公司	187 715	北方公司	41 500

原材料明细分类账账户余额如表 7-10 所示。

表 7-10　账 户 余 额

名称	数量/千克	单价/元	金额/元
甲材料	6 000	100	600 000
乙材料	2 000	150	300 000

大华工厂为增值税一般纳税人，增值税税率为 13%。10 月份大华工厂发生下列经济业务：

（1）1 日，收回古德工厂所欠货款 12 285 元，已经存入银行。

（2）2 日，从上海明星厂购入甲材料 500 千克，每千克为 98 元，合计

49 000 元，增值税税额为 6 370 元；乙材料 20 千克，每千克为 150 元，合计
3 000 元，增值税税额为 390 元。两种材料均未送达，材料款已从银行支付。

（3）2 日，以银行存款支付购入甲材料的装卸费、搬运费为 600 元。

（4）3 日，以银行存款偿还流动资金借款 49 000 元。

（5）4 日，以上甲、乙两种材料均已到达，已验收入库。

（6）4 日，车间生产 A 产品领用甲材料 100 千克，合计 9 950 元，乙材料 8
千克，合计 784 元；生产 B 产品领用甲材料 400 千克，合计 39 800 元，乙材料
50 千克，合计 7 500 元；行政管理部门耗用乙材料 100 千克，合计 10 000 元。

（7）7 日，以银行存款上缴税款 2 900 元。

（8）8 日，购买办公用品 248 元，用银行存款支付。

（9）13 日，按照规定的折旧率，计提本月份固定资产折旧 6 580 元，其中：
车间使用的房屋、机器设备等的折旧为 5 430 元，行政管理部门使用的房屋、器具
等的折旧为 1 150 元。

（10）13 日，接受投资者投入设备 90 000 元，设备投入使用。

（11）15 日，以银行存款偿还从红星工厂购入的甲材料价款为 508 500 元。

（12）19 日，结算本月份应付职工工资 50 000 元。其中：制造 A 产品的生产
工人人工工资为 20 000 元，制造 B 产品的生产工人工资为 10 000 元，车间管理人员
工资为 8 000 元，厂部行政管理人员工资为 12 000 元。

（13）23 日，计提应由本月负担的短期借款利息为 13 400 元。

（14）23 日，A 产品 120 件制造完成，已验收入库，其实际生产成本为
65 000 元。

（15）23 日，销售甲材料一批售价为 20 000 元，增值税税额为 2 600 元，价
税已收存银行。材料成本为 9 750 元。

（16）24 日，"其他应收款"中有 500 元确实无法收回，经批准作坏账损失
处理。

（17）25 日，销售 A 产品 70 件，单价为 450 元，货款为 31 500 元，增值税
销项税额为 4 095 元，款项已收存银行。

（18）25 日，用银行存款 50 000 元备发本月工资。

（19）26 日，销售给古德公司 A 产品 50 件，单价为 450 元，货款为 22 500
元，增值税销项税额为 2 925 元，货款尚未收到。

（20）27 日，结转本月销售的 120 件 A 产品，实际生产成本共计 42 480 元。

（21）29 日，以银行存款支付售出上项 A 产品的运杂费 300 元。

会计基础

（22）19日，将本月份发生的制造费用总额为 9 920 元，分配计入产品生产成本，其中，计入 A 产品的金额为 2 780 元，计入 B 产品的金额为 7 140 元。

（23）31日，将本月销售产品收入和其他业务收入，结转到"本年利润"账户。

（24）31日，将本月销售产品成本、其他业务成本、销售费用、管理费用和财务费用结转到"本年利润"账户。

（25）计算结转本月所得税费用。假设不存在任何纳税调整事项，企业所得税税率为 25%。

（26）将"本年利润"账户余额结转到"利润分配"账户。

【实训要求】

（1）根据以上经济业务编制记账凭证。

（2）根据收、付款凭证逐日逐笔顺序登记现金日记账和银行存款日记账。

（3）根据原始凭证、记账凭证登记相关明细账。

（4）根据记账凭证编制科目汇总表。

（5）根据科目汇总表逐笔登记总分类账。

◈ 学习评价

▲专业能力测评表

（在□中打√，A 掌握，B 基本掌握，C 未掌握）

业务能力	评价指标	自测结果	备注
账务处理程序的意义和种类	1. 账务处理程序的概念 2. 账务处理程序的意义 3. 账务处理程序的种类 4. 账务处理程序的设计要求	□A □B □C □A □B □C □A □B □C □A □B □C	
记账凭证账务处理程序	1. 记账凭证账务处理程序的一般步骤 2. 记账凭证账务处理程序的特点、优缺点及适用范围	□A □B □C □A □B □C	
科目汇总表账务处理程序	1. 科目汇总表的编制方法 2. 科目汇总表账务处理程序的一般步骤 3. 科目汇总表账务处理程序的特点、优缺点及适用范围	□A □B □C □A □B □C □A □B □C	

业务能力	评价指标	自测结果	备注
汇总记账凭证账务处理程序	1. 汇总记账凭证的编制方法 2. 汇总记账凭证账务处理程序的一般步骤 3. 汇总记账凭证账务处理程序的特点、优缺点及适用范围	□A □B □C □A □B □C □A □B □C	
其他			
教师评语：			
成绩		教师签字	

财产清查

第 八 章

学习目标

素养目标

- 通过财产清查程序的学习，树立资产安全观，养成客观公正、实事求是、廉洁自律的品格
- 通过财产清查方法的学习，传承勤俭节约的传统美德，守护财产物资安全
- 通过财产清查结果处理的学习，培养在资产管理工作中发现问题、分析问题和解决问题的能力

知识目标

- 掌握财产清查的概念和种类
- 熟悉财产清查的一般程序
- 掌握财产物资盘存制度
- 掌握财产清查的方法
- 熟悉财产清查结果处理的要求

能力目标

- 能够规范完成货币资金的清查
- 能够规范完成实物资产的清查
- 能够规范完成往来款项的清查
- 能够准确完成财产清查结果的账务处理

素养之窗：
财产清查

思维导图

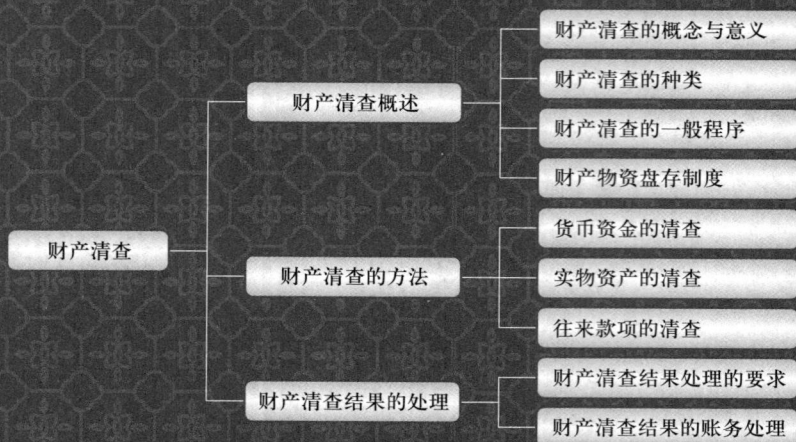

学习计划

● 素养提升计划

_____

_____

_____

● 知识学习计划

_____

_____

_____

● 技能训练计划

_____

_____

_____

引导案例

朱涛的财产清查计划

朱涛从某财经大学的会计专业毕业后，被招聘到浙江东方股份有限公司（简称"东方公司"）财务部工作，主要负责资产核算工作。三年来，朱涛工作勤奋努力，工作态度和工作能力得到了部门领导和同事的一致好评。一天，财务部经理布置给朱涛一项工作，具体任务是：由于东方公司计划与另一家公司进行合并重组，需要对公司的全部资产情况进行清查。财务部经理要求朱涛根据公司的具体情况，编写一份财产清查工作计划，并准备好财产清查过程中所需要的相关资料与表格。朱涛非常高兴也非常珍惜这次机会，这是他第一次独立负责这么重大的项目筹备工作，他决心要出色完成本项任务。首先打算弄清楚以下问题：财产清查的要求是什么？财产清查包括哪些具体工作？如何开展相关资产的清查工作？如何记录反映资产清查结果？对清查结果应该如何处理？

作为会计人员，应该熟悉财产清查的相关要求与方法，能够有针对性地为特定公司设计恰当的财产清查程序与方法，并对财产清查的结果进行账务处理。

第一节　财产清查概述

一、财产清查的概念与意义

财产清查是指通过对货币资金、实物资产和往来款项的盘点或核对，确定其实存数，查明账存数与实存数是否相符的一种专门方法。

准确反映货币资金、财产物资和债权债务的真实情况，是会计核算的基本原则，也是经济管理对会计核算的客观要求。但在实际工作中，即使通过加强会计凭证的日常审核，定期进行账证、账账核对，保证账簿记录正确，也不能绝对保证账面余额与财产物资的实存数额相符。造成账实不符的原因很多，诸如财产物资的自然损耗、收发差错或计量错误、不法分子贪污盗窃等。为了正确掌握各项财产物资的真实情况，保证账实相符，必须在账簿记录的基础上，运用财产清查这一专门方法，对各项财产进行定期或不定期的盘点和核对，使账存数金额与实存数相一致。

财产清查的重要意义，概括起来有以下几方面：

（1）确保会计资料真实可靠。通过财产清查，可以查明各项财产物资的实存数。将实存数与账存数进行核对，如果发现不符，确定盘盈或盘亏数，及时调整账簿记录，使得账实相符，以保证账簿记录的真实、正确，为经济管理提供可靠的数据资料。

（2）保护财产物资的安全完整。财产清查既是会计核算的一项专门方法，又是一项行之有效的会计监督措施。通过财产清查，发现财产管理上存在的问题，采取措施，不断改进财产物资管理工作，健全财产物资的管理制度，确保财产物资的安全、完整。

（3）促进财产物资的有效使用。通过财产清查，可以查明财产物资的储备和利用情况。如果储备不足，应设法补充，保证生产需要；如果积压、呆滞，应及时处理，避免损失和浪费，以便充分发挥财产物资的潜力，提高其使用效能。

（4）确保财经纪律的贯彻执行。通过财产清查，可以核查各单位财经纪律的遵守情况。如查明有无积压浪费、偷税漏税等违纪情况，有无长期拖欠、无理拒付等不合理的债权债务关系，促进企业自觉遵守财经制度、维护财经纪律。

二、财产清查的种类

（一）按清查的范围分类

财产清查按其清查范围的不同，可分为全面清查和局部清查。

1. 全面清查

全面清查是指对全部财产进行盘点与核对。其清查对象主要包括：原材料、在产品、自制半成品、库存商品、库存现金、短期存（借）款、有价证券及外币、在途物资、委托加工物资、往来款项、固定资产等。全面清查范围广、工作量大，一般在年终决算或企业撤销、合并或改变隶属关系时进行。

2. 局部清查

局部清查也称重点清查，是指根据需要对部分财产物资进行盘点与核对。如流动资金中变化较频繁的原材料、库存商品等，除年度全面清查外，还应根据需要随时轮流盘点或重点抽查。局部清查范围小、内容少，涉及的人也少，但专业性较强。各种贵重物资每月至少清查一次，库存现金要天天核对，银行存（借）款要按银行对账单逐笔核对。

（二）按清查的时间分类

财产清查按清查时间的不同，可分为定期清查和不定期清查。

1. 定期清查

定期清查是指按规定或预先计划安排的时间对财产物资所进行的清查。这种清查一般是在年末、季末、月末结账前进行，这样可以在编制财务报表前发现账实不符的情况，据以调整有关账簿记录，使账实相符，从而保证财务报表资料的真实性。

2. 不定期清查

不定期清查也称临时清查，是指根据实际需要临时进行的财产清查。一般在以下情况下进行不定期清查：①更换财产、现金保管人，为了分清经济责任，要对其所保管的财产、现金进行清查。②发生自然灾害或意外损失，为了查明损失情况，要对灾害损失的有关财产进行清查。③有关财政、审计、银行等部门对本单位进行会计检查，为了验证会计资料的可靠性，要按检查要求和范围进行清查。④进行临时性清产核资，对某些要求清查的资产进行清查。⑤单位撤销、合并或改变隶属关系时，应对本单位的各项财产物资、货币资金、债权债务进行清查。

定期清查和不定期清查的范围应视具体情况而定，可全面清查，也可局部清查。

⬡ **想一想**

请列举出全面清查和局部清查、定期清查和不定期清查各自的区别有哪些，并介绍你平时在生活中是用何种方式对自己的财物进行清查的。

三、财产清查的一般程序

（1）建立财产清查组织。财产清查组织由单位领导和财务会计、业务、仓库等有关部门的人员组成，一般应由管理层研究、制订财产清查计划，确定工作进度和方式方法。

（2）组织清查人员学习有关政策，掌握有关法律、法规和相关业务知识，以提高财产清查工作的质量。

（3）确定清查对象、范围，明确清查任务。

（4）制订清查方案，具体安排清查内容、时间、步骤、方法以及必要的清查前准备。

（5）清查时本着先清查数量、核对有关账簿记录等，后认定质量的原则进行。

(6) 填制盘存清单。清查人员要做好盘点记录，填制盘存清单，列明所清查财产物资的实存数量和金额及债权债务的实有数额。

(7) 根据盘存清单填制实物、往来账项清查结果报告表。

四、财产物资盘存制度

财产物资的盘存制度有两种，即"永续盘存制"和"实地盘存制"。单位可根据经营管理的需要和财产物资品种的不同，分别采用不同的方法，以达到弄清账实、查明原因、提高经营管理水平之目的。

（一）永续盘存制

永续盘存制又称"账面盘存制"，即企业平时对各项财产物资分别设立明细账，根据会计凭证连续记载其增减变化并随时结出余额的一种管理制度。这种盘存制度，能从账簿资料中及时反映出企业各项财产、物资的结存数额，为及时掌握企业财产增减变动情况和余额提供可靠依据，以便加强单位财产物资的管理。这种方法的优点是手续较严密，能随时掌握企业单位财产增减变动情况和余额，大部分企业采用这种方法。

（二）实地盘存制

实地盘存制是平时根据有关会计凭证，只登记财产物资的增加数，不登记其减少数，月末或一定时期可根据期末盘点资料，弄清各种财产物资的实有数额，再根据"期初结存数 + 本期增加数 − 本期实有数 = 本期减少数"的公式，倒算出本期减少数额，即："以存计耗"或"以存计销"，并记入有关明细账中的一种物资盘存管理制度。采用这种方法工作比较简单，虽然看起来账是平衡的，但是手续不够严密，对于管理中存在的问题不易发现，只适用于一些价值低、品种杂、进出频繁的物资，其他财产物资一般不宜采用。

由于财产物资种类繁多、占用形态各异，对实物、货币资金、结算款项等应采取不同的方式进行清查。

◈ 想一想

请列举出永续盘存制和实地盘存制各自的优、缺点有哪些？

　　　　会计基础

第二节　财产清查的方法

根据不同的清查对象，采用切实可行的清查步骤和技术方法，是保证财产清查工作顺利进行的关键。由于货币资金、实物资产和往来款项等各有不同的特点，在进行财产清查时，应采用不同的方法。

一、货币资金的清查

（一）库存现金的清查

库存现金的清查，应采用实地盘点的方法。除出纳人员做到日清月结、账款相符外，企业还应组织清查人员对库存现金进行定期或不定期清查，确定库存现金的实存数，再与现金日记账的账面余额核对，以便查明盈亏情况。

在进行现金清查时，为了明确经济责任，出纳人员必须在场，在清查过程中不能用白条抵库，也就是不能用不具有法律效力的借条、收据等抵充库存现金。盘点现金后，应根据盘点的结果及现金日记账核对的情况，填制现金盘点报告表。现金盘点报告表也是重要的原始凭证，它既起到确定实有数的作用，又起到实有数与账面数对比的作用，应严肃认真地填写。现金盘点报告表应由盘点人和出纳人员共同签章方能生效。现金盘点报告表的一般格式如表8-1所示。

表8-1　现金盘点报告表

年　月　日

实存金额	账存金额	对比结果		备注
		盘盈	盘亏	

盘点人（签章）：　　　　　　　　　　　出纳员（签章）：

🏵 课堂能力训练

请分析：企业在清查库存现金过程中，在操作上应注意哪些关键问题？

（二）银行存款的清查

银行存款的清查采用与开户银行核对账目的方法进行，即将本单位的"银行存款日记账"与开户银行转来的"银行对账单"逐笔进行核对。在与银行对账单核对账目前，企业首先应将本单位的银行存款账目登记齐全、结出余额，然后进行逐笔核对。

银行存款日记账余额与银行对账单余额不相等的原因主要有记账错误和未达账项两种。

1. 记账错误

企业的记账错误表现为编制的记账凭证错误，银行日记账登记错误；银行存款的记账错误表现为账簿登记错误或串户。因企业原因造成的日记账登记错误，须运用规定的错账更正方法进行更正，如有疑问，应请银行提供证明，若发现银行的记录有错，应立即通知银行加以更正。

2. 未达账项

未达账项是指企业与银行之间，对同一项经济业务，由于凭证传递上的时间差所形成的一方已经登记入账，而另一方因尚未收到相关凭证，尚未登记入账的事项。企业与银行之间的未达账项有：

（1）企业已收，银行未收。例如，企业将收到的转账支票存入银行，根据经银行盖章退回的"进账单"回单联可直接登记银行存款日记账，银行则要在款项收妥后才能记账。若银行在编制对账单时尚未办妥收款手续，则对账时会出现企业已记收款，银行未记收款的事项。

（2）企业已付，银行未付。例如，企业开出支票等付款凭证，并将付款凭证交付收款方，根据付款凭证存根联登记银行存款的减少，而银行因尚未收到相关凭证，未办妥支付或转账手续，未登记企业存款的减少，形成企业已记付，银行未记付的未达账项。

（3）银行已收，企业未收。例如，银行定期支付给企业的存款利息，银行已经登记企业存款的增加，企业因尚未接到银行的转账通知还未登记银行存款增加，形成银行已记收款、企业未记收款的未达账项。类似的未达账项还有企业委托银行代收的款项、外地企业汇给本单位的款项等。

（4）银行已付，企业未付。例如，银行代企业支付水电费、通信费等，银行根据收款单位的委托收款凭证代付了款项，并登记企业存款的减少，而企业因尚未拿到有关凭证，未登记银行存款减少，形成银行已记付款、企业未记付款的未达账项。

上述（1）、（4）两种未达账项造成企业的银行存款日记账余额大于银行对账单余额；（2）、（3）两种未达账项造成企业的银行存款日记账余额小于银行对账单余额。

银行对账单作为重要的会计凭证应装订在每月会计凭证的第一页。如果当月银行存款日记账的余额与银行对账单余额不一致（已排除双方记账错误的情况），企业要编制银行存款余额调节表。

△ 想一想

　　在进行银行存款清查时出现未达账项应该如何处理，是否需要调整银行存款日记账？

3. 银行存款余额调节表

　　银行存款余额调节表（简称调节表）是为核对企业单位与银行之间实际存款余额而编制的列示有双方未达账项的报表。调节表编制的基本思路是，在企业银行存款日记账余额的基础上加减银行已记收付而企业未记的事项，在银行对账单余额的基础上加减企业已记收付而银行未记的事项，计算调节后的余额。银行存款余额调节表的编制步骤如下：

　　（1）按银行存款日记账登记的先后顺序逐笔与银行对账单核对，对双方都已登记的事项打"√"。

　　（2）对日记账和对账单中未打"√"的项目进行检查，确认是属于记账错误还是属于未达账项。

　　（3）对查出的企业记账错误按照一定的错账更正方法进行更正后登记入账，调整银行存款日记账账面余额；对查出的银行记账错误，通知银行更正并调整银行对账单余额。

　　（4）如果期末企业存在未达账项，应编制银行存款余额调节表，将属于未达账项的事项记入调节表，计算调节后的余额。

　　银行存款余额调节表中"调节后的余额"是企业期末实际可动用的存款余额。应该注意的是，调节后的余额仅作为清查未达账项的参考，不作为编制记账凭证的依据。待下月月初企业根据收到的有关原始凭证编制记账凭证并登记入账后，账面余额会自动调整。

❖ 例 8-1

　　浙江东方股份有限公司 2024 年 12 月 31 日银行存款日记账账面余额为 899 500 元，开户行送来的对账单所列本企业存款余额为 949 450 元，经逐笔核对，发现未达账项如下：

　　（1）12 月 28 日，企业为支付职工的差旅费开出现金支票一张，共计 6 000 元，持票人尚未到银行取款。

（2）12月29日，企业因采购办公用品，开出转账支票一张，共计9 750元，银行尚未入账。

（3）12月29日，企业收到购买单位转账支票一张，共计27 300元，已开具送款单送存银行，但银行尚未入账。

（4）12月30日，企业经济纠纷案败诉，银行代扣违约罚金6 000元，企业尚未接到通知而未入账。

（5）12月31日，银行计算企业存款利息为12 600元，已记入企业存款户，企业尚未接到通知而未入账。

（6）12月31日，银行受企业委托代收销货款54 900元，已收妥记入企业存款户中，企业尚未接到通知而未入账。

根据以上未达账项编制银行存款余额调节表，如表8-2所示。

表8-2　银行存款余额调节表

2024年12月31日

项目	金额	项目	金额
本企业银行存款日记账账面余额	899 500	银行对账单余额	949 450
加：银行已收、企业未收款		加：企业已收、银行未收款	
1. 企业存款利息	12 600	存入转账支票	27 300
2. 银行代收销货款	54 900	减：企业已付、银行未付	
减：银行已付、企业未付款		1. 开出现金支票	6 000
银行代扣罚金	6 000	2. 开出转账支票	9 750
调节后存款余额	961 000	调节后存款余额	961 000

课堂能力训练

浙江钱塘股份有限公司2024年11月30日银行存款日记账账面余额为627 856元，银行对账单余额为603 364元。经核对，查明造成双方余额不符的原因是由以下未达账项所致：

（1）29日，企业开出转账支票5 435元，购买A材料，企业已入账，银行尚未记账。

（2）30日，银行代企业划付银行借款利息13 200元，银行已记账，付款通知未送达企业。

（3）30日，有一项委托银行收款的产品销售收入为18 600元，银行已记收入，企业未记账。

（4）30 日，购买方开出转账支票一张，付给企业货款 14 000 元，单据尚未送达银行入账，企业已记收入。

（5）30 日，银行代企业划付电费 21 327 元，企业未入账，银行已记账。

要求：根据上述资料编制该企业银行存款余额调节表。

二、实物资产的清查

实物资产的清查是指对原材料、在产品、库存商品、固定资产等财产物资的清查。对于不同实物形态、体积重量和堆放方式的财产物资，可采用实地盘点、技术推算盘点等不同的清查方法。

实地盘点是指在财产物资堆放现场进行逐一清点数量或用计量仪器确定实存数的一种方法。这种方法适用于固定资产、原材料、在产品、半成品、商品等个大或包装完整的实物财产清查。实地盘点方法要求严格，数字准确可靠，清查质量高。为提高清查的速度和质量，应事先按财产物资的实物形态进行科学的码放，如五五排列、三三制码放等。

技术推算盘点是利用技术方法，如量方计尺等对财产物资的实存数进行推算的一种方法。这种方法适用于大量散装、成堆或难以逐一清点的财产物资，如煤、黄沙、石子等的盘点。

为明确经济责任，盘点对有关财产物资的实物保管人员必须在场并参与盘点工作。盘点工作不但指清点实物数量，还包括实物质量的检查，以便及时发现和处理短缺、毁损、霉变、过时的物资。各项财产物资盘点结果，应如实登记在"盘存单"上，并且由盘点人员和实物保管人员同时签章，作为各项财产物资实存数额的书面证明，其格式如表 8-3 所示。

视频：
财产清查的
方法

表 8-3 盘 存 单

单位名称：　　　　　　　　盘点时间：　　　　　　　编号：
财产类别：　　　　　　　　存放地点：

编号	名称	规格型号	计量单位	实存数量	单价	金额	备注

盘点人签章：　　　　　　　　　　　实物保管人签章：

盘存单是记录实物盘点结果的书面文件，也是反映资产实有数的原始凭证。为进一步查明盘点结果是否同账簿余额一致，还应根据盘存单和账簿记录编制账存实存对比表（格式如表8-4所示）。账存实存对比表又称盘点盈亏报告单，是记录各种实物的账存数与实存数差异的原始凭证。该表是一个非常重要的原始凭证，在这个凭证上所确定的各种实物的实存和账存之间的差异，既是经批示后调整账簿记录的依据，又是分析差异原因、查明责任的依据。

表8-4　账存实存对比表

年　月　日

序号	名称	规格型号	计量单位	单价	实存		账存		对比结果				备注
									盘盈		盘亏		
					数量	金额	数量	金额	数量	金额	数量	金额	

盘点人：　　　　　　　　　　　　　　　实物保管人签章：

课堂能力训练

2024年12月28日，浙江东方股份有限公司资产管理部李悦、张英和仓库保管员王杰在财产清查中，发现以下异常情况：①查明A材料盘盈10千克。A材料账面数为500千克，单价为50元。②盘盈一台五成新的机器设备，该设备同类产品市场价格为86 000元。③盘亏B材料300千克，单价为1元。B材料账面数为800千克。④发现设备短缺，账面原价为23 500元，已提折旧11 500元，净值为12 000元。

请你根据以上清查结果，编制浙江东方股份有限公司实物资产盘存的账存实存对比表。

三、往来款项的清查

往来款项是指单位与其他单位或个人之间的各种应收账款、应付账款、预收账款、预付账款及其他应收、应付款项。为了保证往来款项账目的正确性，并且促使欠款方及时清算，防止长期拖欠，应对往来款项及时清查。往来款项的清查一般采取"询证核对法"进行清查，即派人或运用通信手段向结算往来单位核实账目。清查单位应在检查本单位各项往来款项正确性的基础上，按每一个往来单位编制"往来款项对账单"一式两份，派人或发函送达对方。如查核对相符，对方应在回单联上加盖公章退回；如果核对不符，对方应在回单联上注明情况，退回本单位进一步查明原因，再进行核对，直到相符为止。往来款项对账单的格式如表 8-5 所示。

表 8-5　往来款项对账单

往来款项对账单

编号：××

××单位：

现列示我单位与贵单位的往来款项，请贵单位核实后将回单联寄回。

往来款项原因	往来款项发生时间	信用截止期	经办人	往来款项金额	备注

清查单位：（盖章）

20×× 年 × 月 × 日

沿此虚线裁开，将以下回单联寄回！如有不符，请在回单联上说明情况。

- -

往来款项对账单

××清查单位：

你单位寄来的"往来款项对账单"已收到，经核对相符无误。

往来账单位：（盖章）

20×× 年 × 月 × 日

往来款项清查结束后，应将清查结果编制往来款项清查报告表，其格式如表 8-6 所示。对其中有财务纠纷以及无法收回或无法清偿的款项，应详细说明情况，报请财产清查小组或上级处理，以便尽快了结这些逾期的债权、债务。

表 8-6 往来款项清查报告表

年　月　日　　　　　　　　　　　　　　　　　　　单位：元

债权、债务单位	账面结存金额	对方结存金额	对比结果		差异原因和金额		备注
			大于对方数额	小于对方数额	争议中的账项	未达账项	

单位主管（签章）：　　　　　　主管会计（签章）：　　　　　　制表（签章）：

往来款项清查结果经研究后，应按规定和批准意见处理。对于应该收回的款项应积极催收；对于应该归还的款项要及时主动归还；对于有争议的账款要协商及时处理，不能协商解决的，可以通过法律途径进行调解或裁决；对于确实无法收回或无法支付的款项应进行核销处理，但应在备查簿上进行记录。

◎ 想一想

作为会计人员，如果你发出"往来款项对账单"若干时间后，却没有收到对方单位的任何信息，你将怎么办？

◈ 职业素养提升

强化内控监管　守护资金安全

某公司营销部每年的资金往来高达数十亿元，由于公司产品销路较好，客户想要购货必须先交预付款，而大量客户往往用银行承兑汇票来支付预付货款。根据财务工作流程，业务人员收到客户送来的银行承兑汇票后，要先交给会计人员并由其记账，会计人员记账后，将汇票交给出纳人员，由出纳人员和有关人员共同保管，到期时到银行办理收款手续或根据需要去银行贴现或背书转让。在营销部会计岗位工作了近 16 年的李某在长达 6 年的时间里，对于那些近期内没有业务发生或其本身预付款余额能满足其近期业务需要的客户的银行承兑汇票，采用了既不入账，也不交由出纳人员或有关人员保管的方法，将银行承兑汇票截留在自己手中，并背书转让给自己与他人共同注册的公司，到银行贴现从而套取现金，非法挪用公司货款 2 000 余万元。公司虽然有《应收款项管理业务流程》定期清查核对的规定，但审核常流于形式，应收票据的记账与核查表的审核往往由同一个人进行，从而为李某盗用银行承兑汇票留下了可乘之机。

该公司未能严格执行会计轮岗制，给李某在同一工作岗位充分掌握客户及业务活动的详细信息，从而为其实施犯罪行为提供了可能；公司未能实施记账与审核的岗位职责分离，定期清查核对流于形式，失去了内部牵制作用；此外，公司的印章管理及客户关系管理很有可能也会存在较多的问题。企业应充分认识到建立健全内部控制制度的重要性，提升全员参与内部控制管理的意识，实行不相容职务的职责分离，执行岗位轮换制、严格票据管理、强化财产清查，严格管控意识，加强内部牵制的作用。

第三节　财产清查结果的处理

一、财产清查结果处理的要求

对财产清查的结果，应以国家的有关法规、制度为依据，严肃、认真地处理。具体要求如下：

（一）分析账实不符的原因和性质，提出处理建议

对于财产清查所发现的盘盈、盘亏，应及时查明原因、明确经济责任并依据有关规定进行处理。对于一些合理的物资损耗等，在规定的损耗标准和范围内的，会计人员可按照规定及时作出处理；超出规定的损耗标准和范围的，会计人员无权自行处理，应及时报请企业负责人作出处理。一般来说，个人造成的损失，应由个人赔偿；因管理不善造成的损失，应作为企业管理费用入账；因自然灾害造成的非常损失，列入企业的营业外支出。

（二）积极处理多余、积压财产，清理往来款项

对于财产清查中发现的多余、积压物资，应分别不同情况处理。属于盲目采购或者盲目生产等原因造成的积压，一方面要积极利用或者改造出售，另一方面要停止采购或生产。

（三）总结经验教训，建立、健全各项管理制度

财产清查后，要针对存在的问题和不足，总结经验教训，采取必要的措施，建立、健全财产管理制度，进一步提高财产管理水平。

（四）及时调整账簿记录，做到账实相符

对于财产清查中发现的盘盈或盘亏，应及时调整账面记录，以保证账实相符。根据清查中取得的原始凭证编制记账凭证后登记有关账簿，使各种财产物资的账存数与实存数相一致，同时反映待处理财产损溢的发生额。

◎ 想一想

当企业对财产清查的结果进行处理时，相关会计人员需要完成哪些工作？

二、财产清查结果的账务处理

为了核算与监督企业在财产清查中财产物资的盘盈、盘亏和毁损情况，应当设置和运用"待处理财产损溢"账户。"待处理财产损溢"账户，核算企业在财产清查过程中查明的各项财产物资的盘盈、盘亏和毁损价值。该账户的贷方登记待处理财产物资的盘盈数及批准后的盘亏转销数；借方登记待处理财产物资的盘亏和毁损数及经批准后的盘盈转销数；贷方余额表示尚待批准处理的财产物资盘盈数，借方余额表示尚待处理的财产物资盘亏和毁损数。"待处理财产损溢"账户，是核算企业在财产盘盈、盘亏未处理前的暂记账户，待批准后再转入有关账户。它属于过渡性质的账户，应在期末结账前处理完毕，结清余额。

财产清查结果的账务处理分为两个阶段：一是在领导审批之前，应根据账存实存对比表等原始凭证编制记账凭证，调整财产物资账面记录，使账实相符；二是根据领导对差异形成的不同原因做出的处理意见作相应的账务处理。

（一）财产物资盘盈的账务处理

财产物资的盘盈是指在财产清查中，财产物资的实存数大于账存数的情况。

企业盘盈各类存货，应借记"原材料""库存商品"等账户，贷记"待处理财产损溢"账户；报经批准后，对差异进行结转，应借记"待处理财产损溢"账户，贷记"管

理费用"等账户。

如果是属于无法查明原因的现金盘盈，报经批准后，对差异进行结转，转入"营业外收入"账户的贷方。

企业盘盈的固定资产，不计入当期损益，而是作为以前会计期间的会计差错，记入"以前年度损益调整"账户。这是因为固定资产出现由于无法控制的因素而造成的盘盈的可能性极小，甚至是不可能的，企业出现了固定资产的盘盈必定是企业以前会计期间少计、漏计产生的，应当作为会计差错进行更正处理。企业在盘盈固定资产时，应确定盘盈固定资产的原值、累计折旧和净值。

例 8-2

浙江东方股份有限公司在财产清查中，查明 A 材料盘盈 2 500 元。

在报经批准前，根据账存实存对比表编制记账凭证，其会计分录如下：

借：原材料   2 500

    贷：待处理财产损溢   2 500

根据审批处理意见，转销材料盘盈，编制记账凭证，其会计分录如下：

借：待处理财产损溢   2 500

    贷：管理费用   2 500

例 8-3

浙江东方股份有限公司在财产清查中，发现库存现金长款 180 元。在报经批准前，根据库存现金盘点报告表编制记账凭证，其会计分录如下：

借：库存现金   180

    贷：待处理财产损溢   180

经核查属于无法查明原因的现金盘盈，根据审批处理意见，作营业外收入处理，编制记账凭证，会计分录为：

借：待处理财产损溢   180

    贷：营业外收入   180

例 8-4

浙江东方股份有限公司在财产清查过程中，盘盈一台五成新的机器设备，该设备同类产品市场价格为 86 000 元。在报经批准前，根据固定资产清查盘盈盘亏报告表编制记账凭证，其会计分录如下：

借：固定资产	80 000	
贷：累计折旧		40 000
以前年度损益调整		40 000

根据审批处理意见，转销固定资产盘盈，编制记账凭证，其会计分录如下：

借：以前年度损益调整	40 000	
贷：利润分配——未分配利润		40 000

（二）财产物资盘亏的账务处理

财产物资的盘亏是指在财产清查中，财产物资的实存数小于账存数的情况。

企业盘亏各类存货或固定资产时，应借记"待处理财产损溢""累计折旧"账户，贷记"原材料""库存商品""固定资产"等账户。

经有关机构批准后，编制记账凭证，差异应区别不同情况分别进行结转：属于流动资产的盘亏，应当先将其残料价值、可以收回的保险赔款和过失人赔偿，借记"原材料""其他应收款"等账户；属于自然灾害造成的非常损失部分，借记"营业外支出"账户；属于一般经营损失部分，借记"管理费用"账户，贷记"待处理财产损溢"账户；属于固定资产的盘亏，借记"营业外支出"账户，贷记"待处理财产损溢"账户。

例 8-5

浙江东方股份有限公司在财产清查中，发现盘亏材料 13 500 千克，价值 13 500 元。

审批前，根据账存实存对比表编制记账凭证，其会计分录如下：

借：待处理财产损溢	13 500	
贷：原材料		13 500

审批后，根据不同情况分别进行结转，经查短缺的 13 500 元，其中 4 000 元是计量不准确造成的，6 000 元属于保管员小王的过失造成的，剩余的 3 500 元属于意外损失造成的。其会计分录如下：

借：管理费用	4 000	
其他应收款	6 000	
营业外支出	3 500	
贷：待处理财产损溢		13 500

例 8-6

浙江东方股份有限公司在财产清查中，发现设备短缺，账面原价为 23 500 元，已提折旧 11 500 元，净值为 12 000 元。

报经批准前，根据固定资产清查盘盈盘亏报告表编制记账凭证，其会计分录如下：

借：待处理财产损溢	12 000
累计折旧	11 500
贷：固定资产	23 500

批准后，根据审批意见，编制记账凭证，其会计分录如下：

借：营业外支出	12 000
贷：待处理财产损溢	12 000

例 8-7

浙江东方股份有限公司在财产清查中，盘亏现金 700 元，其中 500 元应由出纳赔偿，另外 200 元无法查明原因。

报经批准前，根据现金盘点报告表编制记账凭证，其会计分录如下：

借：待处理财产损溢	700
贷：库存现金	700

批准后，根据审批意见，编制记账凭证，其会计分录如下：

借：其他应收款	500
管理费用	200
贷：待处理财产损溢	700

相关链接

无法收回的应收账款的处理

企业的各项应收款项，可能会因购货人拒付、破产、死亡等原因而无法收回。这类无法收回或收回的可能性极小的应收款项就是坏账。因坏账而遭受的损失为坏账损失。

企业确认坏账时，应遵循财务报告的目标和会计核算的基本原则，具体分析各应收账款的特性、金额的大小、信用期限、债务人的信誉和当时的经营情况等因素。一般来讲，企业的应收账款符合下列条件之一的，应确认为坏账：

（1）债务人死亡，以其遗产清偿后仍然无法收回；

（2）债务人破产，以其破产财产清偿后仍然无法收回；

（3）债务人较长时期内未履行其清偿义务，并且有足够的证据表明无法收回或收回的可能性极小。

企业应当定期或者至少于每年年度终了，分析各项应收款项的可收回性，预计可能产生的坏账损失，对没有把握能够收回的应收款项，计提坏账准备。

企业应设置"坏账准备"账户和"信用减值损失"账户核算和监督应收款项的减值情况。"坏账准备"账户属于资产类账户，核算应收款项坏账准备的计提、转销等情况。该账户贷方登记当期计提的坏账准备金额，以及收回已转销的坏账损失；该账户借方登记实际发生的坏账损失金额和冲减的坏账准备金额；该账户期末贷方余额，反映企业已计提但尚未转销的坏账准备。

"信用减值损失"账户属于损益类账户，核算企业按照《企业会计准则第22号——金融工具确认和计量》（财会〔2017〕7号）的要求计提的各项金融工具信用减值准备所确认的信用损失。企业应按照信用减值损失的项目进行明细核算。期末，企业应将"信用减值损失"账户余额转入"本年利润"账户后无余额。

坏账损失的核算可以采用备抵法。企业提取坏账损失时，借记"信用减值损失"账户，贷记"坏账准备"账户。实际发生坏账损失时，借记"坏账准备"账户，贷记"应收账款"账户。

❖ 典型案例

情境与背景：

浙江钱塘股份有限公司 2024 年 10 月 28 日以后的银行存款日记账记录如表 8-7 所示，银行送交本公司的银行对账单如表 8-8 所示（假定 28 日之前的记录全部正确）。

表 8-7　银行存款日记账

2024年		凭证		摘要	收入（借方）	付出（贷方）	结存
月	日	种类	号数				
10	28	（略）	（略）	……			649 470
	28			开出支票 #115 支付购料款		56 500 √	592 970
	28			存入转账支票（销售收款）	100 000 √		692 970
	29			开出支票 #116 支付修理费		2 456 √	690 514
	30			存入转账支票（销售收款）	3 000		693 514
	30			开出支票 #117 支付委托加工费		4 780	688 734

表 8-8　银行对账单

2024 年		凭证		摘要	借方	贷方	结存
月	日	种类	号数				
10	28	（略）	（略）	……			649 470
	28			开出支票 #115 支付购料款	56 500 √		592 970
	29			开出支票 #116 支付修理费	2 456 √		590 514
	29			进账单（销售款）		100 000 √	690 514
	30			代收外地工厂货款		2 000	692 514
	30			代付水电费	2 400		690 114
	30			结算存款利息		526	690 640

问题：

（1）企业的未达账项有哪些？

（2）银行的未达账项有哪些？

（3）根据银行存款日记账和银行对账单提供的资料，分析经济业务的内容，编制银行存款余额调节表。

❖ 本章主要概念

财产清查　　全面清查　　局部清查　　定期清查　　不定期清查

永续盘存制　　实地盘存制　　未达账项

❖ 同步测试

一、单项选择题

1. 财产清查按清查范围的不同，可以分为（　　　）。

　　A. 重点清查和非重点清查　　　　　　B. 定期清查和不定期清查

　　C. 全面清查和局部清查　　　　　　　D. 报送清查和抽查

2. 一般情况下，企业撤销、合并或改变隶属关系时，要进行（　　　）。

　　A. 全面清查　　　B. 局部清查　　　C. 实地盘点　　　D. 技术推算

3. 现金的清查采用（　　）。

　　A. 实地盘点法　　　　　B. 技术推算法　　　　　C. 询证法　　　　　D. 核对法

4. 在各种实物的清查过程中，（　　）必须在场，参加盘点，但不宜单独承担财产清查工作。

　　A. 单位行政领导　　　　B. 会计主管人员　　　　C. 出纳人员　　　　D. 实物保管人员

5. 为了记录、反映财产物资的盘盈、盘亏和毁损情况，应当设置（　　）账户。

　　A. 固定资产清理　　　　B. 待处理财产损溢　　　　C. 长期待摊费用　　　D. 营业外支出

6. 在财产清查中填制的账存实存对比表是（　　）。

　　A. 登记总分类账的直接依据　　　　　　B. 调整账面记录的原始凭证

　　C. 调整账面记录的记账凭证　　　　　　D. 登记日记账的直接依据

7. 财产清查中盘盈存货一批，价值 2 000 元，批准处理后应转入（　　）。

　　A. 营业外收入　　　　　　　　　　　　B. 其他业务收入

　　C. 管理费用　　　　　　　　　　　　　D. 主营业务收入

8. 现金清查中，发现现金短缺 500 元，经研究决定由出纳人员赔偿 300 元，余款报损。则批准处理后的会计分录为（　　）。

　　A. 借：库存现金　　　　　　　　　　　　　　　　500

　　　　　贷：待处理财产损溢　　　　　　　　　　　　　　　500

　　B. 借：其他应收款　　　　　　　　　　　　　　　300

　　　　　营业外支出　　　　　　　　　　　　　　　200

　　　　　贷：待处理财产损溢　　　　　　　　　　　　　　　500

　　C. 借：待处理财产损溢　　　　　　　　　　　　　500

　　　　　贷：库存现金　　　　　　　　　　　　　　　　500

　　D. 借：其他应收款　　　　　　　　　　　　　　　300

　　　　　管理费用　　　　　　　　　　　　　　　　200

　　　　　贷：待处理财产损溢　　　　　　　　　　　　　　　500

9. 由于管理不善导致存货的盘亏一般应作为（　　）处理。

　　A. 营业外支出　　　　　B. 管理费用　　　　　C. 财务费用　　　　D. 其他应收款

10. 财产清查中，盘亏一台手提式计算机，原价为 10 000 元，已提折旧 2 000 元。在批准处理以前的会计分录为（　　）。

　　A. 借：待处理财产损溢　　　　　　　　　　　10 000

　　　　　贷：固定资产　　　　　　　　　　　　　　　10 000

　　B. 借：待处理财产损溢　　　　　　　　　　　8 000

　　　　累计折旧　　　　　　　　　　　　　　　　　　　2 000

　　　　　　贷：固定资产　　　　　　　　　　　　　　　　　　　10 000

　　C. 借：待处理财产损溢　　　　　　　　　　　　　　10 000

　　　　　　贷：固定资产　　　　　　　　　　　　　　　　　　　10 000

　　D. 借：营业外支出　　　　　　　　　　　　　　　　8 000

　　　　　　贷：待处理财产损溢　　　　　　　　　　　　　　　　8 000

二、多项选择题

1. 实地盘点法可用于（　　　　　）清查。

　　A. 实物　　　　　　　　B. 现金　　　　　　　　C. 银行存款　　　　　　　　D. 往来款项

2. 财产清查按清查时间的不同，可分为（　　　　　）。

　　A. 全面清查　　　　　　B. 定期清查　　　　　　C. 不定期清查　　　　　　D. 局部清查

3. 财产清查的意义在于（　　　　　）。

　　A. 确保会计核算资料真实可靠　　　　　　　　B. 保护财产物资的安全完整

　　C. 促进财产物资的有效使用　　　　　　　　D. 确保财经纪律的贯彻执行

4. 下列各种情况，需要进行财产全面清查的有（　　　　　）。

　　A. 企业改变隶属关系时　　　　　　　　　　B. 企业合并前

　　C. 出纳人员调离工作前　　　　　　　　　　D. 公司总经理调离工作前

5. 对库存现金进行清查盘点时，应该（　　　　　）。

　　A. 清查现金实有数，并且与现金日记账余额核对

　　B. 盘点的结果应填列现金盘点报告表

　　C. 出纳人员必须在场，并且由出纳人员亲自盘点

　　D. 检查库存限额的遵守情况及有无白条抵库情况

6. 银行存款日记账与银行对账单不一致，可能是（　　　　　）。

　　A. 银行记账有错误　　　　　　　　　　　　B. 企业记账有错误

　　C. 双方记账均有错误　　　　　　　　　　　D. 存在未达账项

7. "待处理财产损溢"账户借方核算的内容有（　　　　　）。

　　A. 发生待处理财产物资的盘亏数或毁损数

　　B. 结转已批准处理的财产物资盘盈数

　　C. 发生待处理财产物资的盘盈数

　　D. 结转已批准处理的财产物资盘亏数或毁损数

8. 财产清查结果的处理工作包括（　　　　　）。

A. 查明盘盈、盘亏产生的原因

B. 建立和健全财产管理制度

C. 积极处理积压物资

D. 对财产盘盈盘亏做出账务处理

9. (   )，会使企业银行存款日记账的余额大于银行对账单的余额。

A. 企业收到或已送存银行的款项，企业已入账，但银行尚未入账

B. 企业开出各种付款凭证，已记入"银行存款"账户，但银行尚未入账

C. 银行代企业收进的款项，银行已入账，但企业尚未收到有关凭证，未能登记入账

D. 银行代企业支付的款项，银行已入账，但企业尚未收到有关凭证，未能登记入账

10. 盘亏的存货，报经批准处理后，进行账务处理时，应该分别情况记入 (   )账户。

A. 管理费用   B. 销售费用   C. 营业外支出   D. 其他应收款

三、判断题

1. 对各项实物的清查，不但要求在数量上清查，而且应在质量上进行清查。（   ）

2. 财产清查就是对各项财产物资进行定期的盘点和核对。（   ）

3. 现金盘点报告表应由盘点人员和会计机构负责人共同签章方能生效。（   ）

4. 财产清查中的盘盈、盘亏，在没有查清原因以前先不入账。（   ）

5. 银行已收款入账，企业由于未收到相关凭证尚未入账的未达账项，会造成企业银行存款日记账的余额小于银行对账单的余额。（   ）

6. 往来账项的清查一般采用"询证核对法"，即派人或运用通信手段向往来结算单位核实账目。（   ）

7. 银行存款余额调节表的编制目的是消除未达账项的影响，并且作为原始凭证据以登记银行存款日记账。（   ）

8. 未达账项是企业与银行之间，由于凭证传递的时间不同造成的银行存款日记账和对账单之间的差异。（   ）

9. 材料的盘盈，批准处理后应当转入营业外收入。（   ）

10. 由过失人或保险公司赔偿的财产损失，报经批准后由"待处理财产损溢"账户转入"其他应收款"账户。（   ）

【实训目标】训练财产清查结果的账务处理。

【实训资料】浙江钱塘股份有限公司于 2024 年 12 月 31 日组织相关人员进行年终
财产清查，在清查的过程中发现下列几个问题：

（1）甲材料账面余额 480 千克，单价为 10 元。盘点实际存量为 450 千克，
经查明，其中：10 千克为定额损耗，20 千克为日常收发计量差错。

（2）乙材料账面余额为 120 千克，单价为 50 元，盘点实际存量为 110 千克，
缺少数为保管人员失职造成的损失。

（3）丙材料盘盈 25 千克，单价为 30 元，经查明属于日常收发计量差错。

（4）盘盈六成新的机器设备一台，同类设备的市场价为 30 000 元。

（5）丢失修理设备一台，账面原值为 25 000 元，已提折旧为 12 300 元。

（6）由于火灾，使仓库中的完工产品损失 45 000 元，应收保险公司保险赔款
为 30 000 元。

（7）现金盘盈 65 元，原因不明。

上述几项盘点盈亏和坏账损失已报请有关部门批准，并作如下处理：

（1）原材料计量差错造成的盈亏作增减"管理费用"账户处理。

（2）原材料意外损失，扣除应收保险赔款后作"营业外支出"处理。

（3）原材料因保管员责任造成的损失应责成其赔款。

（4）固定资产盘盈，调整以前年度损益。

（5）固定资产盘亏，作"营业外支出"处理。

（6）将无法查明原因的现金溢余转入"营业外收入"账户。

【实训要求】

（1）浙江钱塘股份有限公司在年终的财产清查过程中，由相关人员编制了哪些
原始凭证？

（2）财产清查结果的处理要求有哪些？

（3）在进行财产清查结果的账务处理时，应注意哪些关键要点？

（4）请根据上述资料，分别编制批准转账前和批准转账后的会计分录。

▲专业能力测评表

（在□中打√，A 掌握，B 基本掌握，C 未掌握）

业务能力	评价指标	自测结果			备注
财产清查概述	1. 财产清查的概念与意义 2. 财产清查的种类 3. 财产清查的一般程序 4. 财产物资盘存制度	□A □B □C □A □B □C □A □B □C □A □B □C			
财产清查的方法	1. 货币资金的清查 2. 实物资产的清查 3. 往来款项的清查	□A □B □C □A □B □C □A □B □C			
财产清查结果的处理	1. 财产清查结果处理的要求 2. 财产清查结果的账务处理	□A □B □C □A □B □C			
其他					
教师评语：					
成绩		教师签字			

财务报告

学习目标

✤ 素养目标

- 通过财务报告构成与编制要求的学习，牢固树立诚信理念，以诚立身、以信立业，严于律己，学法、知法、守法，公私分明、克己奉公
- 通过资产负债表、利润表和现金流量表的学习，养成严格执行准则制度，保证会计信息真实完整；勤勉尽责、爱岗敬业，忠于职守、自觉抵制会计造假行为，维护国家财经纪律和经济秩序
- 培养自主学习能力，与时俱进，积极主动学习和应用会计新法规新标准，持续提升会计专业能力

✤ 知识目标

- 熟悉财务报告的构成与编制要求
- 掌握资产负债表的格式与内容
- 掌握利润表的格式与内容
- 掌握现金流量表的格式与内容

✤ 能力目标

- 能够编制资产负债表
- 能够编制利润表
- 能够正确解读现金流量表的信息

素养之窗:
财务会计
报告

思维导图

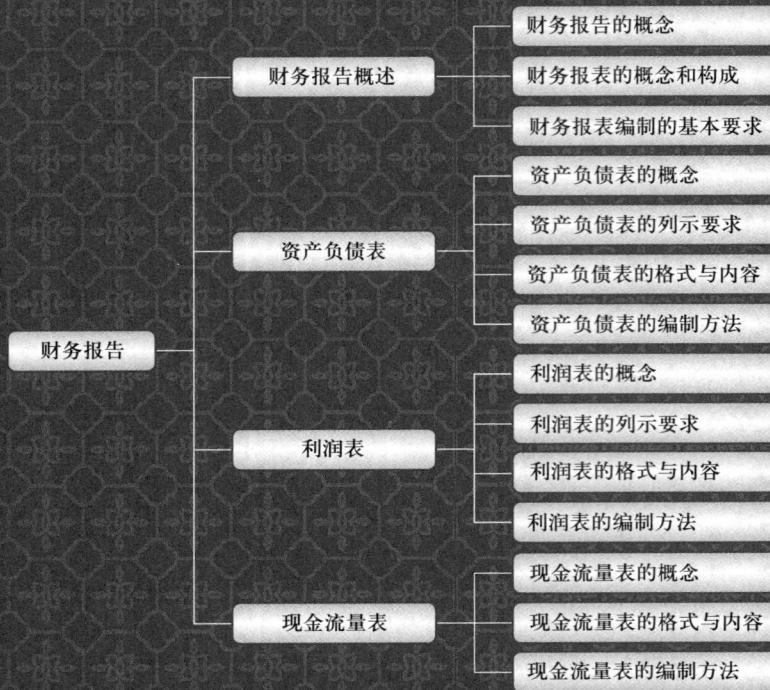

财务报告
- 财务报告概述
  - 财务报告的概念
  - 财务报表的概念和构成
  - 财务报表编制的基本要求
- 资产负债表
  - 资产负债表的概念
  - 资产负债表的列示要求
  - 资产负债表的格式与内容
  - 资产负债表的编制方法
- 利润表
  - 利润表的概念
  - 利润表的列示要求
  - 利润表的格式与内容
  - 利润表的编制方法
- 现金流量表
  - 现金流量表的概念
  - 现金流量表的格式与内容
  - 现金流量表的编制方法

学习计划

● 素养提升计划

_____

_____

_____

● 知识学习计划

_____

_____

_____

● 技能训练计划

_____

_____

_____

信息披露的主要依据——财务报告解读

　　信息技术的进步与时代的发展要求国家监管政策日益趋严，企业的利益相关者需要企业及时、合规披露财务信息，从而了解企业的管理活动与未来发展。财务报告不仅承载着企业的财务信息，还对企业环境信息、社会责任信息以及治理信息进行披露，因而在信息丰富的现代社会，建设企业信息通路，倡导高质量信息发展是企业健康发展的必然要求。财务报告可以披露公司的财务信息与非财务信息。

　　恒丰纸业股份有限公司（简称"恒丰纸业"）是在上海证券交易所上市的一家上市公司，公司主要生产卷烟纸、滤嘴棒纸、接装纸原纸、铝箔衬纸和其他特种工业用纸，在国内特种纸行业占有重要地位。恒丰纸业每一年都会披露年度财务报告，财务信息披露具有持续性和可比性。披露的财务信息主要内容包括企业财务报告以及应当在年度报告中披露的相关信息和资料、经第三方审计机构鉴证的审计报告。其中，财务报表包括企业资产负债表、利润表和现金流量表以及所有者权益（股东权益）变动表和财务报表附注。从这些财务报表中，可以得知企业的财务状况、经营成果、现金流等财务信息。

　　恒丰纸业同样也披露了非财务信息。披露的非财务信息主要内容包括公司概况、公司治理信息、环境信息以及社会责任信息。其中，社会责任信息包括股东、客户、员工等利益相关者信息。自 2012 年，恒丰纸业开始披露非财务信息，2015 年新增公司治理信息披露，2017 年开始披露环境报告，2018 年起开始披露员工权益保障信息。

　　无论是财务信息还是非财务信息，对企业利益相关者了解企业目前的经营状况，预计企业未来的发展前景具有重要意义。

　　我们作为会计学习者，需要运用财务会计报告的相关专门知识与方法，读懂企业的财务会计报告，学会从企业的财务会计报告中获取关于企业财务状况、经营成果和现金流量情况等基本财务信息，为相关决策服务。通过本章的学习，你会获益很多，这些问题都将在本章的学习中得到解答。

第一节 财务报告概述

一、财务报告的概念

财务报告又称为会计报告，是指企业对外提供的反映企业某一特定日期财务状况和某一会计期间经营成果、现金流量等会计信息的文件。它是企业根据日常的会计核算资料归集、加工和汇总后形成的，是企业会计核算的最终成果。企业财务报告由财务报表和其他应当在财务报告中披露的相关信息和资料组成。

编制财务报告的主要目的是为财务报告的使用者（包括投资者、债权人、潜在的投资者和债权人、政府及其机构、企业管理人员、职工及社会公众）提供决策有用的财务信息。财务报告所提供的信息作为一种工具，它与其他信息一样，对于那些有能力并愿意去使用的人们有直接的帮助。但是，编制财务报告本身并不能确定或影响决策的结果，它只是为人们使用这些信息提供前提条件。财务报告作为使用者经济决策的有力工具，其作用在于：

（1）为投资者和债权人进行决策提供信息；

（2）为企业内部加强和改善经营管理提供信息；

（3）为国家经济管理部门进行宏观调控和管理提供信息。

二、财务报表的概念和构成

财务报表是对企业财务状况、经营成果和现金流量的结构性表述。一套完整的财务报表至少应当包括资产负债表、利润表、现金流量表、所有者权益（或股东权益）变动表以及附注。

资产负债表、利润表和现金流量表分别从不同角度反映企业的财务状况、经营成果和现金流量。资产负债表反映企业特定日期所拥有的资产、需偿还的债务以及股东（投资者）拥有的净资产情况；利润表反映企业一定期间的经营成果即利润或亏损的情况，表明企业运用所拥有的资产获利的能力；现金流量表反映企业在一定会计期间现金和现金等价物流入和流出的情况。

所有者权益变动表反映构成所有者权益的各组成部分当期的增减变动情况。企业的净利润及其分配情况是所有者权益变动的组成部分，相关信息已经在所有者权益变动表及其附注中反映，企业不需要再单独编制利润分配表。

附注是财务报表不可或缺的组成部分，是对在资产负债表、利润表、现金流量表和所有者权益变动表等报表中列示项目的文字描述或明细资料，以及对未能在这些报表中列示项目的说明等。

财务报表还可以根据需要，按照下列不同标准分类：

（1）财务报表按照反映的内容不同，可分为静态报表和动态报表。静态报表是综合反映企业一定时点资产、负债和所有者权益的财务报表，如资产负债表是反映企业在某一特定日期资产总额和权益总额的报表。动态报表是反映一定时期内经营业绩和现金流量情况的财务报表，如利润表是反映企业一定时期经营成果的报表，现金流量表是反映企业一定时期现金流入、流出以及增减净额的报表。

（2）财务报表按照编报时间不同，可以分为中期财务报表和年度财务报表。中期财务报表是以短于一个完整会计年度的报告期为基础编制的财务报表，包括月报、季报和半年报。其中月报要求简明扼要、及时反映；年报要求披露完整、反映全面；季报在财务信息的详细程度方面，介于月报和半年报之间。

（3）财务报表按照编制主体不同，可以分为个别财务报表和合并财务报表。个别财务报表各项目所反映的内容，仅仅包括企业本身的财务数字。合并财务报表是由母公司编制的，一般包括母公司及所有控股子公司财务报表的有关数字，它可以向报表使用者提供公司集团总体的财务状况和经营成果。

◈ **课堂能力训练**

请查阅你所熟悉的一家上市公司，看看它所公布的上一年度的财务报告包括哪些内容。

三、财务报表编制的基本要求

（一）以持续经营为基础编制

企业应当以持续经营为基础，根据实际发生的交易和事项，按照《企业会计准则——基本准则》和其他各项会计准则的规定进行确认和计量，在此基础上编制财务报表。以持续经营为基础编制财务报表不再合理，企业应当采用其他基础编制财务报表，并在附注中声明财务报表未以持续经营为基础编制的事实、披露未以持续经营为基础编制的原因和财务报表的编制基础。

（二）按正确的会计基础编制

除现金流量表按照收付实现制原则编制外，企业应当按照权责发生制原则编制财务报表。

（三）至少按年编制财务报表

企业至少应当按年编制财务报表。年度财务报表涵盖的期间短于一年的，应当披露年度财务报表的涵盖期间、短于一年的原因以及报表数据不具可比性的事实。

（四）项目列报遵守重要性原则

重要性是指在合理预期下，财务报表某项目的省略或错报会影响使用者据此作出经济决策的，该项目具有重要性。

重要性应当根据企业所处的具体环境，从项目的性质和金额两方面予以判断，且对各项目重要性的判断标准一经确定，不得随意变更。判断项目性质的重要性，应当考虑该项目在性质上是否属于企业日常活动、是否显著影响企业的财务状况、经营成果和现金流量等因素；判断项目金额大小的重要性，应当考虑该项目金额占资产总额、负债总额、所有者权益总额、营业收入总额、营业成本总额、净利润、综合收益总额等直接相关项目金额的比重或所属报表单列项目金额的比重。

性质或功能不同的项目，应当在财务报表中单独列报，但不具有重要性的项目除外。

性质或功能类似的项目，其所属类别具有重要性的，应当按其类别在财务报表中单独列报。

某些项目的重要性程度不足以在资产负债表、利润表、现金流量表或所有者权益变动表中单独列示，但对附注却具有重要性，则应当在附注中单独披露。

《企业会计准则第 30 号——财务报表列报》规定在财务报表中单独列报的项目，应当单独列报。其他会计准则规定单独列报的项目，应当增加单独列报项目。

（五）保持各个会计期间财务报表项目列报的一致性

财务报表项目的列报应当在各个会计期间保持一致，除会计准则要求改变财务报表项目的列报或企业经营业务的性质发生重大变化后，变更财务报表项目的列报能够提供更可靠、更相关的会计信息外，不得随意变更。

（六）各项目之间的金额不得相互抵销

财务报表中的资产项目和负债项目的金额、收入项目和费用项目的金额、直接计入当期利润的利得项目和损失项目的金额不得相互抵销，但其他会计准则另有规定的除外。

一组类似交易形成的利得和损失应当以净额列示，但具有重要性的除外。

资产或负债项目按扣除备抵项目后的净额列示，不属于抵销。

非日常活动产生的利得和损失，以同一交易形成的收益扣减相关费用后的净额列示更能反映交易实质的，不属于抵销。

（七）至少应当提供所有列报项目上一个可比会计期间的比较数据

当期财务报表的列报，至少应当提供所有列报项目上一个可比会计期间的比较数据，以及与理解当期财务报表相关的说明，但其他会计准则另有规定的除外。

财务报表的列报项目发生变更的，应当至少对可比期间的数据按照当期的列报要求进行调整，并在附注中披露调整的原因和性质，以及调整的各项目金额。对可比数据进行调整不切实可行的，应当在附注中披露不能调整的原因。

（八）应当在财务报表的显著位置披露编报企业的名称等重要信息

企业应当在财务报表的显著位置（如表首）至少披露下列各项：①编报企业的名称；②资产负债表日或财务报表涵盖的会计期间；③人民币金额单位；④财务报表是合并财务报表的，应当予以标明。

✦ 相关链接

编制财务报表前的准备工作

在编制财务报表前，需要完成下列工作：

（1）严格审核会计账簿的记录和有关资料；

（2）进行全面财产清查、核实债务，并按规定程序报批，进行相应的会计处理；

（3）按规定的结账日进行结账，结出有关会计账簿的余额和发生额，并核对各会计账簿之间的余额；

（4）检查相关的会计核算是否按照国家统一的会计制度的规定进行；

（5）检查是否存在因会计差错、会计政策变更等原因需要调整前期或本期相关项目的情况等。

第二节　资产负债表

一、资产负债表的概念

资产负债表是反映企业某一特定日期财务状况的财务报表。资产负债表属于静态报表，主要提供有关企业财务状况方面的信息。它是由资产、负债和所有者权益三个会计要素组成，根据"资产＝负债＋所有者权益"这一会计等式，按照一定的分类标准和一定的顺序，把企业一定日期的资产、负债和所有者权益各项目进行适当分类、汇总、排列后编制而成的。它表明企业在某一特定日期所拥有或控制的经济资源、所承担的现时义务和所有者对净资产的要求权。

资产负债表的作用在于可以反映企业资产、负债和所有者权益的全貌。通过编制资产负债表，可以反映企业资产的构成及其状况，分析企业在某一日期所拥有的经济资源及其分布情况；可以反映企业某一日期的负债总额及其结构，分析企业目前与未来需要支付的债务数额；可以反映企业所有者权益的情况，了解企业现有的投资者在企业资产总额中所占的份额。通过对资产负债表项目、金额及其相关比率的分析，可以帮助报表使用者全面了解企业的资产状况、盈利能力，分析企业的债务偿还能力，从而为未来的经济决策提供信息。例如，通过资产负债表可以计算流动比率、速动比率，以了解企业的短期偿债能力；又如，通过资产负债表可以计算资产负债率，以了解企业偿付到期长期债务的能力。

二、资产负债表的列示要求

（一）资产负债表列报总体要求

1. 分类别列报

资产负债表应当按照资产、负债和所有者权益三大类别分类列报。

2. 资产和负债按流动性列报

资产和负债应当按照流动性分别分为流动资产和非流动资产、流动负债和非流动负债列示。

3. 列报相关的合计、总计项目

资产负债表中的资产类至少应当列示流动资产和非流动资产的合计项目；负债类至少应当列示流动负债、非流动负债以及负债的合计项目；所有者权益类应当列示所有者

　　　　　　　　　　　　　　　　　　　　　　　　　　　　　　会计基础

权益的合计项目。

资产负债表应当分别列示资产总计项目和负债与所有者权益之和的总计项目，并且这二者的金额应当相等。

（二）资产的列报

资产负债表中的资产类至少应当单独列示反映下列信息的项目：①货币资金；②交易性金融资产；③应收款项；④预付款项；⑤存货；⑥债权投资；⑦其他债权投资；⑧长期应收款；⑨长期股权投资；⑩投资性房地产；⑪固定资产；⑫生产性生物资产；⑬无形资产；⑭递延所得税资产。

（三）负债的列报

资产负债表中的负债类至少应当单独列示反映下列信息的项目：①短期借款；②交易性金融负债；③应付款项；④预收款项；⑤应付职工薪酬；⑥应交税费；⑦长期借款；⑧应付债券；⑨长期应付款；⑩预计负债；⑪递延所得税负债。

（四）所有者权益的列报

资产负债表中的所有者权益类至少应当单独列示反映下列信息的项目：①实收资本（或股本）；②资本公积；③盈余公积；④未分配利润。

三、资产负债表的格式与内容

资产负债表通常由表头和正表两部分组成。其中，表头部分包括报表名称、编制单位、编制日期、报表编号、货币名称、单位等。正表部分是资产负债表的主体，列示了企业财务状况的各个项目，主要包括资产类项目、负债类项目和所有者权益类项目。

资产负债表一般有两种格式：报告式和账户式。报告式资产负债表是上下结构，上半部列示资产，下半部列示负债和所有者权益。账户式资产负债表是左右结构，左边列示资产，右边列示负债和所有者权益。无论采取什么格式，资产各项目的合计等于负债和所有者权益各项目的合计。在我国，资产负债表采用账户式反映。通过账户式资产负债表，反映资产、负债和所有者权益之间的内在关系，并且达到资产负债表左方和右方平衡，同时，资产负债表还提供年初数和期末数的比较资料。

在资产负债表中，资产按照其流动性分类分项列示，包括流动资产和非流动资产；

负债按照其流动性分类分项列示，包括流动负债和非流动负债等；所有者权益按照实收资本（股本）、资本公积、盈余公积、未分配利润等项目分项列示。

资产负债表的基本格式和内容如例 9-1 中的表 9-2 所示。

四、资产负债表的编制方法

（一）资产负债表中的"年初数"和"期末数"

财务报表的编制，主要是通过对日常会计核算记录的数据加以归集、整理，使之成为有用的财务信息。资产负债表各项目需要分为两栏分别填列。

表中"年初数"栏内各项目数字，应根据上年年末资产负债表"期末数"栏内所列数字填列。如果本年度资产负债表规定的各个项目的名称和内容同上年度不一致，应对上年年末资产负债表各项目的名称和数字按照本年度的规定进行调整，按调整后的数字填入本表"年初数"栏内。

"期末数"是指某一会计期末的数字，即月末、季末、半年末或年末的数字。资产负债表各项目的"期末数"栏内的数字，可通过以下几种方式取得：

（1）根据总账账户余额直接填列。如"短期借款""资本公积"等项目。

（2）根据总账账户余额计算填列。如"货币资金"项目，根据"库存现金""银行存款""其他货币资金"账户的期末余额的合计数填列。

（3）根据明细账余额计算填列。如"应付账款"项目，根据"应付账款""预付账款"账户的所属相关明细账的期末贷方余额计算填列。

（4）根据总账账户和明细账余额分析计算填列。如"长期借款"项目，根据"长期借款"总账账户余额扣除"长期借款"账户所属的明细账中反映的将于一年内到期的长期借款部分分析计算填列。

（5）根据有关账户期末余额减去其备抵账户后的净额填列。如"固定资产"项目，是用"固定资产"账户的期末余额减去"累计折旧"和"固定资产减值准备""固定资产清理"后的净额填列。

🔷 **想一想**

在编制资产负债表时，我们可以利用哪些方法来确定资产负债表中的"年初数"和"期末数"？

　　　　　　　　　　　　　　　　　　　　　　　　　　会计基础

（二）资产负债表各项目的填列方法

（1）"货币资金"项目，反映企业库存现金、银行结算户存款、外埠存款、银行汇票存款、银行本票存款、信汇卡存款、信用证保证金存款等的合计数。本项目应根据"库存现金""银行存款""其他货币资金"账户的期末余额合计填列。

（2）"交易性金融资产"项目，反映资产负债表日企业分类为以公允价值计量且其变动计入当期损益的金融资产，以及企业持有的指定为以公允价值计量且其变动计入当期损益的金融资产的期末账面价值。本项目应根据"交易性金融资产"账户的相关明细账户的期末余额分析填列。

（3）"应收票据"项目，反映资产负债表日以摊余成本计量的、企业因销售商品、提供服务等收到的商业汇票，包括银行承兑汇票和商业承兑汇票。本项目应根据"应收票据"账户的期末余额，减去"坏账准备"账户中相关坏账准备期末余额后的金额分析填列。

（4）"应收账款"项目，反映资产负债表日以摊余成本计量的、企业因销售商品、提供服务等经营活动应收取的款项。本项目应根据"应收账款"账户的期末余额，减去"坏账准备"账户中相关坏账准备期末余额后的金额分析填列。

（5）"预付款项"项目，反映企业预付给供应单位的款项。本项目应根据"预付账款"账户所属各明细账的期末借方余额填列。如果"预付账款"账户所属有关明细账期末有贷方余额的，应在本表'应付账款'项目内填列。如果"应付账款"账户所属明细账有借方余额的，也应包括在本项目内。

（6）"其他应收款"项目，反映企业除应收票据、应收账款、预付账款等经营活动以外的其他各种应收、暂付的款项。本项目应根据"应收利息""应收股利""其他应收款"账户期末余额合计数，减去"坏账准备"账户中相关坏账准备期末余额后的金额填列。

（7）"存货"项目，反映企业期末在库、在途和在加工中的各项存货的实际成本，包括各种材料、商品、在产品、半成品、包装物、低值易耗品、委托代销商品、受托代销商品等。本项目应根据"在途物资""材料采购""原材料""周转材料""库存商品""委托加工物资""受托代销商品""生产成本"等账户的期末余额合计数减去提取的存货跌价准备后的净额填列。材料采用计划成本核算，以及库存商品采用计划成本或售价核算的企业，还应按加或减材料成本差异、商品成本差异后的数额填列。

（8）"一年内到期的非流动资产"项目，反映企业一年内到期的非流动资产的数额，根据非流动资产账户中分析确定的一年内将要收回的资产额填列。

（9）"其他流动资产"项目，反映企业除上述流动资产项目外的其他流动资产，本项目应根据有关账户的期末余额填列。如果其他流动资产价值较大，应在财务报表附注中披露其内容和金额。

（10）"债权投资"项目，反映资产负债表日企业以摊余成本计量的长期债权投资的期末账面价值。本项目应根据"债权投资"账户的相关明细账户期末余额，减去"债权投资减值准备"账户中相关减值准备的期末余额后的金额分析填列。

（11）"其他债权投资"项目，反映资产负债表日企业分类为以公允价值计量且其变动计入其他综合收益的长期债权投资的期末账面价值。本项目应根据"其他债权投资"账户的相关明细账户的期末余额分析填列。

（12）"长期应收款"项目，反映企业的长期应收款项，包括融资租赁产生的应收款项，采用递延方式具有融资性质的销售商品和提供劳务等产生的应收款项等。实质上对被投资单位净投资的长期权益，也通过本账户核算。本项目应根据"长期应收款"账户的期末余额直接填列。

（13）"长期股权投资"项目，反映投资方对被投资单位实施控制、重大影响的权益性投资，以及对其合营企业的权益性投资。本项目应根据"长期股权投资"账户的期末余额，减去"长期股权投资减值准备"账户期末余额后的金额填列。

（14）"投资性房地产"项目，反映企业为赚取租金或资本增值，或两者兼有而持有的房地产的成本或公允价值，包括已出租的土地使用权、持有并准备增值后转让的土地使用权及已出租的建筑物等。本项目应根据"投资性房地产"账户的期末余额，减去"投资性房地产累计折旧（摊销）"和"投资性房地产减值准备"账户期末余额后的金额填列。

（15）"固定资产"项目，反映企业的各种固定资产可收回金额。融资租入的固定资产也包括在内。本项目应根据"固定资产"账户的期末余额，减去"累计折旧"和"固定资产减值准备"账户期末余额后的金额填列。

（16）"在建工程"项目，反映资产负债表日企业尚未达到预定可使用状态的在建工程的期末账面价值和企业为在建工程准备的各种物资的期末账面价值。该项目应根据"在建工程"账户的期末余额，减去"在建工程减值准备"账户的期末余额后的金额，以及"工程物资"账户的期末余额，减去"工程物资减值准备"账户的期末余额后的金额填列。

（17）"生产性生物资产"项目，反映企业为产出农产品、提供劳务或出租等目的而持有的生物资产的可收回金额，包括经济林、薪炭林、产畜和役畜等。本项目应根据"生产性生物资产"账户的期末余额，减去"生产性生物资产减值准备"账户期末余额后的金额填列。

　　　　　　　　　　　　　　　　　　　　　　　　　会计基础

（18）"油气资产"项目，反映企业（石油、天然气开采）持有的矿区权益和油气井及相关设施的原价。本项目应根据"油气资产"账户余额减去"累计折耗"账户的余额，再减去"油气资产减值准备"账户后的净额填列。

（19）"开发支出"项目，反映企业在研究与开发无形资产的过程中发生的各项支出。本项目应根据"研发支出"账户期末余额填列。

（20）"商誉"项目，反映企业合并中形成的商誉价值。本项目应根据"商誉"账户余额减去"商誉减值准备"账户后的净额填列。

（21）"无形资产"项目，反映企业各项无形资产的原价扣除摊销后的净额。本项目应根据"无形资产"账户的期末余额减去"累计摊销"账户余额，再减去提取的无形资产减值准备的净额填列。

（22）"长期待摊费用"项目，反映企业尚未摊销的摊销期限在一年以上的各种费用，如租入固定资产改良支出、摊销期限在一年以上的其他待摊费用。本项目应根据"长期待摊费用"账户的期末余额扣除一年内（含一年）摊销的数额后的余额填列。

（23）"递延所得税资产"项目，反映企业确认的可抵扣暂时性差异产生的递延所得税资产。本项目应根据"递延所得税资产"账户期末余额填列。

（24）"其他非流动资产"项目，反映企业除以上资产以外的其他非流动资产。本项目应根据有关账户的期末余额填列。如果其他非流动资产价值较大，应在财务报表附注中披露其内容和金额。

（25）"短期借款"项目，反映企业借入尚未归还的一年期以内（含一年）的借款。本项目应根据"短期借款"账户的期末余额填列。

（26）"交易性金融负债"项目，反映企业承担的交易性金融负债的公允价值，以及企业持有的指定为以公允价值计量且其变动计入当期损益的金融负债的期末账面价值。本项目应根据"交易性金融负债"账户期末余额直接填列。

（27）"应付票据"项目，反映资产负债表日以摊余成本计量的、企业因购买材料、商品和接受服务等开出、承兑的商业汇票，包括银行承兑汇票和商业承兑汇票。本项目应根据"应付票据"账户的期末余额填列。

（28）"应付账款"项目，反映资产负债表日以摊余成本计量的、企业因购买材料、商品和接受服务等经营活动应支付的款项。本项目应根据"应付账款"和"预付账款"账户所属的相关明细账户的期末贷方余额合计数填列。

（29）"预收款项"项目，反映企业预收购买单位的账款。本项目应根据"预收账款"账户所属各有关明细账的期末贷方余额合计填列。如果"预收账款"账户所属有关明细账有借方余额，其余额应在本表"应收账款"项目内填列。如果"应收账款"账户所属明细账户有贷方余额的，其余额也应包括在本项目内。

（30）"应付职工薪酬"项目，反映企业根据有关规定应付给职工的各种薪酬。企业（含外商投资企业）按规定从净利润中提取的职工奖励及福利基金，也在本账户反映。本项目应根据"应付职工薪酬"账户的期末余额填列。

（31）"应交税费"项目，反映企业期末未交、多交或未抵扣的各种税费。本项目应根据"应交税费"账户的期末贷方余额填列。如"应交税费"账户期末为借方余额，以"－"号填列。

（32）"其他应付款"项目，反映企业除应付票据、应付账款、预收账款、应付职工薪酬、应交税费等经营活动以外的其他各项应付、暂收的款项。本项目应根据"应付利息""应付股利""其他应付款"账户的期末余额合计数填列。

（33）"一年内到期的非流动负债"项目，根据非流动负债各账户中分析确定的将在一年内到期的金额之和填列。

（34）"其他流动负债"项目，反映企业除上述流动负债以外的其他流动负债。本项目应根据有关账户的期末余额填列。如其他流动负债价值较大的，应在财务报表附注中披露其内容及金额。

（35）"长期借款"项目，反映企业借入尚未归还的一年期以上（不含一年）的借款本息。本项目应根据"长期借款"账户的期末余额填列。

（36）"应付债券"项目，反映企业发行的尚未偿还的各种长期债券的本息。本项目应根据"应付债券"账户的期末余额填列。

（37）"长期应付款"项目，反映除了长期借款和应付债券以外的其他各种长期应付款。主要有应付补偿贸易引进设备款、采用分期付款方式购入固定资产和无形资产发生的应付账款、应付融资租入固定资产租赁费等。本项目应根据"长期应付款"账户的期末余额，减去相关的"未确认融资费用"账户的期末余额后的金额，以及"专项应付款"账户的期末余额，再减去所属相关明细账户中将于一年内到期的部分后的金额填列。

（38）"预计负债"项目，反映企业确认的对外提供担保、未决诉讼、产品质量保证、重组义务、亏损性合同等预计负债。本项目应根据"预计负债"账户的期末余额填列。

（39）"递延所得税负债"项目，反映企业确认的应纳税暂时性差异产生的所得税负债。本项目应根据"递延所得税负债"账户期末余额填列。

（40）"其他非流动负债"项目，反映企业除以上非流动负债项目以外的其他非流动负债。本项目应根据有关账户的期末余额填列。如果其他非流动负债价值较大，应在

会计基础

财务报表附注中披露其内容和金额。

上述非流动负债各项目中将于一年内（含一年）到期的非流动负债，应在"一年内到期的非流动负债"项目内单独反映，上述非流动负债各项目均应根据有关账户期末余额扣除将于一年内（含一年）到期偿还数后的余额填列。

（41）"实收资本"项目，反映企业各股东实际投入的股本总额。本项目应根据"实收资本"账户的期末余额填列。

（42）"其他权益工具"项目，反映企业发行的除普通股以外分类为权益工具的金融工具的账面价值，并下设"优先股"和"永续债"两个项目，分别反映企业发行的分类为权益工具的优先股和永续债的账面价值。

（43）"资本公积"项目，反映企业资本公积的期末余额。本项目应根据"资本公积"账户的期末余额填列。

（44）"盈余公积"项目，反映企业盈余公积的期末余额。本项目应根据"盈余公积"账户的期末余额填列。

（45）"未分配利润"项目，反映企业尚未分配的利润。本项目应根据"本年利润"账户和"利润分配"账户的余额计算填列。未弥补的亏损，在本项目内以"－"号反映。

例 9-1

浙江钱塘股份有限公司 2023 年 12 月 31 日全部总账和有关明细账余额如表 9-1 所示。

表9-1　总账和有关明细账余额表

单位：元

总账	明细账	借方余额	贷方余额	总账	明细账	借方余额	贷方余额
库存现金		13 000		预付账款		94 000	
银行存款		550 000		其中：	D 企业	100 000	
交易性金融资产		300 000			E 企业		6 000
应收账款		460 000		固定资产		24 000 000	
其中：	A 企业	200 000		累计折旧			1 200 000
	B 企业		40 000	无形资产		1 630 000	
	C 企业	300 000		长期待摊费用		80 730	

总账	明细账	借方余额	贷方余额	总账	明细账	借方余额	贷方余额
短期借款			460 000	待摊费用		30 000	
应付账款			200 000	长期股权投资		3 540 000	
其中：	F 企业		140 000	其他应付款			80 000
	G 企业	100 000		应付职工薪酬			794 000
	H 企业		160 000	应交税费			900 000
预收账款			20 000	应付股利			700 000
其中：	J 企业		80 000	应付利息			63 000
	K 企业	60 000		长期借款			2 280 000
其他应收款		60 000		股本			14 570 000
原材料		430 000		盈余公积			2 480 730
生产成本		360 000		利润分配	未分配利润		8 190 000
库存商品		420 000					

根据上述资料，编制该公司 2023 年 12 月 31 日的资产负债表，如表 9-2 所示。

表 9-2 资产负债表

编制单位：浙江钱塘股份有限公司　2023 年 12 月 31 日

会企 01 表
单位：元

资产	年初数	期末数	负债和所有者权益（或股东权益）	年初数	期末数
流动资产：			流动负债：		
货币资金	503 000	563 000	短期借款	200 000	460 000
交易性金融资产	410 000	300 000	交易性金融负债	0	0
衍生金融资产	0	0	衍生金融负债	0	0
应收票据	123 150	0	应付票据	0	0
应收账款	340 000	560 000	应付账款	176 900	306 000
预付款项	40 000	200 000	预收款项	125 000	120 000
其他应收款	2 500	60 000	应付职工薪酬	587 500	794 000
存货	1 260 000	1 210 000	应交税费	25 000	900 000

资产	年初数	期末数	负债和所有者权益 （或股东权益）	年初数	期末数
持有待售资产	0	0	其他应付款	2 750	843 000
一年内到期的非流动资产	10 000	0	持有待售负债	0	0
其他流动资产	0	0	一年内到期的非流动负债	0	0
流动资产合计	2 688 650	2 893 000	其他流动负债	0	0
非流动资产：			流动负债合计	1 117 150	3 423 000
债权投资	0	0	非流动负债：		
其他债权投资	0	0	长期借款	350 000	2 280 000
长期应收款	0	0	应付债券	0	0
长期股权投资	200 000	3 540 000	长期应付款	0	0
投资性房地产	0	0	预计负债	0	0
固定资产	9 450 000	22 800 000	递延收益	0	0
在建工程	500 000	0	递延所得税负债	0	0
生产性生物资产	0	0	其他非流动负债	0	0
油气资产	0	0	非流动负债合计	350 000	2 280 000
无形资产	1 100 000	1 630 000	负债合计	1 467 150	5 703 000
开发支出	0	0	所有者权益（或股东权益）：		
商誉	0	0	实收资本（或股本）	12 400 000	14 570 000
长期待摊费用	50 000	80 730	其他权益工具	0	0
递延所得税资产	0	0	资本公积	0	0
其他非流动资产	0	0	减：库存股	0	0
非流动资产合计	11 300 000	28 050 730	其他综合收益	0	0
			盈余公积	75 000	2 480 730
			未分配利润	46 500	8 190 000
			所有者权益（或股东权益）合计	12 521 500	25 240 730
资产总计	13 988 650	30 943 730	负债和所有者权益（或股东权益）总计	13 988 650	30 943 730

✳ 课堂能力训练

请你根据【例 9-1】中的相关资料，帮助浙江钱塘股份有限公司会计人员列出 2023 年资产负债表中期末数的计算依据及计算过程。

✳ 相关链接

《小企业会计准则》关于资产负债表的规定

第八十条　资产负债表，是指反映小企业在某一特定日期的财务状况的报表。

（一）资产负债表中的资产类至少应当单独列示反映下列信息的项目：

1. 货币资金；

2. 应收及预付款项；

3. 存货；

4. 长期债券投资；

5. 长期股权投资；

6. 固定资产；

7. 生产性生物资产；

8. 无形资产；

9. 长期待摊费用。

（二）资产负债表中的负债类至少应当单独列示反映下列信息的项目：

1. 短期借款；

2. 应付及预收款项；

3. 应付职工薪酬；

4. 应交税费；

5. 应付利息；

6. 长期借款；

7. 长期应付款。

（三）资产负债表中的所有者权益类至少应当单独列示反映下列信息的项目：

1. 实收资本；

2. 资本公积；

3. 盈余公积；

4. 未分配利润。

会计基础

（四）资产负债表中的资产类应当包括流动资产和非流动资产的合计项目；负债类应当包括流动负债、非流动负债和负债的合计项目；所有者权益类应当包括所有者权益的合计项目。

资产负债表应当列示资产总计项目、负债和所有者权益总计项目。

第三节　利润表

一、利润表的概念

利润表又称损益表，是反映企业在一定会计期间经营成果的财务报表。利润表属于动态报表，它是根据会计核算的配比原则，把一定时期内的收入和相对应的成本费用配比，从而计算出企业一定时期的各项利润指标。

通过利润表可以从总体上了解企业收入、成本和费用及净利润（或亏损）的实现及构成情况；同时，通过利润表提供不同时期的比较数字（本月数、本年累计数、上年数），可以分析企业的获利能力及利润的未来发展趋势，了解投资者投入资本的保值增值情况。由于利润既是企业经营业绩的综合体现，又是企业进行利润分配的主要依据，因此，利润表是财务报表中的一张基本报表。

视频：
什么是利润表

二、利润表的列示要求

利润表列示的基本要求如下：

（1）企业在利润表中应当对费用按照功能分类，分为从事经营业务发生的成本、管理费用、销售费用和财务费用等。

（2）利润表至少应当单独列示反映下列信息的项目，但其他会计准则另有规定的除外：①营业收入；②营业成本；③税金及附加；④管理费用；⑤销售费用；⑥财务费用；⑦投资收益；⑧公允价值变动损益；⑨资产减值损失；⑩资产处置损益；⑪所得税费用；⑫净利润；⑬其他综合收益；⑭综合收益总额。金融企业可以根据其特殊性列示利润表项目。

三、利润表的格式与内容

利润表由表头、表身和表尾等部分组成。表头部分应列明报表名称、编表单位名称、编制期间和金额计量单位；表身部分反映利润的构成内容；表尾部分为补充说明。其中，表身部分为利润表的主体和核心。

利润表的格式主要有多步式利润表和单步式利润表两种。按照我国企业会计准则的规定，我国企业的利润表采用多步式。企业可以分如下三个步骤编制利润表：

第一步，以营业收入为基础，减去营业成本、税金及附加、销售费用、管理费用、研发费用、财务费用、信用减值损失、资产减值损失，加上其他收益、公允价值变动收益（减去公允价值变动损失）、投资收益（减去投资损失）净敞口套期收益（减去净敞口套期损失）和资产处置收益（减去资产处置损失），计算出营业利润；

第二步，以营业利润为基础，加上营业外收入，减去营业外支出，计算出利润总额；

第三步，以利润总额为基础，减去所得税费用，计算出净利润（或净亏损）。

也可以用公式表示如下：

营业利润 ＝ 营业收入 － 营业成本 － 税金及附加 － 销售费用 － 管理费用 － 研发费用 － 财务费用 － 信用减值损失 － 资产减值损失 ＋ 其他收益 ＋ 公允价值变动收益（－ 公允价值变动损失）＋ 净敞口套期收益（－ 净套期损失）＋ 投资收益（－ 投资损失）＋ 资产处置收益（－ 资产处置损失）

利润总额 ＝ 营业利润 ＋ 营业外收入 － 营业外支出

净利润 ＝ 利润总额 － 所得税费用

因此，多步式利润表反映了构成营业利润、利润总额、净利润的各项要素的情况，有助于使用者从不同利润类别中了解企业经营成果的不同来源。

利润表的基本格式如【例9-2】中的表9-4所示。

四、利润表的编制方法

（一）利润表中的"本月数"与"本年累计数"

利润表中的"本月数"栏反映各项目的本月实际发生数。"本年累计数"栏列示各项目自年初起至报告期末止的累计实际发生数。编制年度利润表时，还应将"本月数"栏改成"上年数"栏。如果上年度利润表的项目名称和内容与本年度利润表不一致，应对上年度利润表项目名称和数字按照本年度的规定进行调整，填入"上年数"栏内。

（二）利润表各项目的填列方法

（1）"营业收入"项目，反映企业经营业务所取得的收入总额。本项目应根据"主营业务收入"账户和"其他业务收入"账户的发生额分析填列。

（2）"营业成本"项目，反映企业经营业务发生的实际成本。本项目应根据"主营业务成本"账户和"其他业务成本"账户的发生额分析填列。

（3）"税金及附加"项目，反映企业经营业务应负担的消费税、城市维护建设税、资源税、土地增值税和教育费附加等。本项目应根据"税金及附加"账户的发生额分析填列。

（4）"销售费用"项目，反映企业销售商品和材料、提供劳务的过程中发生的各种费用。本项目应根据"销售费用"账户的发生额分析填列。

（5）"管理费用"项目，反映企业为组织和管理企业生产经营所发生的管理费用。本项目应根据"管理费用"账户的发生额分析填列。

（6）"研发费用"行项目，反映企业进行研究与开发过程中发生的费用化支出。该项目应根据"管理费用"账户下的"研发费用"明细账户的发生额分析填列。

（7）"财务费用"项目，反映企业为筹集生产经营所需资金等而发生的筹资费用。本项目应根据"财务费用"账户的发生额分析填列。

（8）"资产减值损失"项目，反映企业计提的多项资产减值准备所形成的损失。本项目应根据"资产减值损失"账户的发生额分析填列。

（9）"信用减值损失"项目，反映企业计提的各项金融工具减值准备所形成的预期信用损失。本项目应根据"信用减值损失"账户的发生额分析填列。

（10）"其他收益"项目，反映计入其他收益的政府补助等。该项目应根据"其他收益"账户的发生额分析填列。

（11）"投资收益"项目，反映企业确认的投资收益或投资损失。本项目应根据"投资收益"账户的发生额分析填列。损失以"－"号填列。其中对联营企业和合营企业的投资收益要单列。

（12）"公允价值变动收益"项目，反映企业应当计入当期损益的资产或负债公允价值变动收益。本项目应根据"公允价值变动损益"账户的发生额分析填列。损失以"-"号填列。

（13）"资产处置收益"项目，反映企业出售划分为持有待售的非流动资产（金融工具、长期股权投资和投资性房地产除外）或处置组（子公司和业务除外）时确认的处置利得或损失，以及处置未划分为持有待售的固定资产、在建工程、生产性生物资产及无形资产而产生的处置利得或损失。该项目应根据"资产处置损益"账户的发生额分析填列；如为处置损失，以"-"号填列。

（14）"营业利润"项目，反映企业实现的营业利润。如果为亏损，本项目以"-"号填列。

（15）"营业外收入"项目，反映企业发生的除营业利润以外的收益，主要包括债务重组利得、与企业日常活动无关的政府补助、盘盈利得、捐赠利得（企业接受股东或股东的子公司直接或间接的捐赠，经济实质属于股东对企业的资本性投入的除外）等。该项目应根据"营业外收入"账户的发生额分析填列。

（16）"营业外支出"项目，反映企业发生的除营业利润以外的支出，主要包括债务重组损失、公益性捐赠支出、非常损失、盘亏损失、非流动资产毁损报废损失等。该项目应根据"营业外支出"账户的发生额分析填列。

（17）"利润总额"项目，反映企业实现的利润总额。如果为亏损总额，以"-"号填写。

（18）"所得税费用"项目，反映企业按规定从本期损益中扣除的所得税费用，本项目应根据"所得税费用"账户的发生额分析填列。

（19）"净利润"项目，反映企业实现的净利润。如果为净亏损，以"-"号填列。

（20）"其他综合收益税后净额"项目，反映企业根据企业会计准则规定未在损益中确认的各项利得和损失扣除所得税影响后的净额。

（21）"综合收益总额"项目，反映净利润和其他综合收益的合计金额。

（22）"基本每股收益"项目，应当按照归属于普通股股东的当期净利润，除以发行在外普通股的加权平均数计算并填列。

（23）"稀释每股收益"项目，首先，企业存在稀释性潜在普通股的，应当分别调整归属于普通股股东的当期净利润和发行在外普通股的加权平均数，并据以计算稀释每股收益；其次，对归属于普通股股东的当期净利润进行调整；最后，在此基础上，计算稀释每股收益。

例 9-2

浙江钱塘股份有限公司 2023 年 12 月份有关损益账户的发生额如表 9-3 所示。

表 9-3　损益账户发生额

单位：元

账户名称	借方发生额	贷方发生额
主营业务收入		8 500 000
主营业务成本	4 760 000	
税金及附加	95 000	
销售费用	780 000	
管理费用	650 000	
财务费用	85 000	
投资收益		630 000
营业外收入		25 000
营业外支出	18 000	
其他业务收入		300 000
其他业务成本	170 000	
所得税费用	724 000	

根据以上资料，编制 2023 年 12 月份的利润表，如表 9-4 所示。

表 9-4　利　润　表

编制单位：浙江钱塘股份有限公司　　　2023 年 12 月

会企 02 表
单位：元

项目	本月数	本年累计数
一、营业收入	8 800 000	265 880 000
减：营业成本	4 930 000	122 960 000
税金及附加	95 000	10 995 000
销售费用	780 000	8 580 000
管理费用	650 000	7 960 000
研发费用		
财务费用	85 000	1 276 000

项目	本月数	本年累计数
加：其他收益		
投资收益（损失以"–"号填列）	630 000	5 500 000
其中：对联营企业和合营企业的投资收益		
以摊余成本计量的金融资产终止确认收益（损失以"–"号填列）		
净敞口套期收益（损失以"–"号填列）		
公允价值变动收益（损失以"–"号填列）		
信用减值损失（损失以"–"号填列）		
资产减值损失（损失以"–"号填列）		
资产处置收益（损失以"–"号填列）		
二、营业利润（亏损以"–"号填列）	2 890 000	119 609 000
加：营业外收入	25 000	395 000
减：营业外支出	18 000	154 000
三、利润总额（亏损总额以"–"号填列）	2 897 000	119 850 000
减：所得税费用	724 000	29 855 000
四、净利润（净亏损以"–"号填列）	2 173 000	89 995 000
五、其他综合收益的税后净额		
六、综合收益总额		
七、每股收益		
（一）基本每股收益		
（二）稀释每股收益		

丰 相关链接

《小企业会计准则》关于利润表的规定

第八十一条　利润表，是指反映小企业在一定会计期间的经营成果的报表。

费用应当按照功能分类，分为营业成本、营业税金及附加[①]、销售费用、管理费

---

① 依据财会〔2016〕22号文，全面试行"营改增"后，"营业税金及附加"科目名称调整为"税金及附加"。
下同。

用和财务费用等。

利润表至少应当单独列示反映下列信息的项目：

（一）营业收入；

（二）营业成本；

（三）营业税金及附加；

（四）销售费用；

（五）管理费用；

（六）财务费用；

（七）所得税费用；

（八）净利润。

第四节　现金流量表

一、现金流量表的概念

现金流量表属于动态报表，是反映企业一定会计期间现金和现金等价物流入和流出情况的报表。现金不仅包括库存现金，还包括企业银行存款账户核算的存入金融企业、随时可以用于支付的存款，也包括其他货币资金账户核算的外埠存款、银行汇票存款、银行本票存款等其他货币资金。现金等价物是指企业持有的期限短、流动性强、易于转换为已知金额现金、价值变动风险很小的投资。期限短，一般是指从购买日起，三个月内到期。现金等价物虽然不是现金，但其支付能力与现金的差别不大，可视为现金。

企业编制现金流量表的主要目的，是为财务报表使用者提供企业一定会计期间内现金和现金等价物流入和流出的信息，以便会计报表使用者了解和评价企业获取现金和现金等价物的能力，预测企业未来的现金流量。现金流量表在评价企业经营业绩、衡量企业财务资源和财务风险、预测企业未来前景方面，有着十分重要的作用。现金流量表有助于预测企业未来现金流量；有助于评价企业的支付能力、偿债能力和周转能力；有助于分析企业收益质量。

二、现金流量表的格式与内容

现金流量表分为三部分，即表头、正表和补充资料。其中，表头部分包括报表名称、编制单位、编制日期、报表编号、货币名称、单位等。正表反映现金流量表的各个项目。正表有六项：①经营活动产生的现金流量；②投资活动产生的现金流量；③筹资活动产生的现金流量；④汇率变动对现金及现金等价物的影响；⑤现金及现金等价物净增加额；⑥期末现金及现金等价物余额。

现金流量表的基本格式如表 9-5 所示。

表 9-5　现金流量表

会企 03 表

编制单位：　　　　　　　　　　年　　　月　　　　　　　　　　　　单位：元

项目	本期金额	上期金额
一、经营活动产生的现金流量：		
销售商品、提供劳务收到的现金		
收到的税费返还		
收到其他与经营活动有关的现金		
经营活动现金流入小计		
购买商品、接受劳务支付的现金		
支付给职工以及为职工支付的现金		
支付的各项税费		
支付其他与经营活动有关的现金		
经营活动现金流出小计		
经营活动产生的现金流量净额		
二、投资活动产生的现金流量：		
收回投资收到的现金		
取得投资收益收到的现金		
处置固定资产、无形资产和其他长期资产收回的现金净额		
处置子公司及其他营业单位收到的现金净额		
收到其他与投资活动有关的现金		
投资活动现金流入小计		
购建固定资产、无形资产和其他长期资产支付的现金		
投资支付的现金		

会计基础

项目	本期金额	上期金额
取得子公司及其他营业单位支付的现金净额		
支付其他与投资活动有关的现金		
投资活动现金流出小计		
投资活动产生的现金流量净额		
三、筹资活动产生的现金流量：		
吸收投资收到的现金		
取得借款收到的现金		
收到其他与筹资活动有关的现金		
筹资活动现金流入小计		
偿还债务支付的现金		
分配股利、利润或偿付利息支付的现金		
支付其他与筹资活动有关的现金		
筹资活动现金流出小计		
筹资活动产生的现金流量净额		
四、汇率变动对现金及现金等价物的影响		
五、现金及现金等价物净增加额		
加：期初现金及现金等价物余额		
六、期末现金及现金等价物余额		

三、现金流量表的编制方法

（一）现金流量表的编制方法

现金流量表的编制方法有直接法和间接法两种。直接法是通过现金收入和现金支出的主要类别反映来自企业经营活动的现金流量。采用直接法编制经营活动的现金流量时，一般以利润表中的营业收入为起算点，调整与经营活动有关的项目的增减变动，然后计算出经营活动的现金流量。间接法是以本期净利润为起算点，调整不涉及现金的收入、费用、营业外收支等项目的增减变动，据此计算出经营活动的现金流量。在我国，现金流量表以直接法编制，但是为了反映经营活动现金流量的情况，现金流量表的补充资料单独按照间接法编制。

在具体编制现金流量表时，可以采用工作底稿法或 T 形账户法编制，也可以直接根据有关账户记录分析填列。

（1）工作底稿法。工作底稿法编制现金流量表，就是以工作底稿为手段，以利润表和资产负债表数据为基础，对每一个项目进行分析并编制调整分录，从而编制出现金流量表。

（2）T 形账户法。T 形账户法是以 T 形账户为手段，以利润表和资产负债表数据为基础，对每一项目进行分析并编制调整分录，从而编制出现金流量表。

⬡ 想一想

现金流量表能够为企业的投资者和债权人提供哪些会计信息？

（二）现金流量表各项目的填列方法

1. 经营活动产生的现金流量

（1）"销售商品、提供劳务收到的现金"项目，反映企业本期销售商品、提供劳务实际收到的现金（含向购买者收取的增值税销项税额），包括本期销售商品、提供劳务收到的现金，以及前期销售和前期提供劳务本期收到的现金和本期预收的账款，扣除本期退回本期销售的商品和前期销售本期退回商品支付的现金。企业销售材料和代购代销业务收到的现金，也在本项目反映。

（2）"收到的税费返还"项目，反映企业收到返还的增值税、消费税、所得税、教育费附加等各种税费返还款。

（3）"收到其他与经营活动有关的现金"项目，反映企业除上述各项目外，与经营活动有关的其他现金流入，如经营租赁收到的租金收入、捐赠现金收入、罚款收入、逾期未退还出租和出借包装物没收的押金收入、流动资产损失中由个人赔偿的现金收入等。

（4）"购买商品、接受劳务支付的现金"项目，反映企业本期购买商品、接受劳务实际支付的现金（含向销售方支付的增值税进项税额），包括本期购入商品、接受劳务支付的现金，以及本期支付前期购入商品、接受劳务的未付款项和本期预付款项，减去本期发生的购货退回收到的现金。企业销售材料和代购代销业务支付的现金，也在本项目反映。

（5）"支付给职工以及为职工支付的现金"项目，反映企业实际支付给职工，以及为职工支付的现金，包括本期实际支付给职工的工资、奖金、各种津贴和补贴等（含代扣代缴的职工个人所得税），以及为职工支付的养老保险、待业保险、补充养老保险、住房公积金，支付给职工的住房困难补助、支付给离退休人员的费用等。

（6）"支付的各项税费"项目，反映企业本期发生并支付的税费，以及本期支付以前各期发生的税费和预交的税金，包括所得税、增值税、消费税、印花税、房产税、土地增值税、车船税、教育费附加等。

（7）"支付其他与经营活动有关的现金"项目，反映企业支付的除上述各项目外，与经营活动有关的其他现金流出，如经营租赁支付的租金、捐赠现金支出、罚款支出、支付的差旅费、业务招待费现金支出、支付的保险费等。

2. 投资活动产生的现金流量

（1）"收回投资收到的现金"项目，反映企业出售、转让或到期收回除现金等价物以外的长期股权投资而收到的现金，以及收回长期债权投资本金而收到的现金，但处置子公司及其他营业单位收到的现金净额除外。

（2）"取得投资收益收到的现金"项目，反映企业因除现金等价物以外的股权性投资而收到的现金股利，因债权性投资而收到的利息以及从子公司、联营企业和合资企业分回利润收到的现金。

（3）"处置固定资产、无形资产和其他长期资产收回的现金净额"项目，反映企业出售、报废固定资产、无形资产和其他长期资产收回的现金（包括因资产毁损而收到的保险赔偿收入），扣除为处置这些资产而发生的现金支出后的净额。

（4）"处置子公司及其他营业单位收到的现金净额"项目，反映企业处置子公司及其他营业单位所取得的现金，减去相关处置费用以及子公司及其他营业单位持有的现金和现金等价物后的净额。

（5）"收到其他与投资活动有关的现金"项目，反映企业除了上述各项目以外，与投资活动有关的其他现金收入。

（6）"购建固定资产、无形资产和其他长期资产支付的现金"项目，反映企业购买、建造固定资产、取得无形资产和其他长期资产支付的现金（含增值税税款等），以及用现金支付的应由在建工程和无形资产负担的职工薪酬。

（7）"投资支付的现金"项目，反映企业进行投资支付的现金，包括企业取得的除现金等价物以外的长期股权投资和长期债权投资支付的现金以及支付的佣金、手续费等附加费用，但取得子公司及其他营业单位支付的现金净额除外。

（8）"取得子公司及其他营业单位支付的现金净额"项目，反映企业购买子公司及其他营业单位购买出价中以现金支付的部分，减去子公司及其他营业单位持有的现金和现金等价物后的净额。

（9）"支付其他与投资活动有关的现金"项目，反映企业除上述各项以外，与投资活动有关的其他现金流出。

3. 筹资活动产生的现金流量

（1）"吸收投资收到的现金"项目，反映企业收到的投资者投入的现金，包括以发行股票方式筹集的股款净额（发行收入减去支付的佣金等发行费用后的净额），以及发行债券实际收到的现金（发行收入减去支付的佣金等发行费用后的净额）。

（2）"取得借款收到的现金"项目，反映企业向银行或其他金融机构等借入的各种短期、长期借款而收到的现金。

（3）"收到其他与筹资活动有关的现金"项目，反映企业除上述各项目外，与筹资活动有关的其他现金流入。

（4）"偿还债务支付的现金"项目，反映企业以现金偿还债务的本金，包括偿还银行或其他金融机构等的借款本金、债券本金等。

（5）"分配股利、利润或偿付利息支付的现金"项目，反映企业实际支付的现金股利、用现金支付给其他投资单位的利润或用现金支付的借款利息、债券利息等。

（6）"支付其他与筹资活动有关的现金"项目，反映企业除上述各项目外，与筹资活动有关的其他现金流出。

4. 汇率变动对现金及现金等价物的影响

该项目反映企业所持外币现金余额由于汇率变动而发生的对现金的影响。

✦ 相关链接

现金流量表的补充资料

现金流量表的补充资料内容如表9-6所示。

表9-6　现金流量表补充资料

补充资料	本期金额	上期金额
1. 将净利润调节为经营活动现金流量：		
净利润		
加：资产减值准备		
固定资产折旧、油气资产折耗、生产性生物资产折旧		
无形资产摊销		
长期待摊费用摊销		

会计基础

补充资料	本期金额	上期金额
处置固定资产、无形资产和其他长期资产损失（收益以"－"号填列）		
固定资产报废损失（收益以"－"号填列）		
公允价值变动损失（收益以"－"号填列）		
财务费用（收益以"－"号填列）		
投资损失（收益以"－"号填列）		
递延所得税资产减少（增加以"－"号填列）		
递延所得税负债增加（减少以"－"号填列）		
存货的减少（增加以"－"号填列）		
经营性应收项目的减少（增加以"－"号填列）		
经营性应付项目的增加（减少以"－"号填列）		
其他		
经营活动产生的现金流量净额		
2. 不涉及现金收支的重大投资和筹资活动		
债务转为资本		
一年内到期可转换公司债券		
融资租入固定资产		
3. 现金及现金等价物净变动情况：		
现金的期末余额		
减：现金的期初余额		
加：现金等价物的期末余额		
减：现金等价物的期初余额		
现金及现金等价物净增加额		

◇ 职业素养提升

提升会计信息化水平　推动会计数字化转型

　　财政部发布的《会计信息化发展规划（2021—2025 年）》明确指出，"十四五"时期，我国会计信息化工作的总体目标是：服务我国经济社会发展大局和财政管理工作全局，以信息化支撑会计职能拓展为主线，以标准化为基础，以数字化为突破口，引导和规范我国会计信息化数据标准、管理制度、信息系统、人才建设等持续健康发展，积极推动会计数字化转型，构建符合新时代要求的国家会计信息化发展体系。

——会计数据标准体系基本建立。结合国内外会计行业发展经验以及我国会计数字化转型需要，会同相关部门逐步建立健全覆盖会计信息系统输入、处理、输出等各环节的会计数据标准，形成较为完整的会计数据标准体系。

——会计信息化制度规范持续完善。落实《中华人民共和国会计法》等国家相关法律法规的新要求，顺应会计工作应用新技术的需要，完善会计信息化工作规范、软件功能规范等配套制度规范，健全会计信息化安全管理制度和安全技术标准。

——会计数字化转型升级加快推进。加快推动单位会计工作、注册会计师审计工作和会计管理工作数字化转型。鼓励各部门、各单位探索会计数字化转型的实现路径，运用社会力量和市场机制，逐步实现全社会会计信息化应用整体水平的提升。

——会计数据价值得到有效发挥。提升会计数据的质量、价值与可用性，探索形成服务价值创造的会计数据要素，有效发挥会计数据在经济资源配置和单位内部管理中的作用，支持会计职能对内对外拓展。

——会计监管信息实现互通共享。通过数据标准、信息共享机制和信息交换平台等方面的基础建设，在安全可控的前提下，初步实现监管部门间会计监管数据的互通和共享，提升监管效率，形成监管合力。

——会计信息化人才队伍不断壮大。完善会计人员信息化方面能力框架，丰富会计人员信息化继续教育内容，创新会计信息化人才培养方式，打造懂会计、懂业务、懂信息技术的复合型会计信息化人才队伍。

"十四五"时期，我国会计信息化工作的主要任务之一是：加快建立会计数据标准体系，推动会计数据治理能力建设。统筹规划、制定和实施覆盖会计信息系统输入、处理和输出等环节的会计数据标准，为会计数字化转型奠定基础。

——在输入环节，加快制定、试点和推广电子凭证会计数据标准，统筹解决电子票据接收、入账和归档全流程的自动化、无纸化问题。到"十四五"时期末，实现电子凭证会计数据标准对主要电子票据类型的有效覆盖。

——在处理环节，探索制定财务会计软件底层会计数据标准，规范会计核算系统的业务规则和技术标准，并在一定范围进行试点，满足各单位对会计信息标准化

会计基础

的需求，提升相关监管部门获取会计数据生产系统底层数据的能力。

——在输出环节，推广实施企业财务报表会计数据标准，推动企业向不同监管部门报送的各种报表中的会计数据口径尽可能实现统一，降低编制及报送成本、提高报表信息质量，增强会计数据共享水平，提升监管效能。

在会计数字化转型过程中，通过会计信息的标准化和数字化建设，推动单位深入开展业财融合，充分运用各类信息技术，探索形成可扩展、可聚合、可比对的会计数据要素，提升数据治理水平；以会计数据标准为抓手，支持各类票据电子化改革，推进企业财务报表数字化，促进会计数据要素的流通和利用，发挥会计信息在资源配置中的支撑作用。对于会计人员来说，应当培养自主学习能力，与时俱进，积极主动学习和应用现代信息技术，以及会计相关新知识、新法规和新标准，持续提升会计专业能力和会计信息化水平，把自己培养成为懂会计、懂业务、懂信息技术的复合型会计信息化人才。

◈ 本章主要概念

财务会计报告　　资产负债表　　利润表　　现金流量表　　静态报表

动态报表　　月报　　季报　　半年报　　年报　　个别财务报表

合并财务报表

◈ 同步测试

一、单项选择题

1. 资产负债表总括反映的是企业在（　　　）。

　　A. 一定时期的财务状况　　　　　　　　B. 一定时期的现金流量

　　C. 一定日期的财务状况　　　　　　　　D. 特定日期的经营状况

2. 财务报表中，根据"资产＝负债＋所有者权益"这一基本会计等式编制的是

（　　　）。

　　A. 资产负债表　　　B. 利润表　　　C. 利润分配表　　　D. 现金流量表

3. 利润表是反映企业在一定时期内（   ）的报表。

    A. 财务状况   B. 现金流量变动   C. 经营成果   D. 盈利能力

4. 现金流量表是反映企业在一定时期内（   ）的报表。

    A. 财务状况   B. 经营成果   C. 现金流量变动   D. 盈利能力

5. 如"应收账款"账户所属各明细账户期末出现贷方余额，应在资产负债表中（   ）项目列示。

    A. 应付账款   B. 预付账款   C. 预收账款   D. 其他应收款

6. 资产负债表中的"未分配利润"项目，应根据（   ）填列。

    A."利润分配"账户余额

    B."本年利润"账户余额

    C."利润分配"和"本年利润"账户的余额计算后

    D."盈余公积"账户余额

7. 下列报表项目中，可以直接根据有关账户余额填列的有（   ）。

    A. 实收资本   B. 应收账款   C. 货币资金   D. 存货

8. 资产负债表中资产项目的顺序按（   ）排列。

    A. 项目的重要性程度   B. 项目的流动性大小

    C. 项目的收益性高低   D. 项目的金额大小

9. 在利润表上，利润总额扣除（   ）后，得出净利润或净亏损。

    A. 管理费用和财务费用   B. 增值税

    C. 营业外收支净额   D. 所得税

10. 可以反映企业的短期偿债能力和长期偿债能力的报表是（   ）。

    A. 利润表   B. 利润分配表   C. 资产负债表   D. 现金流量表

二、多项选择题

1. 财务报表主要包括（   ）等报表。

    A. 资产负债表   B. 利润表

    C. 现金流量表   D. 所有者权益变动表

2. 资产负债表是（   ）。

    A. 根据有关账户余额编制的   B. 静态报表

    C. 反映财务成果的报表   D. 反映财务状况的报表

3. 利润表是（   ）。

    A. 根据有关账户的发生额编制的   B. 动态报表

会计基础

C. 反映财务状况的报表　　　　　　　D. 静态报表

4. 资产负债表各项目的数据来源，主要（　　　　　）。

　　A. 根据总账账户余额直接填列

　　B. 根据总账账户余额计算填列

　　C. 根据明细账账户余额计算填列

　　D. 根据总账账户和明细账账户余额分析计算填列

5. 现金流量表反映的信息包括（　　　　　）。

　　A. 经营活动现金流量　　　　　　　　B. 投资活动现金流量

　　C. 筹资活动现金流量　　　　　　　　D. 分配活动的现金流量

6. 会计报表的编制必须做到（　　　　　）。

　　A. 数字真实　　　　B. 计算准确　　　　C. 内容完整　　　　D. 编报及时

7. 资产负债表的格式有（　　　　　）。

　　A. 账户式　　　　　B. 单步式　　　　　C. 报告式　　　　　D. 多步式

8. 利润表的格式有（　　　　　）

　　A. 账户式　　　　　B. 单步式　　　　　C. 报告式　　　　　D. 多步式

9. 资产负债表中，"未分配利润"项目期末数字填列方法是（　　　　　）

　　A. 根据"利润分配"总账账户贷方余额直接填列

　　B. 根据"利润分配"明细账账户贷方余额直接填列

　　C. 年度中间，根据"利润分配"和"本年利润"总账账户期末余额分析计算填列

　　D. 年末，根据"利润分配"总账账户余额直接填列

10. 借助于资产负债表提供的信息，可以帮助管理者（　　　　　）。

　　A. 分析企业资产的结构及其状况

　　B. 分析企业目前与未来需要支付的债务数额

　　C. 分析企业的盈利能力

　　D. 分析企业的现金流量情况

三、判断题

1. 财务报表是反映企业静态财务状况的书面报告。（　　　）

2. 资产负债表是总括反映企业特定日期资产、负债和所有者权益情况的动态报表，通过它可以了解企业的资产构成、资金的来源构成和承担的债务及资金的流动性和偿债能力。（　　　）

3. 现金流量表是反映企业一定会计期间现金和现金等价物流入和流出情况的报

　　　　　　　　　　　　　　　　　　　　第九章　财务报告

表。（　　）

4. 财务报表附注应当说明企业生产经营的基本情况、利润的实现和分配情况、资金增减和周转情况以及对企业财务状况、经营成果和现金流量有重大影响的其他事项等。（　　）

5. 年度、半年度、季度的企业财务会计报告包括会计报表、财务报表附注和财务情况说明书三项。（　　）

6. 营业利润扣减掉管理费用、销售费用、财务费用和所得税后得到净利润。（　　）

7. 通过利润表，可以考核企业一定会计期间的经营成果，分析企业的盈利能力及未来发展趋势。（　　）

8. 我国企业利润表通常应该采用单步式进行编制。（　　）

9. 现金流量表可以帮助财务报表使用者了解和评价企业获取现金和现金等价物的能力，并据以预测企业未来现金流量。（　　）

❖ 综合实训

【实训目标】训练财务会计报告的职业判断与编制能力。

【实训资料】浙江金点子财务咨询公司的主营业务是向客户提供财务咨询服务。公司所得税税率为 25%。2023 年该公司的资产负债表如表 9-7 所示。

表 9-7　资产负债表

编制单位：浙江金点子财务咨询公司　2023 年 12 月 31 日　　　　　　单位：元

资产	金额	负债及所有者权益	金额
货币现金	430 000	负债：	
		应付账款	100 000
存货	50 000	所有者权益：	
固定资产	240 000	实收资本	500 000
		未分配利润	120 000
资产总计	720 000	负债及所有者权益合计	720 000

该公司在 2024 年 1 月份发生了以下经济业务：

（1）购买办公设备一批，价值 27 000 元，款项尚未支付；

（2）以银行存款支付装修工人劳务费 15 000 元；

（3）用银行存款偿还前期货款 75 000 元；

（4）支付水电费和电话费 2 100 元；

（5）本月发生员工差旅费支付 16 800 元；

（6）为 A 公司提供财务咨询服务，收到客户以转账支票支付的服务费 150 000 元；

（7）支付当月员工工资 52 000 元。

（8）开出现金支票支付公司本月房租费 10 000 元。

【实训要求】请你替浙江金点子财务咨询公司编制 2024 年 1 月 31 日的资产负债表和 1 月份的利润表。

❖ 学习评价

▲专业能力测评表

（在□中打√，A 掌握，B 基本掌握，C 未掌握）

业务能力	评价指标	自测结果	备注
财务报告概述	1. 财务报告的概念 2. 财务报表的概念和构成 3. 财务报表编制的基本要求	□A □B □C □A □B □C □A □B □C	
资产负债表	1. 资产负债表的概念 2. 资产负债表的列示要求 3. 资产负债表的格式与内容 4. 资产负债表的编制方法	□A □B □C □A □B □C □A □B □C □A □B □C	
利润表	1. 利润表的概念 2. 利润表的列示要求 3. 利润表的格式与内容 4. 利润表的编制方法	□A □B □C □A □B □C □A □B □C □A □B □C	
现金流量表	1. 现金流量表的概念 2. 现金流量表的格式与内容 3. 现金流量表的编制方法	□A □B □C □A □B □C □A □B □C	
其他			
教师评语：			
成绩		教师签字	

[1] 高香林. 基础会计 [M]. 6 版. 北京：高等教育出版社，2022.

[2] 王允平，孙丽虹. 会计学基础 [M]. 7 版. 北京：经济科学出版社，2023.

[3] 朱虹，周雪艳. 基础会计——原理、实务、案例、实训 [M]. 6 版. 大连：东北财经大学出版社，2021.

[4] 丁小云，袁树民. 会计学 [M]. 4 版. 上海：上海财经大学出版社，2019.

[5] 刘永泽. 会计学 [M]. 7 版. 大连：东北财经大学出版社，2021.

[6] 陈国辉，迟旭升. 基础会计 [M]. 7 版. 大连：东北财经大学出版社，2021.

[7] 唐国平. 会计学基础 [M]. 3 版. 北京：高等教育出版社，2017.

[8] 王志红，周晓苏. 会计学 [M]. 4 版. 北京：清华大学出版社，2023.

[9] 陈国辉，陈文铭，孙光国. 基础会计 [M]. 5 版. 北京：清华大学出版社，2020.

[10] 中华人民共和国财政部. 企业会计准则 [M]. 上海：立信会计出版社，2022.

[11] 中华人民共和国财政部. 企业会计准则应用指南 [M]. 上海：立信会计出版社，2022.

[12] 财政部会计财务评价中心. 初级会计实务 [M]. 北京：经济科学出版社，2022.

郑重声明

读者意见反馈

为收集对教材的意见建议，进一步完善教材编写并做好服务工作，读者可将对本教材的意见建议通过如下渠道反馈至我社。

咨询电话　400-810-0598

反馈邮箱　gjdzfwb@pub.hep.cn

通信地址　北京市朝阳区惠新东街 4 号富盛大厦 1 座

高等教育出版社总编辑办公室

邮政编码　100029

防伪查询说明

用户购书后刮开封底防伪涂层，使用手机微信等软件扫描二维码，会跳转至防伪查询网页，获得所购图书详细信息。

防伪客服电话 （010）58582300

网络增值服务使用说明

授课教师如需获取本书配套教辅资源，请登录"高等教育出版社产品信息检索系统"（http://xuanshu.hep.com.cn/），搜索本书并下载资源。首次使用本系统的用户，请先注册并进行教师资格认证。

高教社高职会计教师交流及资源服务 QQ 群（在其中之一即可，请勿重复加入）：

QQ3 群：675544928　　　QQ2 群：708994051（已满）

QQ1 群：229393181（已满）